办公室公文写作 全能一本通

格式、技巧与范例大全

笔杆子训练营◎编著

人 民 邮 电 出 版 社

北 京

图书在版编目（CIP）数据

办公室公文写作全能一本通 ：格式、技巧与范例大全 / 笔杆子训练营编著. -- 北京 ：人民邮电出版社，2019.9
ISBN 978-7-115-50928-4

Ⅰ．①办… Ⅱ．①笔… Ⅲ．①公文－写作 Ⅳ．①C931.46

中国版本图书馆CIP数据核字(2019)第041416号

内 容 提 要

本书结合国家相关法律文献和现有资料，对办公室写作中经常涉及和人们在交往活动中经常使用的实用文体进行了分类整理和重新编写。全书共包含 11 章，主要包括认识办公室工作与公文写作，以及公务类、事务类、规章类、会议类、经济类、贸易类、法律类、书信类、条据类、礼仪类共计 79 种常用办公室公文的写作方法、模板、格式、范文及点评。

本书内容丰富、类别清晰、范例新颖，具有针对性强、实用性强等特点。所有文体格式标准直观，简单易懂。范文与模板规范，且提供电子文档供读者扫码下载，旨在帮助读者掌握不同种类公文的写作技巧。

本书可用作各类办公室文秘人员、行政人员学习公文写作的案头工具书，也可作为文秘人员从事公文写作的参考书。

◆ 编　　著　笔杆子训练营
　　责任编辑　刘　尉
　　责任印制　焦志炜

◆ 人民邮电出版社出版发行　　北京市丰台区成寿寺路 11 号
　　邮编　100164　电子邮件　315@ptpress.com.cn
　　网址　http://www.ptpress.com.cn
　　北京七彩京通数码快印有限公司印刷

◆ 开本：787×1092　1/16
　　印张：17　　　　　　　　2019 年 9 月第 1 版
　　字数：412 千字　　　　　2024 年 11 月北京第 28 次印刷

定价：59.80 元

读者服务热线：(010)81055256　印装质量热线：(010)81055316
反盗版热线：(010)81055315
广告经营许可证：京东市监广登字20170147号

前　言

办公室公文是国家党政机关、企事业单位、社会团体和其他各种组织在处理公务活动中有着特定效能和广泛用途的文书，是传达指令，指导、布置和商洽工作，请示和答复问题，报告和交流情况，联系公务和记载工作活动的重要工具。因此，规范的办公室公文写作是企事业单位等各种组织执行规章制度和进行规范化管理的重要依据。办公室公文对建立一个现代化、标准化、规范化、高效化的组织有着不可小觑的作用。

在笔杆子训练营成立之初，团队人员并没有太多功利心，仅希望能够分享写作经验。在团队人员看来，写作能力和沟通能力是所有职场人士都要着重培养的能力，其核心是书面表达力和语言表达力。当职场人士的业务能力达到一定水平时，写作与沟通便成了打破职业发展瓶颈的利器。笔杆子训练营发展至今，秉承着"以通用写作技能培养职场达人"的理念，吸纳了行业内众多专家，总结了体系化的能力模型。

本书以现行党和国家的公文行文规则为依据，全面且系统地体现了当前办公室公文学研究的新成果，具有很高的指导价值和现实效用。同时，本书从办公室公文的各种基础知识出发，如办公室公文特点、作用、常见结构、写作思路、表达方式、语言要求等，帮助读者做好正式学习各类公文的铺垫，让读者进一步认识和理解办公室公文的概念，为后面学习它的写作方法打下坚实的基础，并且能在工作、学习等各种实际环境中选择正确的文种，使用正确的格式和语言完成办公室公文的写作工作。

【本书特色】

- **先讲理论，后讲范例**。对办公室公文的所有基础知识进行全面讲解，在此基础上，还着重介绍了"红头文件"等党政机关公文的标准格式要求。先讲理论，读者可以更好地理解和消化各种公文的写作格式和方法。

- **种类齐全，范例丰富**。本书针对各种类型的办公室公文，都给出了经典的范文以及点评，让读者可以参考学习。同时，对各类办公室公文的特点、种类、写作模板、写作格式进行了详细讲解，让读者可以对该公文有更系统的认识。

- **栏目多样，知识面广**。本书在讲解过程中使用了"专家点拨""写作技巧""扩展阅读""写作与提高"等栏目，可使读者获取更多与办公室公文相关的具有实用价值的内容。

- **扫码看更多内容**。本书的"扩展阅读"板块以及各类办公室范文讲解部分的内容，可通过扫描二维码获得，读者据此可拓展了解相关知识，并获得对应种类公文的模板与范文案例，提高工作效率。

- **海量模板与案例**。本书提供了大量的实用模板和典型范例，读者可扫描对应二维码，填写邮箱地址，下载使用。

【本书内容】

本书共分为11章，各章内容如下。

第1章 认识办公室工作与公文写作，主要讲解办公室职能定位，办公室工作的内容与特点，办公室公文的特点、作用、结构、写作思路、表达方式、语言要求、写作建议，以及"红头文件"的基本格式等内容。

第2章 主要介绍了公务类文书的写作方法、模板、格式、范文及点评，包括决定、公告、通告、意见、通知、通报、报告、请示、批复、函和会议纪要等。

第3章 主要介绍了事务类文书的写作方法、模板、格式、范文及点评，包括规划、计划、安排、总结、声明、启事、简报和述职报告等。

第4章 主要介绍了规章类文书的写作方法、模板、格式、范文及点评，包括章程、条例、办法、规定、细则、守则和制度等。

第5章 主要介绍了会议类文书的写作方法、模板、格式、范文及点评，包括讲话稿、演讲词、开幕词、闭幕词、会议记录和心得体会等。

第6章 主要介绍了经济类文书的写作方法、模板、格式、范文及点评，包括市场调查报告、商业计划书、可行性分析报告、经济合同、广告文案、招标书、投标书、清算报告和破产申请书等。

第7章 主要介绍了贸易类文书的写作方法、模板、格式、范文及点评，包括合作意向书、询价函、报价函、订购函、催款函、索赔函和理赔函等。

第8章 主要介绍了法律类文书的写作方法、模板、格式、范文及点评，包括起诉状、上诉状、申诉状、答辩状、委托书和担保书等。

第9章 主要介绍了书信类文书的写作方法、模板、格式、范文及点评，包括证明信、介绍信、推荐信、感谢信、公开信、慰问信、表扬信、批评信和倡议书等。

第10章 主要介绍了条据类文书的写作方法、模板、格式、范文及点评，包括留言条、请假条、借条、收条、欠条、发条和领条等。

第11章 主要介绍了礼仪类文书的写作方法、模板、格式、范文及点评，包括贺信（电）、邀请书、颁奖词、欢迎词、欢送词、祝酒词、答谢词、讣告和悼词等。

在本书编写过程中，参考了大量的办公室公文写作书籍，在此，对这些书籍的作者和为本书的出版给予帮助与支持的朋友们表示衷心的感谢。对书中的不成熟之处，恳请专家、读者批评指正。

编者
2019年3月

目　录

> 第 **3** 章

事务类文书

> 第11章
礼仪类文书

第1章

认识办公室工作与公文写作

办公室公文是行政事业单位、企业等组织确保其工作顺利开展的法律支撑，任何一种组织都需要依靠公文来传递决策事项、沟通解决问题。所以从某种意义上说，公文处理的水平不仅反映了整个组织的工作水平，而且与党和国家的指导思想以及政策方针密切相连。本书将以企业为背景展开介绍。

本章将对办公室工作和办公室公文写作等进行介绍，重点讲解与办公室公文写作相关的各种基础知识。

1.1 » 办公室工作简述

办公室是企业的关键部门，担负着上情下达、下情上报、对外交往和后勤服务等繁重工作，处于协调各部门、连接领导和基层的枢纽地位。

1.1.1 办公室的职能定位

总体而言，办公室应当发挥综合协调、出谋划策、服务保障和督办督查这几大职能。

1．综合协调

办公室处在沟通上下、联系各方的枢纽位置，肩负着保证企业正常运转、保持上下左右联系畅通的重任。因此，办公室很重要的一个职能就是协调内部各部门。

2．出谋划策

办公室作为一个企业的辅助决策机构，必须立足不断发展变化的新情况和出现的新问题，多动脑筋、想办法、出主意，不断提高辅助决策的能力和参谋助手的水平。这就要求办公室要有较强的政治意识、责任意识，增强工作的主动性、预见性、创造性，以较高的政策理论素养和业务工作能力为领导出谋划策、查漏补缺。

3．服务保障

办公室服务保障工作质量的高低直接关系到企业能否高效运转。因此，办公室不但要当好"参谋助手"，同时也要当好"服务员、后勤兵"。

4．督办督查

办公室需要不断提高督办督查工作的实效性，确保上级部门的重要决策落得快、落得准、落得实，确保各项工作按时顺利完成。

1.1.2 办公室工作的内容

办公室的工作比较繁杂，归纳起来有以下几个方面。

- ◆**公文处理：**接收和发送公文、简报等文书材料。其中收文时涉及登记、交办、催办、归档等程序；发文时涉及拟文、审查、登记、印刷、分发归档等程序。
- ◆**档案管理：**按照企业档案管理制度，指导并开展各类档案的收集、整理和保管，做好档案的检索、统计，保障档案的利用，实现管理规范化。
- ◆**印信管理：**依照《国务院关于国家行政机关和企业事业单位社会团体印章管理的规定》及有关规定，对本企业各类印章和介绍信、各类凭证进行管理和使用。
- ◆**会务管理：**按照领导指示筹备并组织各类会议。
- ◆**督办工作：**督促检查相关部门完成领导交办事项。

1.1.3 办公室工作的特点

办公室工作的特点充分体现在4个字上，即"重""繁""苦""难"。

- ◆**"重"：**即地位重要。办公室工作有决策辅助、智囊参谋的作用，是上级部门与下级部门沟通的桥梁，涉及的工作内容有些还需要保密，其地位非常重要。

◆ **"繁"**：即事务繁杂。办公室工作大到企业的重要决策，小到生活卫生；上至领导高管，下至普通职员；内至核心机密，外至人际关系，都需要了解和参与。就内部分工来说，有调研、查办、信访、接待、档案、文印和收发等各项工作，事无巨细。

◆ **"苦"**：即工作辛苦。办公室工作量巨大，有些事刻不容缓，加班加点才能尽快落实。有些事则是常抓不懈，时时要催办、督促，休息时间少之又少。不具备吃苦耐劳的精神，就无法很好地完成办公室工作。

◆ **"难"**：即难度很大。办公室工作是全方位、开放型的，牵涉整个企业的方方面面，既要处理好上下级关系，又要适应领导的工作风格和方法。要想把握好轻重缓急，同时还要做到不遗漏、不误事，是非常困难的。

1.2 » 办公室公文简述

处理公文是办公室最常见和最重要的工作之一，办公室人员只有对办公室公文的特点、作用和结构较为熟悉，才能让公文处理工作变得更加高效。

1.2.1 办公室公文的特点

办公室公文的特点主要体现在公务性、可靠性、实用性、时效性和规范性等几个方面。

1．公务性

办公室公文的公务性，指的是公文以处理企业的公共事务为内容，即公文的内容反映和传达的是企业的各种公务信息。

2．可靠性

可靠性即真实性，指的是公文涉及的事实以及所引用的材料和数据，都必须真实可靠，不得有任何虚假和错漏。办公室公文写作也一定要核准事实和数据，确保材料的可靠性。

3．实用性

办公室公文是用来处理企业公务的文书，因此必须针对实际问题而制发，要有明确的写作目的。办公室公文只有具备了实用性，才能在企业进行商务活动和经济活动时真正起到作用。

4．时效性

时效性即时间性。办公室公文所针对的问题，总是存在于特定的时间范围之内，一旦该时期结束，公文的实用价值也会减弱甚至丧失。所以，办公室公文的写作、传递和办理，都要求迅速及时。

5．规范性

办公室公文的撰写，从起草到成文，再到收发、传递、执行、立卷、归档、销毁等各个步骤，都要遵循国家和企业自身的规范化制度，这样才能确保公文在实际工作中发挥作用。

1.2.2 办公室公文的作用

办公室公文在企事业单位等各种组织的运营过程中，有着不可替代的作用，具体可以从以下几个方面来理解。

1．领导和指导作用

办公室公文中的部分文种，起到的是领导和指导作用，如决定、通告等。上级领导或部门通过制发公文，能够传达国家的路线、方针和政策，让下级部门严格按照所发公文的要求，采取有效措施予以贯彻落实。只要具备领导和指导作用的公文一经拟定与下发，下级部门都必须严格执行公文的规定。如果脱离了公文的这种作用，管理工作就会无章可循，变得混乱不堪。

2．规范和约束作用

办公室公文中还有很大一部分是用来颁布企业的各种规章制度的，如条例、规定、办法等，这类公文具有明显的规范和约束作用，一旦制发生效，企业所有职工就必须遵照执行，不得违反。

3．宣传和教育作用

企业要想正常和高效地运转，就离不开全体职工的共同努力，而一些具备宣传和教育作用的办公室公文，则可以很好地对职工进行宣传教育，以便统一思想认识，提高团队能力。比如表彰性或批评性的通告，就是为了达到宣传教育的目的而制发的，其宣传教育作用更为突出。

4．依据和凭证作用

办公室公文记录企业的公务活动，是这些活动的依据和凭证。上级部门制发的公文，如决议、决定、通知等，是下级部门开展工作的依据和凭证。下级部门制发的公文，如请示、报告等，则是上级领导或部门制定决策、指导工作的依据和凭证。即便是平级或不相隶属的部门制发的公文，如各种函件等，也是双方交流情况、洽谈工作的依据和凭证。

5．沟通和联系作用

办公室公文是企事业单位联系和商洽工作、传递和反馈信息、介绍和交流经验的桥梁和纽带，能够在其中起到很好的沟通和联系作用。公告、通告、通知、通报、报告、请示、函，以及各种书信类文书和礼仪类文书等，都具有沟通交流的作用，可以增强各个部门和各个企业之间的联系，使它们更好地进行配合协作，这有利于各项工作的开展。

6．组织和协调作用

办公室公文是企业制订计划和决策的载体，这些计划和决策依附公文转化为具体的执行过程。如可以通过意见、批复等公文对下级部门的工作进行指导并提出具体实施要求，也可以通过请示、报告对上级领导或部门的工作计划、意图进行深入了解与掌握，从而有利于自身工作的组织与督促。

1.2.3　办公室公文的常见结构

尽管办公室公文的种类繁多，写法也各不相同，但总体来看，其写法上的结构布局具有很大的共通性，可以进行归纳总结。通常，办公室公文有5种最常用的结构方式，即章条式、标题式、分块式、并列式和转述式。

1．章条式

章条式是把全文分成几章，章下再分条，条中有款，条目清晰，款项明了。章程、规定、规则、办法、细则等法规性公文多采用此结构。

2．标题式

标题式是把全文分成若干段，然后根据每段内容归纳出一个小标题。通常应用于指示性通知、调查报告、决定、通报等文种。

3．分块式

分块式是把全文分成几大块，每一块都能独立成章，块中可以有自然段，每块前面正中可以加上（一）、（二）、（三）等序号。调查报告、工作总结、会议记录等文种通常会采用这种结构布局。

4．并列式

并列式是指在公文开头就开宗明义，在之后的正文中则使用若干并列的句子表述出来，这种结构方式常见于守则。

5．转述式

转述式是用批转、转发、转述的方式，把上下级或平级的有关公文转印给下级部门，通常在文首以"现将××转发给你们，望遵照执行"的形式以文载文。批转性通知、转发性通知等都采用这种方式。

1.3 » 办公室公文的基本写作思路

办公室公文的种类很多，但写作思路相似，整个思路大致可以划分为3个阶段，即准备阶段、写作阶段和校验阶段。其中，准备阶段包括明确主题和搜集材料，写作阶段分为创建框架和着手内容，校验阶段则主要是检查校验的工作。

1.3.1 明确主题

明确主题，就是弄清这篇办公室公文想要达到什么目的。主题的形成大致有3种情况。

（1）主题在成文前确定，就是所谓的"主题先行"。根据领导意图或有关文件、政策等规定要求，预先确定一个主题，再围绕主题组织材料，实施写作。因此有些办公室公文的主题不是通过提炼产生的，而是预先就确定的。

（2）有时在领会精神后，确立的只是一个临时的主题，当围绕该主题进行调研后，将得到的材料进行分析、归纳，此时产生的结论才是主题。

（3）如果调研后对原先确定的主题进行了修改，那么就需要重新确定主题。

实际上这几种主题的产生方式是相辅相成的，互相融合才能确定出最好的主题。

明确主题后，为了更好地搜集资料和着手写作，还应该思考办公室公文应该选择哪个文种、受文对象和范围如何、主要写什么内容等，具体如下。

◆ **选择文种：** 比如给上级领导的文书，应该写成报告还是请示？如果写成报告，应该写成专题报告还是综合报告？如果写成请示，应该写成请求批准的请示还是写成请求指示的请示？等等；如果是写给下级部门的文书，应该针对下级的请示、意见被动行文还是发现普遍存在的问题主动发文？如果要批复，应该写成指示性批复还是批准性批复？诸如此类。

◆ **弄清受文对象：** 要思考拟制办公室公文的目的，是向上级领导汇报，还是向下级部门指导工作，或是给领导和职工阅读，或是向企业外的其他群体传递某种信息等。弄清了受文对象，也可以进一步检验文种的选择是否正确。

◆ **确定写作内容：** 比如写报告，就要思考汇报什么内容，或反映什么情况；如果写请示、意见，则需要思考要上级领导审批什么、指示什么，还是解决什么问题；如果是通知，则需要思考是安排任务，还是传达信息或精神等。

1.3.2 搜集资料

发文的目的和主题确定后，要围绕主题收集材料，开展一定的调研工作。收集材料和调研是一个充分酝酿和构思的过程，通过掌握与分析大量的材料，可以更加透彻地理解办公室公文的主题。当然，这里所说的搜集资料，针对的是工作计划、调查报告等内容较复杂的办公室公文，而不是通知、请示、公告等相对简单的文种，虽然这类公文也需要搜集资料，但过程是比较简单的，也不存在酝酿和分析。

假设需要搜集部门年度工作报告的资料，就可以从以下几个方面着手。

（1）国家与之相关的方针政策。

（2）上级领导或部门具体的要求和任务。

（3）本部门去年工作报告和本年度工作计划。

（4）上级部门下达的工作计划。

（5）本部门一年来制发的主要文书；下级部门报送的工作报告、统计报表，有关重要会议的文件，本部门大事记等。

👤 **专家点拨**

搜集资料包括搜集直接资料和间接资料两种，比如拟制调查报告，搜集的直接资料就可能包括调查的结果、调查对象的信息等；间接资料则包括与调查相关的人事安排等。总之，搜集资料应该全面和细致，但不能滥竽充数。

1.3.3 创建框架

创建框架是指拟制办公室公文的提纲，安排办公室公文的结构。简短的文书不需要拟提纲就可以直接写作，但对于篇幅较长的公文而言，应当拟制一个写作提纲，这样可以更好地把握它的结构，有利于顺利进行写作，避免半路返工。

拟制提纲前，可以思考先写什么，再写什么，内容一共分几段、分几层等。篇幅长的、非常重要的文书，需拟出较详细的提纲，如正文分为几个部分、每部分讲哪些问题、各个问题的要点是什么等。重要的领导指导性文书，拟出提纲后还要反复讨论修改补充，保证后期写作时不会跑题。

1.3.4 着手内容

着手内容是指办公室公文的起草，这个过程一是要注意观点鲜明，观点和材料充分结合；二是文字要简练，交代的问题要清楚，否则会出现一系列问题。比如，只有观点而没有材料，受文对象就很难理解观点，或者理解观点后，不知道怎么学习、怎么贯彻等；只有材料而没有观点，那就更不知道应该学习什么和执行什么了。

1.3.5 检查校验

内容拟定后，一定要反复校验，耐心且仔细地逐字逐句检查修改，连标点符号也不能马虎，修改可提高文件质量，也为后面的审核签发提供有力保障。好的文书都是反复修改出来的，办公室公文更是如此，比如删去可有可无的语句和段落，改正没有说清楚的地方，可使观点更鲜明；推敲词句、调整结构，可使表达更加准确得当。

1.4 » 办公室公文的常用表达方式

表达方式是指表述特定内容所使用的特定语言方法和手段，它是文章构成的一种形式要素。常见的表达方式包括记叙、描写、抒情、议论、说明等。而对于办公室公文而言，常用的表达方式有叙述、说明和议论3种。

1.4.1 叙述

叙述就是将事情的前后经过描述出来，这是办公室公文中使用最普遍的一种表达方式，如决定中提供的事实论据、报告中对事件前因后果的汇报、通报中对错误事实的交代、总结中对事情的转达等，都会用到叙述这种方式。按照不同的标准，可以对叙述类型做进一步划分。

1. 叙述视角不同

办公室公文可以采用第一人称、第二人称或第三人称3种不同的视角进行叙述。

◆ **第一人称：** 即发文单位以自己的视角进行叙述，如"我""我厂""我司"等都是第一人称的常用字词。向上级部门的请示等公文常采用第一人称的方式。

◆ **第二人称：** 即发文单位向主送单位进行叙述，如"你""你们""你公司""贵单位"等都是第二人称的常用字词。向下级部门的批复等公文常采用第二人称的方式。

◆ **第三人称：** 即发文单位向主送单位和抄送单位以外的对象叙述，如"该职工""该部""该厂"等都是第三人称的常用字词。表彰性通报、批评性通报等公文，常用第三人称的方式。

2. 详略程度不同

根据叙述内容的详略程度不同，可将叙述分为概叙和细叙两种类型。

◆ **概叙：** 概叙就是大略地叙述，对已有信息进行简明归纳，对事件进行概括表达，特点是篇幅较短，语言简明。如以下关于火灾情况的通报就属于概叙方式，从总体上介绍了火灾的发生情况，并根据火灾情况做出了相应的总结。

××××年×月×日至×月×日，全区共接报火警3起，无人员伤亡。主要情况通报如下：

1．×月×日，×街道××路7号楼4单元101室发生火灾。过火面积3平方米，经济损失100元。起火原因：生活用火不慎。

2．×月×日，××街道××路301号垃圾废弃站发生火灾。过火面积100平方米，经济损失2000元。起火原因：遗留火种。

3．×月×日，××街道××村一农田发生火灾。过火面积10平方米，经济损失5000元。起火原因：遗留火种。

从以上情况看，近期我区火灾发生起数较以前有所下降，但住宅房屋类火灾在所有火灾中占较大比重。进入秋季，生产生活用火、用电增加，各类致灾因素增加，各街镇、各单位要综合考虑火灾诱发因素，根据火灾通报情况有针对性地进行研判，积极开展居民防火宣传，切实做好全区火灾防控工作。

◆**细叙：** 细叙则是详细地叙述，对事件的描述完整且细致，特点是篇幅较长，详尽具体。如以下同样关于火灾的通报就属于细叙方式，通过详细介绍火灾情况，阅读者可以了解到各处火灾发生的情况和灭火的情况。

××××年×月×日至××年×月×日，我区共发生火灾3起，无人员伤亡，现将3起火灾予以通报：

1．××××年×月×日×时×分，消防指挥中心接警称位于××街道××路7号楼4单元101室发生火灾，中队立即出动三车18人赶赴现场，到场了解到是因为户主长时间没有看护微波炉所致起火，指挥员立即下达出水命令，中队查无明火和安全隐患后组织返回。

2．××××年×月×日×时×分，消防指挥中心接警称位于××街道××路301号垃圾废弃站着火，中队立即出动两车16人赶赴现场，到场后发现火势较大，根据垃圾废弃站附近居民所述，起火原因不明，向指挥中心汇报需要增援后中队立即出动，由于该垃圾废弃站周围有许多彩钢板建筑，给队员救火造成了一定的阻碍，增援中队到场后立即供水，扑灭火情后中队组织返回。

3．××××年×月×日×时×分，消防指挥中心接警称位于××街道××村一农田发生火灾，中队接到命令后立即出动一车8人赶赴现场，经了解可能是电路接触不良发生火情，并已蔓延至庄稼，中队立即出水，检查无明火和安全隐患后中队组织返回。

3．描述次序不同

按照对事件叙述的次序不同，可将叙述分为顺叙、倒叙、插叙、分叙4种类型。

◆**顺叙：** 也称正叙，按照事件发生、发展的时间先后顺序进行叙述，是叙述中常见、基本的叙述方式。顺叙的优点是次序井然、文气自然贯通、内容条理清楚，这与公文要求的事实清楚、完整不谋而合，因此顺叙是办公室公文中使用最多的叙述方式。

◆**倒叙：** 根据表达的需要把事件的结果或某个最重要、最突出的情况提到前文描述，然后再从事件的开头按事情先后发展顺序叙述，这种方式在办公室公文中运用相对较少。

◆**插叙：** 在叙述中心事件的过程中，为帮助展开情节等，暂时中断叙述的线索，插入一段与主要事件相关的事情的叙述方法。办公室公文一般只交代主要事件的基本情况，线索单纯，因此对插叙的运用也很少。

◆**分叙：** 对同一时间内发生在不同地方或单位的事件，分别先后进行叙述。如表彰性通报在叙述不同单位在事件中的积极作用时，就可以用到分叙这种方式。但总体而言，分叙在办公室公文中用得也较少。

1.4.2 说明

办公室公文可以使用说明这种表达方式对客观事物做出说明或对抽象事理进行阐释。

1．说明的类型

按照不同的标准分类，说明可以有许多种类型，但对于办公室公文而言，最常见的分类是按照说明对象的不同，将说明分为事物说明和事理说明两类。

◆ **事物说明：** 以某一个客观存在物来说明该事物的情况，如说明产品、说明企业的历史状况等。

◆ **事理说明：** 以抽象的概念或科学道理解释事物本身的道理或内部的规律，如解释辩证唯物主义等。事理说明虽不直接指向某一具体事物，但是介绍的知识都是客观事物的基本特征和规律。

2．说明的要素

使用说明这种表达方式进行办公室公文写作时，应注意态度的客观性、内容的严密性、语言的准确性，这也是说明的3大要素。

◆ **态度的客观性：** 不能以个人情感和好恶来说明事物或事情，更不能先入为主地错误理解待说明的对象。说明是不以人的意志为转移的，是客观的。

◆ **内容的严密性：** 如实反映客观事物，把握事物的特征、本质和规律，正确无误地引导公文阅读者对该事物的认识。

◆ **语言的准确性：** 办公室公文中涉及时间、空间、数量、范围、程度、特征、性质、程序等内容时，都要求准确无误、语言简明，拥有科学性和严谨性。

1.4.3　议论

议论就是对某一事件或问题发表见解，表明观点和态度，并以充分的材料证明自己观点的正确性。这种表达方式在办公室公文中运用极为广泛。议论有两大论证方法，分别是立论和驳论。

1．立论的基本方法

立论也就是证明，指正面阐述观点，说明其正确性，从而建立起论点。立论的基本方法有以下几种。

◆ **例证法：** 用真实事例作为论据进行立论。夹叙夹议中的"叙"，就是用来表述事实材料，提出论据。例证法是最容易被接受和最有说服力的方法，也是议论中采用最多的立论方法。

◆ **分析法：** 通过分析问题、剖析事理进行论证以建立论点，并揭示论点和论据间的因果关系。分析法往往是由原因推导结果，或者由结果推导原因来进行论证，即因果推论法。

◆ **引证法：** 引用经典名言或科学公理、常识常理作为论据来证明论点。引证法具有一定的权威性，因此也有很强的说服力。

◆ **对比法：** 通过举例加以比较并突出事物本质，从而确立论点。一般经常把两个特征相反的事物或一个事物截然不同的两面加以比较，使事物的性质和特点突显得更加清晰。

◆ **类比法：** 通过打比方来证明论点，是一种形象化的论证方法。如可以将一些规模、条件彼此相似的单位或企业进行比较，以达到准确了解所论证单位或企业真实情况的目的。

2．驳论的基本方法

驳论就是反证法，即通过议论证明对立论点的错误，从而证明自己论点的正确性。驳论的方法有以下3种。

- ◆ **反驳论点：** 直接证明对立论点是错误的。具体写法有：①用事实证明对立论点错误；②剖析论点的错误及危害性；③引申对立论点，以暴露其谬误；④建立对立新论点，以驳倒对立论点。

- ◆ **反驳论据：** 不直接反驳对立论点，而是指出对立方产生论点的论据不可靠或论据不成立，因而依据此论据建立的论点是错误的。

- ◆ **反驳论证：** 不直接反驳论点，而是寻找对立论点在论证过程中存在的逻辑漏洞，从而指出对立方的推理不能成立。常见的如概念不清、偷换概念、自相矛盾等。对立方如果论证有问题，结论自然不可靠，最终论点也是错误的。

1.5 » 办公室公文的语言要求

办公室公文不像其他文学作品需要较高的创造力，文学造诣较高、文字功底好的作者也可能写不出符合要求的公文。究其原因，关键在于其是否掌握了公文写作对语言的要求，这是写好办公室公文的前提和基础。总体来看，办公室公文写作的语言要求可以用以下几个词语概括，即"明白""准确""直接""平实""简练""规范"。

1.5.1 明白

办公室公文首先得让受文单位看懂，这就要求把事情说清楚，将语言写明白。只有语言表达清楚，受文单位才能明白，否则公文内容就无法得到落实，也就达不到发文目的。而要做到语言明白，最关键的就是要保证语言表达不产生歧义，且用词易懂。

1. 语言表达无歧义

语言表达清楚明白，首先要保证语言没有歧义，即一个词语只有一个明确的意思，不能有几种解释，否则就可能造成以下几种情况的出现。

- ◆ **猜测某一种正确的意思：** 即歧义产生后，可以肯定两种解释中只有一种是正确的，如"当时吴××一边站着一个孩子"，容易产生有两个孩子的歧义，把"一边"改为"旁边"，就能消除歧义。

- ◆ **两种解释都有可能：** 这种情况就可能导致阅读者无法理解公文的真实意图。如"这部作品译出了原著的风格和语言的一致性"，到底是原著的风格和语言相一致？还是所译出作品的风格和语言与原著的风格和语言相一致？

- ◆ **附加语引起歧义：** 这里所说的附加语主要是指"的"字使用不当。如"介绍英国的一部权威著作"，可以理解为这是一部介绍英国情况的权威性书籍，也可以理解为介绍的是英国的一部书籍。

- ◆ **词语搭配不当产生歧义：** 词语搭配不当是指主谓宾等对象的搭配不当，如"文物、旅游业的保护与改革"，该句真实表达的意图是"文物的保护与旅游业的改革"，但前后的搭配则混淆不清。

- ◆ **语意表述不全产生歧义：** 这种情况可能会使读者误入歧途。如"妇女在法律上已经平等"。字面上的意思是妇女之间在法律上是平等的，但实际上是说"妇女与男子在法律上平等"，省略了部分内容，就将意图完全改变。

2．用词易懂

办公室公文只有使用简单易懂的词语，才能让人明白公文的意图，这可以从以下几个方面着手。

◆ **选常用词：** 生僻词不容易让人理解，也可能不容易使用，如"建立了躐等的干部选拔制度"，"躐等"一词是越级的意思，已很少使用，用在公文上不太合适。

◆ **不乱用词：** 有些词语单看并不难懂，但乱拼乱凑就容易产生歧义，如"我们不安于这种不合理的幻觉统治"。"幻觉"易懂，"统治"易懂，但"幻觉统治"却让人感到莫名其妙。

◆ **不生造词：** 办公室公文必须使用规范的语言，生造词语必然导致词义不清，语意不明，让人不易理解或无法理解。如某个函件中的内容为"雅启亲驾，敝舍馈光"，这种生造词语不仅十分生硬、别扭，而且只能根据字面猜测其意，无法理解真实的意图。

1.5.2 准确

这里所说的准确是语言表达准确，是建立在不产生歧义、容易理解的前提下，要求用词恰当而准确。要尽量做到，除了这个词，任何其他词对这个事物的表达都不能这样确切、圆满。

1．分清词性

要想用词准确，首先要分清词性，如动词、名词、形容词等，避免误用。具体到办公室公文写作而言，主要应注意以下几点。

◆ **名词不可误作动词：** 如"改善孩子们读书、写字、算术的环境"。"算术"是名词，这里误作为动词使用，在"算数"前面加一个"做"字即可解决问题。

◆ **动词不可误作形容词：** 如"在提高职工福利待遇时，子公司和分公司是分别的"。"分别"是动词，这里误作为形容词使用，不知道是想说明子公司和分公司是有区别的，还是想说明子公司和分公司分别怎么样，如果是前者，在"分别"前面加上"有"字即可解决问题。

◆ **形容词不可误作动词：** 如"没有明确到病根"，"明确"是形容词，这里误作为动词使用，导致语句不通顺，解决此问题，只需在"明确"后面加上一个真正的动词"认识"即可。

◆ **名词不可误作形容词：** 如"他工作很模范"。"模范"是名词，这里误作为形容词使用，将其改为真正的形容词就能解决此问题，如将"模范"改为"努力"。

◆ **形容词不可误作名词：** 如"为社会主义精神建设带来了高昂"。"高昂"是形容词，这里误作为名词使用，只需在后面加上"的士气"即可。

◆ **副词不可误作形容词：** 如"他做过一度军校教员"。"一度"是副词，用在这里明显语句不通，可改为"一次"，或将"一度"提到"做过"之前。

2．辨明词义

汉语语义丰富，可表达某一事物的同义词很多，由于同义词的含义非常接近但又有着细微的差别，因此办公室公文写作中要更加重视所选词语是否准确。

◆ **轻重不同：** 主要指的是语气的轻重不同。如"称道"和"称奇"，前者是称述、称赞，后者是称赞奇妙。"称奇"比"称道"的词义更重。例如，"没想到失去了双手，竟能凭双脚完成这篇优秀的文章，实在是一件令人啧啧称奇的事情。"这里就应该用"称奇"加强语气。

◆ **范围不同：** 主要指词义覆盖的范围不同。如"目前"和"日前"，前者指说话的时候，后者指几天前。例如，"电力设备瘫痪，目前仍在抢修当中。"这里应该使用"目前"来强调修复工作的急迫。

◆ **适用对象不同：** 主要指的是适用对象有上下、内外等之分。如"馈赠"和"捐赠"，前者是赠送礼品，后者是赠送物品给国家或集体。例如，"我厂5年来接受集团捐赠的历史画上了句号。"这里用"捐赠"更为准确。

◆ **感情色彩不同：** 主要指的是褒义词、中性词、贬义词的语体色彩不同。如"臆造"和"编造"，前者指凭主观的想法编造，是贬义词，而后者是指把资料组织排列起来。例如，"在当前新形势下，我们仍然要从实际情况出发，从中探索出固有的而不是臆造的规律。"这里应该使用贬义词"臆造"，来和"固有"形成对比。

◆ **行动角度不同：** 主要指的是主动和被动的不同。如"受权"和"授权"，前者是接受，后者是授给别人。例如，"就此事件，我厂受权发表声明。"这里是接受上级委托有权力做某事的意思，因此应该用"受权"。

◆ **人与物不同：** 主要指的是某些词语只能适用于人，不适用于物。如"感到"和"遇到"，前者只能适用于人，后者可以用于人或物。例如，"我厂今年遭受严重水灾，使生产遇到极大的困难。"这里只能用"遇到"一词，而不能用"感到"。

1.5.3 直接

办公室公文的一个基本特点是产生现实效用，一方面由于是为某种实际需要而制发的，因此针对性极强；另一方面则必须在现实中发挥作用，因此时间性极强。这就决定了公文语言表达的直接性。无论是记叙、说明还是议论，都必须开门见山，直截了当，一针见血，让受文者直接了解到公文的目的。

1．语意直接

办公室公文在语言表达上，首先要求语意的直接。一句话或一段话所要表达的意思是直接的，不要迂回前进，绕一个大弯才吞吞吐吐地道出本意。文学作品的语言可以如此表达，使读者有想象和回味的余地，但办公室公文则必须直接表达意图，只有这样才能使阅读者对公文内容准确地加以了解，并贯彻落实。

2．词义直接

办公室公文在语言表达上，其次要求词义的直接，也就是说，词语本身就有一个最为直接的概念，使用时应该直接使用，而不要引申象征某种含义。如"尽管工作异常艰苦，但他时刻都在想着如何回报母亲"。这里的"母亲"是指祖国，并非"妈妈"。但这样使用，受文者容易理解为"回报妈妈"，反而多此一举。

1.5.4 平实

平实就是平易、实在，这也是办公室公文语言的一大特色，由公文的实用性决定。

1．感情朴实

办公室公文语言的平实首先要求感情的朴实。公文所使用的语言一般不带强烈的感情色彩，语调较为平直，多为理性的语言。如"我们要学习××同志所具有的远大的理想、坚强的意志、无私的胸怀……"这些语言是一种"理性"的语言，感情朴实，语调平直，带有确定性。如果改为，"我们要学习××同志所具有的海燕般的理想，青松般的风格，大海般的胸怀……"这样的语言可以给人以联想，但却带有不确定性，不适合办公室公文写作。

2．用词朴素

办公室公文语言其次要求用词的朴素。公文的用词应当使用平易、浅显、通俗的词语，不追求华丽的辞藻，避免过分的修饰，防止形式主义的修辞手段。如"我们怀着无比激动、无比崇敬、无比兴奋、无比自豪的心情，在这里举行空前热烈、空前盛大、空前隆重、空前美好的大会，欢迎从救灾前线凯旋的最亲密、最可爱、最真挚的战友，怎能不热血沸腾、群情激奋、汹涌澎湃、斗志昂扬！"这个讲话稿连续使用了多个修饰，显得做作而虚假，反而弱化了奋勇救灾后凯旋的壮烈场景。

3．不要过多地引经据典

前面说过，办公室公文用议论的写法时，可以通过引经据典来证明论点，但是要注意，公文的语言不仅应当注意约定俗成，而且需要做到雅俗共赏，过分通过引经据典来说明自己的观点，则会适得其反，有卖弄学问、故弄玄虚、华而不实之嫌。一般而言，引经据典仅限于一些事务性公文中，如领导讲话、调查报告等文种。但在通用性公文中一般不宜引经据典，特别是"请示""命令""通告""批复"等这些庄重严肃的文种，是绝对不能使用的。

1.5.5 简练

办公室公文的针对性、时效性极强，因此它的拟制和处理都需要快速、高效地进行，所以公文语言表达简练也十分重要。

1．简化结构

办公室公文语言的简练，首先要求语言结构简单。一般都是单句多，复句少；短句多，长句少。如"任何人不得非法复制企业资料。如果有人不听劝告，后果自负"。这段话二十几个字，两个分句，都是单句，也都是短句，一句一层意思，简单明了。办公室公文的写作，应多采用这样简单的语言结构来更加简洁地表达意思。

2．杜绝堆砌

办公室公文语言的表达极为准确、直接，因而也必须极为简练。不能为了卖弄，或者故作高深，而不管有用无用、不负责任地将一些"漂亮"词语、"新名词"堆在一块，让人看了眼花缭乱，这不仅浪费时间，也使发文者的真正意图无法正确传达给受文者，妨碍公文的迅速办理。如"要在集团公司和各仓储车间之间建立起十分有效的、能充分发挥作用的、切实产生实际效果的、构成网络循环体系的、立体交叉的、多渠道的联系"。这句话明显产生了堆砌，让人阅读起来非常费力和反感。不如"在集团公司和各仓储车间之间建立起广泛有效的联系"来得简练实用。

3．避免重复

办公室公文写作中主要应该注意以下两个可能出现的重复。

◆**词语重复：** 即在一句话中重复使用词语，如"新种的成熟期比旧种早熟十天"。主语部分的

"成熟"与谓语部分的"熟"不仅是用词的重复，而且语法上也出现了错误，"成熟期"是时间，时间不会"熟"。可去掉"成熟期"，也可去掉后面的"熟"字。再比如，"他用目不转睛的目光看着他"，这句话中"目"字的使用重复，只需写成"他目不转睛地看着他"即可。

◆**语意重复：** 即在一句话或一段话中，要表达的语意重复了，如"他们不可以也不应该阻止我们的前进"。"不可以阻止"和"不应该阻止"意思相同，不必重复表达。又比如，"一年来的改革实践取得了显著成绩，收到了巨大效果"。"取得了显著成绩"与"收到了巨大效果"两句话的意思相同，只留下一句即可。

4．去除赘余

赘余是指语句里出现了多余的词语，虽然表面上看并不重复，也不是堆砌，但都是无用，去掉后完全不会影响语意。如"我们预先有计划有准备地把八个场地都清理干净"。"计划""准备"必然在事前，"预先"在这里就显得多余了，应该删去。

1.5.6 规范

办公室公文是企业用来处理公务的，具有强制力和约束力，这种强制力和约束力表现在语言上，就是规范。

1．用规范化的书面语言

办公室公文的语言讲求庄重严肃，一般不能使用口语、歇后语等语言，只能用现代汉语规范化的书面语言。如"企业改革创新后，职工的收入像芝麻开花节节高一样，一年比一年更高，日子一年比一年越过越好，就像吃甘蔗一样越吃越甜"，这段话是为了表现企业改革后职工的现状，但非常口语化。如果改成规范化的语言，如"企业改革创新后，职工的收入年年增加，日子越过越幸福"，就显得更加庄重、严肃。

2．用规范化的公文专用语

如下级向上级写"请示"或"报告"时，要用祈请而恳切的语气，以示对上级的尊重，并体现出上下级之间的关系。绝不能用命令的口吻，这就成了要求上级必须按自己的意见办理，当然更不能出现威胁上级之类的语言。反之，上级对下级的行文，在提出措施或要求时，语言就需要具体而明确，语气则要坚决、果断，以示上级的严正立场和要求下级执行任务的坚决。再如平级或不相隶属的部门之间的行文，其语言则要委婉、诚恳、平和、礼貌，要以询问商洽的方式向对方表示自己的意图，以求得到对方的理解与支持。

扩展阅读 **常用公文专用语**

在长期办理公务的实践中，已逐渐形成了一套常用的公文专用语，并且已基本趋于规范。公文专用语言简意赅，便于表达公务活动中的有关事宜，使用位置相对固定，其在公文语言中占有重要地位。

扫一扫

常用公文专用语

1.6 » 办公室公文的写作建议

办公室公文写作水平的提高是日积月累的过程，需要公文写作者在写作过程中不断地总结经验。下面将介绍一些写作建议，以供参考。

1.6.1 汉字

汉字使用的不规范问题在办公室公文写作中普遍存在，这在很大程度上影响了公文的质量和效果。使用汉字时，可以从以下几个方面来入手，尽量达到规范化用字。

◆ **不用繁体字：** 自国务院发布《关于公布〈汉字简化方案〉的决议》后，繁体字的使用范围就逐渐受到限制，只要是面向公众的社会用字就必须规范化，使用国家正式公布的简化字。对于办公室公文写作而言，更应该以国家正式公布的简化字为准，不能出现繁体字。

◆ **不写异体字：** 异体字指的是字音和字义相同，但字形不同的一组字，比如"淚"字就是"泪"字的异体字，可以理解为与规范的汉字同音同义而写法不同的字。在办公室公文写作中，也应该杜绝这些不规范的异体字。

◆ **不滥造简化字：** 日常书写汉字时，有的人为了方便而人为地简化字形，这类字就称为简化字。在办公室公文写作中，不能使用自造或滥造的简化字，以保证内容的识别率，进而保证公文的质量和效用。

◆ **警惕错别字：** 汉字是形、音、义的高度统一体，在书写时必须认真把握它的基本笔画、笔顺规则以及偏旁部首和间架结构，注意分辨多音字、同音字、形近字和多义字，读准字音，认清字形，了解字义，做到正确使用。

1.6.2 数字

数字也是办公室公文很重要的组成部分，同时也是出错率较高的对象。准确、科学地使用各种数字是办公室公文写作的一项重要内容，它也关系到公文的质量和办文效率。

公文用到的数字，一定要认真检查，仔细核实，确保前后一致，避免相互矛盾。如计量单位要一致等。同时，数字的书写和使用也要保持统一，严格按国家相关规定执行，对于同样的数字，按规定应当使用汉字书写的就不能随意更改为阿拉伯数字，反之亦然。哪些情况下用汉字数字，哪些情况下用阿拉伯数字，这是有规定的，具体可以参考以下几种情形。

（1）使用阿拉伯数字时，每两位数字占1个汉字的距离，同一组数字不能断行显示，如表示年份的"2016"应同时在一行显示。

（2）如果涉及4位和4位以上的数字，应当采用国际通行的三位分节法，即每3位数字为1节，节与节之间以空1个数字的位置隔开。工作中有可能会使用逗号来分节，这种方法不符合国际标准和国家标准，应注意不能使用。

（3）应该使用阿拉伯数字的情况包括：代表统计性质的各类数值、世纪、年代、年、月、日、时、分、秒等。

（4）必须使用汉字的情况包括：定型的词语（如一律、星期三等）、成语（如朝三暮四等）、习惯用语（如不管三七二十一等）、缩略语（如十二届三中全会等）、中国干支纪年和夏历月日（如甲申年六月初六等）、月日表示事件的词语（如"一二·九"运动、六一国际儿童节等）。

专家点拨

> 事变、运动、大事件、国际公认的节日等月日一般都必须用汉字来表示，而对于一些非国际公认的节日、各地区事件和案件等，也可以使用阿拉伯数字，如"3·15"消费者权益保护日、"9·11"事件等。

1.6.3 句式

虽然字词是组成句子的单位，但一篇公文的好坏，往往是通过若干个句子的句式来表现的。因此办公室公文写作时要正确运用句式，一般应当注意把握以下两点。

（1）长短句交替运用。长句指字数多、词数多、结构复杂的句子；短句指字数少、词数少、结构简单的句子。长句表意严密、气势畅达，短句简明活泼、刚劲有力。二者合理交替使用，可使行文铿锵有力，富于变化，从而增强表达效果。

（2）整散句结合使用。整句指结构相同或相似、长短一致或接近的句子；散句指结构灵活、长短不一的句子。写作时合理将二者结合使用，可使行文错落有致，语言表达波澜起伏，引人入胜。

1.6.4 模糊语言

精确是办公室公文的基础和生命，但在某些特定的语言环境或特定的条件下却又必须使用模糊语言，模糊语言并不是含糊语言，模糊语言具有定向的明确性。比如，"这次学习使全厂大多数职工受到了深刻教育"，其中的"大多数"即为模糊语言，其表量是模糊的，但表意却是准确的，这就是模糊语言的基本特性。如果将其改为"使全厂八百九十五人全部受到了深刻教育"，反而不够准确，也难以令人信服。

运用模糊语言时，首先应恰当、得体。模糊语言表现力极强，内涵极其丰富，该用则用，切忌滥用，否则将有损于公文的真实性和严肃性。其次要注意模糊语言的相对性。在实际写作中，模糊语言往往要与精确语言配合使用，虚实结合，相得益彰。下面归纳一些常用的模糊语言在公文中的运用方法，具体如下。

- ◆**表示时间：**如"最近""不久前""近年来""过去""现在""将来""一直""曾经""已经"等。
- ◆**表示地点：**如"附近""一带""周围""左右"等。
- ◆**表示方式、方法：**如"严格认真""逐步""多种形式""合理""斟酌""适当"等。
- ◆**表示主观评价：**如"这篇报告的主流意识是好的，是比较符合要求的"，用"好的""比较符合要求的"等模糊语言，对报告进行了恰当的评价。
- ◆**表示频率：**如"反复""多次""往往""再三""三令五申"等。
- ◆**表示分寸、程度：**如"个别""大部分""基本上""显著""更加""相当""大体""较大""十分"等。

◆ **表示条件：** 如"对违反……规定者""视情节轻重""经领导批准后""在可能情况下""符合下列条件者""确因工作需要"等。

1.6.5 熟语

熟语包括成语、惯用语、谚语、格言和歇后语等，是现代汉语中一种较为特殊的语言表达方式。这些语言生动活泼，在办公室公文写作中可以被不同程度地加以运用。

◆ **成语：** 成语具有表意的整体性和结构的凝固性等特点，恰当地运用可使公文语言表达趋于简洁凝练，富有概括力和节奏感，从而极大地增强其修辞效果。运用成语时，首先要注意弄清其实际意义，不能"望文生义"。特别是有些成语往往是表面意义的比喻或引申，还有的带有较强的感情色彩，如"项庄舞剑意在沛公"，这个成语虽然是说明做事有另外的真实目的，但放在褒义的语境中则不合适。

◆ **惯用语：** 惯用语主要是指口语中形成的短小定型的习惯用语，特点是简明生动、通俗有趣。在公文写作中恰当地运用惯用语，可使行文生动活泼，富有文采，从而增强表达效果。使用惯用语时要注意把握所用惯用语的实际意义，做到恰当、自然，切不可随意乱用，以免适得其反。另外，惯用语的使用还应当注意场合，如法规性公文和指令性公文，因其自身所固有的性质和特点，就不宜使用惯用语。

◆ **谚语：** 谚语是口头流传的通俗、简练而又含义深刻的固定语句，包括讽刺谚语、生活知识谚语等各种类型。谚语的特点在于通过具体通俗、形象生动的叙述来揭示客观真理，富于教育意义。在公文写作中适当地加以运用，能够有效地增强公文的表达效果。与惯用语相似，谚语一般多用于事务性公文之中，指令性公文、法规性公文和呈请性公文一般不宜使用。

◆ **格言：** 格言是具有教育意义的警句，一般出自名人之手，并在群众中广泛流传。格言的内容精辟，蕴意深刻，能给人以警诫和启示，在公文中适当使用，能增强行文的说服力。

◆ **歇后语：** 歇后语生动活泼、饶有趣味，但使用时要特别注意场合。在庄重性的公文中，不宜使用歇后语，以免产生副作用和反效果。

1.6.6 简称

简称就是缩略语，其特点是在科学概括和浓缩的基础上将全称进行简化处理，简化后丝毫不影响全称的特定含义。办公室公文写作要求语言表达简洁凝练，富于概括性和表现力，因此往往会用简称。特别是内容复杂、篇幅较长的公文，如会议纪要、工作报告等，更会使用各种简称。

总体来说，目前使用的简称有以下几种类型。

◆ **标数概括：** 由数词加名词或名词化的词、词组两部分组成，如"讲学习、讲政治、讲正气"简称为"三讲"，"坚持社会主义道路，坚持人民民主专政，坚持党的领导，坚持马列主义、毛泽东思想"简称为"坚持四项基本原则"等。

◆ **取前舍后：** 如"蹲点调查"简称为"蹲点"。

◆ **舍前取后：** 如"××集团组委会"简称为"组委会"等。

◆ **选取全称中有代表性的词：** 如"××自动化机械实业有限责任公司"简称为"××机械"等。

◆ **合并相同成分：** 即省略两个词中的一个相同的语素，如"工业、农业"简称"工农业"，"离休、退休干部"简称为"离退休干部"，"复员军人、转业军人、退伍军人"简称为"复转退军人"等。

◆ **取全称首尾：** 即将全称的首字和尾字保留，省略其余的内容，如"扫除文盲"简称为"扫盲"，"微型计算机"简称为"微机"等。

◆ **舍全称首尾：** 与取全称首尾的做法刚好相反，如"快速记录"简称为"速记"，"人民警察"简称为"民警"等。

另外，在公文中运用简称时，还应当注意以下4个方面的问题。

（1）所使用的简称必须是已经约定俗成或为公众所认可的，否则不宜使用。

（2）对于新创或较少使用的简称，应力求表意明确、清晰，力避生僻晦涩。如"整办"，是指"整党办公室"，还是指"整顿市容办公室"，令人费解，这种模糊的简称，建议不用。

（3）使用简称，尤其是新创或较少使用的简称，除"知名度"较高的，如"一国两制""两个维护"等外，必须先用全称，再用括号标注说明。

（4）简化处理全称时要尽量避免产生歧义。如将"无锡市疗养院"简称"无疗院"，这种会产生歧义的简称应当坚决避免。

1.6.7 实例

对于情况报告、工作总结、调查报告等办公室公文，往往都会加入一些实例来进行佐证，使行文的观点或结论更加明确突出，更具说服力和论证性，同时还可以有效避免行文抽象、枯燥。

在办公室公文写作中使用实例时，可以从真实性、准确性、典型性、针对性和生动性上加以把握。

1．真实性

真实是运用实例的基础和前提，不真实的实例会失去其存在的意义和价值，造成不良影响和难以预料的损失。把握实例的真实性，应注意以下两个方面。

（1）实例必须是现实生活中客观存在的，而不是公文写作人员为某种目的随意杜撰的。

（2）实例必须反映客观事物的本质，而不是个别、偶然的表象。

2．准确性

实例的准确性，就是要保证实例确凿无疑，可靠无误。特别对于工作报告、工作总结和调查报告等公文，在汇报工作、反映情况、总结业绩时，更需要有准确的实例提供支持。无论是对人物言论的记述，还是对事件物质的表达，实例都要有问题或事件发生的时间、地点、过程、起因、结果，并且有关的数字、名称等必须准确。而要想做到实例的准确，可以从以下两个方面着手。

（1）必须具有较强的语言表达能力，能够用简明扼要的文字将所获取的实例恰如其分地表达出来，必须与客观实际相吻合，不容出现差错。

（2）要求公文写作者必须深入实际，注重调查研究，力争运用第一手材料。只有在真实的前提下，才能保证事例的准确性。如果是间接材料，则需要反复核实，确保材料的真实性后，才能保证材料的准确性。

3．典型性

在办公室公文写作中，使用的实例必须典型，否则就缺乏说服力。所谓典型，就是具有某种代表性的、能够集中反映一般事物本质和规律的东西。典型不只有正面的、先进的、积极向上的，也有反面的、落后的等。如果不考虑典型性，那么公文中必然会充斥过多的实例，这样就会严重影响公文想要表达的核心内容。只有坚持实例的典型性，才能在众多实例中，通过比较分析的方法，选用最有代表性、最能说明问题的实例，这样才能发挥实例在公文中的作用。

4．针对性

针对性指的是实例的运用必须针对行文的观点或结论来进行，缺乏针对性，就不足以说明问题。由于公文中的实例是为说明、印证所提出的观点或做出的结论服务的，因此对于实例的选用，自然必须紧紧围绕观点或结论进行。没有实例的支持，观点或结论只能是空洞抽象的说教，不仅难以令人接受，也难服人心。

5．生动性

选择生动的实例，可以提高办公室公文的吸引力和可读性，让其中的内容更易被人接受。生动性不代表需要在实例上刻意渲染、铺陈，而只需要将事实客观、准确地描述出来，就会给人以生动之感。当然，要想使实例富有生动性，公文写作者就应当具备较高的语言表达能力和逻辑能力，能够很好地组织语言，并能准确、具体地还原事情的来龙去脉。

1.7 》 "红头文件" 的基本格式

"红头文件"指的是党政机关制发的带有大红字标题和红色印章的公文，这类公文有着严格的格式标准，企事业单位可以遵照或参考这些标准来制发自己的"红头文件"。《党政机关公文格式》国家标准中明确了公文的18种格式要素，其中版心（页面上可以编排内容的区域）内有17种，版心外有1种。版心内的17种格式要素又可以划分为3大部分，即版头、主体和版记，版心外的1种格式要素即页码。

1.7.1 版头

版头即"红头文件"中包含"红头"的区域，它可能包含份号、密级和保密期限、紧急程度、发文单位、发文字号和签发人这几种格式要素，如图1-1所示。

1．份号

份号指的是公文印制份数的顺序号，份号并不是公文必需的格式要素，只有涉密公文才必须标注份号。

份号应顶格居左编排在版心第一行，通常采用6位三号阿拉伯数字编写，实际编号时可以采用3~6位阿拉伯数字，起始数字从"1"开始，虚位用"0"补齐，比如第一份公文的份号可以编写为"001""0001""00001"或"000001"。

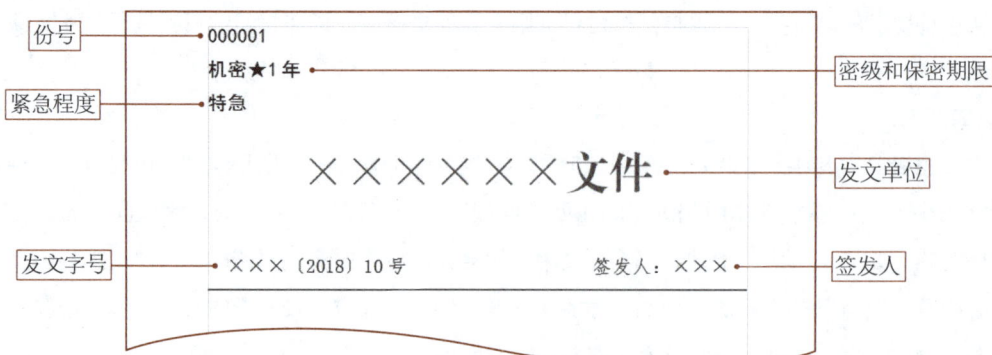

图1-1 版头的格式要素

2．密级和保密期限

密级和保密期限指的是公文的秘密等级和保密的时效长短。根据秘密等级的不同，涉密公文应当标注"绝密""机密"或"秘密"字样，以及对应的保密期限，保密期限则是对公文密级的时效的规定。密级和保密期限采用三号黑体字，顶格置于版心左上角第2行，具体有以下两种编写规定。

◆**含保密期限：**密级和保密期限之间用"★"分隔，如"秘密★1年""绝密★10年"，"绝密""机密"或"秘密"两字之间不空格，保密期限中的阿拉伯数字和"年"字也不空格。

◆**无保密期限：**"绝密""机密"或"秘密"两字之间空一字。

3．紧急程度

紧急程度指的是对公文送达和办理的时限要求。紧急公文应当标注"特急"或"加急"字样，电报应当标注"特提""特急""加急"或"平急"字样。根据是否存在份号、密级和保密期限的情况，紧急程度在公文中的编排格式分为以下几种。

◆有份号、密级和保密期限，紧急程度编排在版心左上角第3行，紧急程度的两字之间不空格。如果有密级但没有保密期限，则紧急程度的两字之间空一字。

◆有份号，但没有密级和保密期限，紧急程度编排在版心左上角第2行，紧急程度的两字之间空一字。

◆没有份号，也没有密级和保密期限，紧急程度编排在版心左上角第1行，紧急程度的两字之间空一字。

> **专家点拨**
>
> 份号、密级和保密期限、紧急程度三者依次排列在版心左上角的第1、2、3行，其中的某个格式要素没有时，其余格式要素顺次填补即可。

4．发文单位

发文单位俗称"红头"，它由发文单位全称或规范化简称加"文件"两字组成，也可以省略"文件"两字。发文单位使用小标宋体字，总体要求宽度要小于版心，做到庄重、醒目和美观。发文单位的上边缘至版心上边缘的距离应为35mm。35mm就是3行多的距离，正好可以标注份号、密级和保密期限以及紧急程度。

如果是多个发文单位编制和发送的联合行文的公文，可以同时标注联署发文单位的名称，也可单独使用主办单位的名称。如果需要同时标注，则应分行连续标注所有联署发文单位，其中主办单位排在最上面。如果有"文件"两字，则应置于联署发文单位右侧，参照多个发文单位上下居中排布。

5．发文字号

发文字号是公文的唯一标识，在公文登记、查询引用、归档保存等环节都起着非常重要的作用。发文字号的结构为：发文单位代字+〔年份〕+发文顺序号。

◆ **发文单位代字：** 由发文单位文秘部门为该单位所有部门统一编制的规范化缩写加上"发""字""函""电"等性质代字组成。

◆ **年份：** 使用四位年代号，用六角括号"〔 〕"括起来，"年"字应当省略，如"〔2018〕"。

◆ **发文顺序号：** 发文单位一年内制发文件的统一流水号。

发文字体采用三号仿宋体，置于发文单位下空两行的位置。另外还需要注意以下几点。

（1）如果是平行文或下行文，发文字号应居中排布。

（2）如果是上行文，发文字号应居左排布，并左空一字，此时右侧对称位置还需标注签发人，发文字号与最后一个签发人姓名同处一行。

（3）如果是联合行文，应使用主办单位的发文字号。

6．签发人

签发人指的是发文单位的主要负责人，公文如果是上行文，那就应当标注签发人姓名。"签发人"三字为三号仿宋体，签发人的具体姓名使用三号楷体，一行最多编排两个签发人姓名。具体来说，根据发文机关数量的不同，签发人的编排格式有如下规定。

◆ **一个或两个单位：** 签发人编排在发文字号的右侧，与发文字号处在同一行，右空一字。

◆ **三个或三个以上单位：** "签发人"三字、全角冒号以及首行签发人姓名编排在发文单位下空两行位置，按发文单位顺序编排签发人姓名，每行排两个签发人姓名，签发人姓名中间空一字。每行签发人姓名的第一个字都要对齐。签发人姓名为两个字的中间空一字。发文字号与最后一个签发人姓名处于同一行。

7．红色分隔线

版头中的分隔线颜色为红色，位置在发文字号下4mm处，宽度与版心等宽，高度一般在0.35mm～0.5mm。

1.7.2 主体

主体体现的是公文的具体内容，是公文的重要部分之一，它包含的格式要素较多，如标题、主送单位、正文、附件说明、发文单位署名、成文日期、印章、附注、附件等，如图1-2所示。

1．标题

标题是对公文主要内容的概括和揭示，作用在于传达公文的基本内容。公文标题的基本结构为：发文单位+"关于"+事由+"的"+文种。标题一般使用二号小标宋体，位置位于红色分隔线下空两行处。当标题中包含两个及以上发文单位时，各发文单位名称之间应空一字；如果是3个和3个以下的发文单位，应列出所有发文单位的名称；如果是4个及4个以上的发文单位，可以采用排列在前的发文单位名称加"等"的方式。

> **👤 专家点拨**
>
> 公文标题中一般不用标点符号。但如果出现法律、法规、规章名称的全称时，应加书名号。另外，如果在事由部分出现多个单位、人名等并列词语时，各机关名称、人名之间应用顿号分开，不使用空格。

2. 主送单位

主送单位指的是公文的主要受理单位，用三号仿宋体，在标题下空一行之后居左顶格编排。关于主送单位需要注意以下几点。

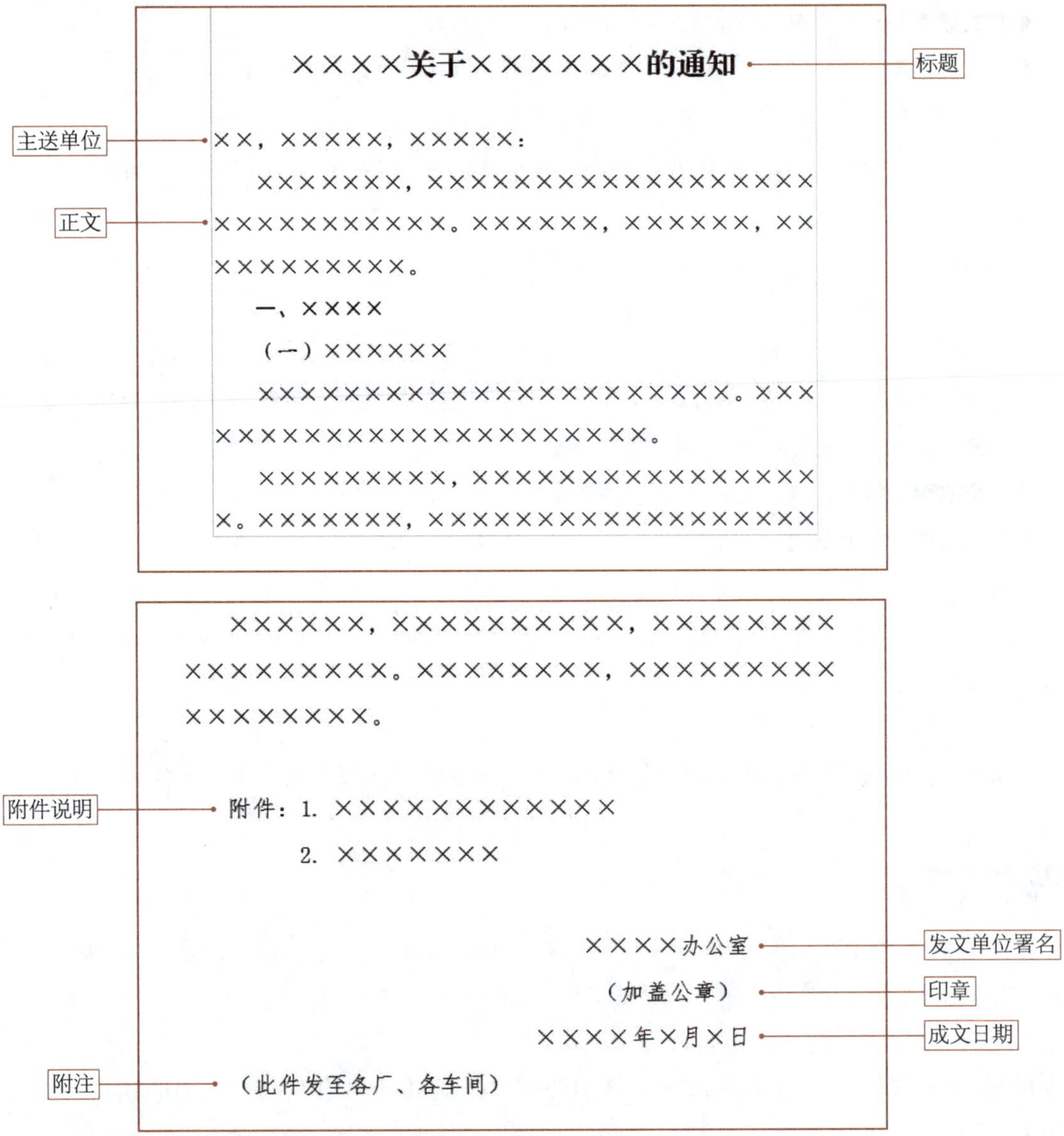

图1-2　主体的格式要素

① 上行文原则上只能有一个主送单位。

② 对于公开发布和传播的公文，如公告、通告等，可以没有主送单位。

③ 主送单位的顺序一般按重要程度排列。

3．正文

正文用来表述公文的内容，是公文的主体。公文首页必须显示正文，一般采用三号仿宋体，从主送单位下一行开始，每个自然段左空两字，换行顶格编排，各自然段之间不空行。

公文正文的结构层次一般不超过4层，各层次序数依次用"一、""（一）""1.""（1）"标注，第一层文字一般用黑体字，第二层文字一般用楷体字、第三层和第四层文字则用正文规定的仿宋体标注。

4．附件说明

附件说明主要是为了说明公文带有附件时，公文附件的顺序号和对应的名称。附件说明使用三号仿宋体，在正文下空一行之后，左空两字开始标注"附件"两字，然后依次编排全角冒号和附件名称。如果公文带有两个及两个以上附件，附件名称前面应使用阿拉伯数字标注附件的顺序号，顺序号后面编排小圆点。

5．发文单位署名

公文一般以发文单位的名义署名，特殊情况需要由签发人署名时，应当写明签发人职务并加盖签发人签名章。联合行文时，发文单位署名的顺序应与版头发文单位的排列顺序一致。发文单位署名标注在成文日期之上（一般为上一行，但没有强制规定），以成文日期为准居中排布。

6．成文日期

成文日期是公文的生效时间，指的是会议通过或发文单位负责人签发的日期。成文日期在公文中的标注位置有两种，一是在公文标题下，写全年、月、日并用圆括号"（）"括起来，如会议通过的决定；二是在公文正文或附件说明右下方的发文单位署名下一行标注，写全年、月、日，使用阿拉伯数字标注成文日期，年份用四位数全称，月份和日期小于"10"时，不使用"0"来填补虚位。

成文日期的最后一个字距离版心右边缘的距离一般为四个字，置于正文或附件说明之后，距离多少行由印章大小决定。只要确保成文日期处于印章中心下边缘位置，同时保证印章顶端距正文或附件说明一行之内即可。

7．印章

公文中有发文单位署名的，应当加盖发文单位印章，并与署名单位相符。印章应端正、清晰，且居中下压发文单位署名和成文日期，使发文机关署名和成文日期居印章中心偏下位置。印章下边缘与成文日期下边缘相切，印章的上边缘距正文或附件说明在一行之内。

8．附注

附注指的是对公文的发放范围、使用时需注意的事项加以说明。常见的有平行文和下行文中对印发传达范围的说明，如"此件公开发布"，或"请示"类公文对联系人及联系电话的说明等。附注使用三号仿宋体字，紧接成文日期下一行并居左空两字标注，文字外需要添加圆括号。

9．附件

附件是对公文正文的说明、补充或参考资料，是附属于公文正文的文字、图表、图形等其他材料，对正文起说明、解释、补充、证实、参考等作用，是正文的组成部分，与正文具有同等效力。附件的编排格式如下。

（1）附件的编排必须另起一页，编排在版记之前，与正文一起装订。

（2）在附件首页版心左上角的第一行顶格编排"附件"两字，字体格式为三号黑体字。如果有多个附件，后面还需紧跟附件顺序号。

（3）附件标题编排在附件首页第三行居中位置。

（4）附件序号和附件标题必须与附件说明中的内容一致。

（5）附件中的标题、正文等编排与主体部分对应格式要素的编排格式一致。

1.7.3 版记

版记一般包括抄送单位、印发单位和印发日期等要素，其中最后一个要素应置于最后一行，也就是说版记要放在公文的最后一页最下面的位置，如图1-3所示。

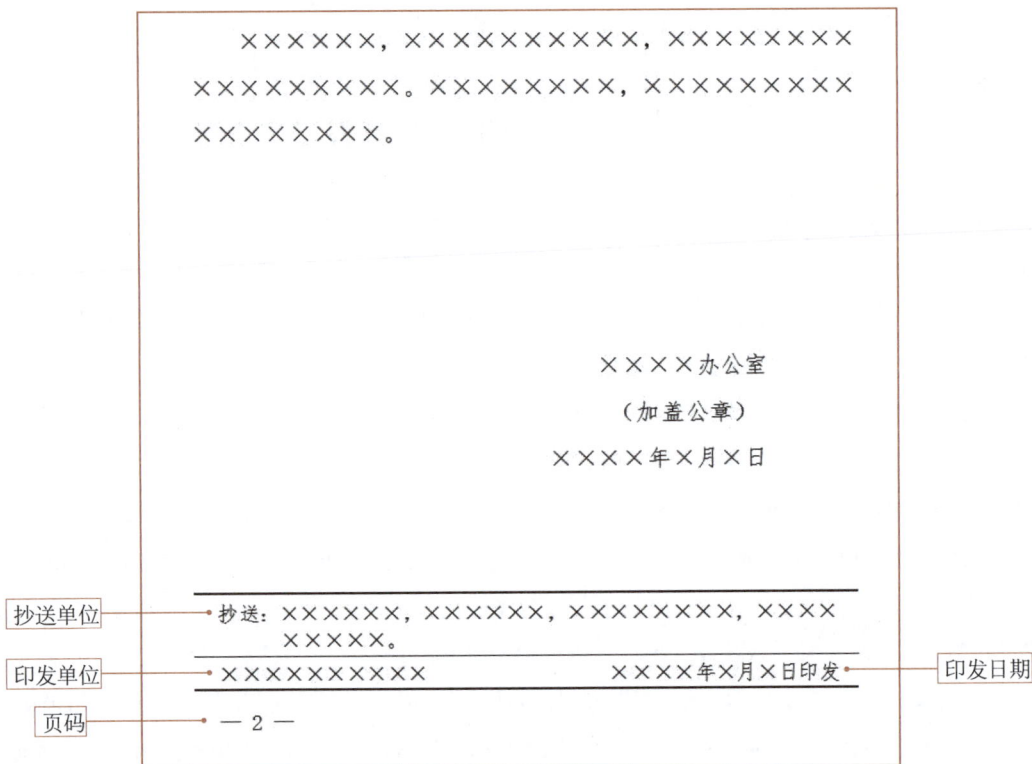

图1-3 版记的格式要素

1. 版记中的分隔线

版记中第一个要素之上和最后一个要素之下需要编排一条分隔线，这两条分隔线的高度为0.35mm，宽度与版心宽度相同。另外，版记中各要素与印发机关和印发日期之间也需要添加一条分隔线，高度为0.25mm。

2. 抄送单位

抄送单位指的是除主送单位外其他需要知晓公文内容的单位。抄送单位使用四号仿宋体字，左右各空一字。"抄送"两字后加全角冒号，然后标注抄送单位名称。如果抄送单位过多导致换行，则换行后应当与冒号后的第一个抄送单位首字对齐。各抄送单位名称之间用逗号分隔，最后要标注句号。

3．印发单位和印发日期

印发单位是公文的送印单位，是公文的印制主管部门。印发日期指的是公文的送印日期。印发单位和印发日期使用四号仿宋体字，编排在同一行，如果有抄送机关，则编排在抄送机关下一行。印发单位居左空一字标注，印发日期居右空一字标注，用阿拉伯数字完整写明年、月、日，后面加"印发"两字。

1.7.4 页码

页码编排在版心外的区域，如图1-3所示。页码使用四号半角宋体阿拉伯数字，页码数字左右两边各空1个半角空格，并标注一条"—"字线。页码置于版心下边缘，"—"字线距版心下边缘7mm，单页码右边的"—"字线右空一字，双页码左边的"—"字线左空一字。

写作与提高

问：手写办公室公文时，对字迹有什么要求？

答： 手写办公室公文虽然不比书法，但也必须保持汉字的基本笔画、笔顺和偏旁部首的正确，结构得当，给人以清晰工整的印象，以便于阅读和使用。有些人习惯在草拟公文时使用行书或草书来撰写，自认为"龙飞凤舞"，实际上模糊不清，令人难以辨认，这就可能给工作造成严重影响。比如安排庆典活动时，某个动作要求让人员向西边散开，结果由于字迹模糊，办事人员将"西边"看成"两边"，并按此来安排庆典，结果可想而知。因此讲究书写的工整、清楚，对于确保公文的质量、提高工作效率，都具有极其重要的意义。

问：什么是上行文、下行文和平行文？

答： 行文关系可以理解为公文的传递方向，上行文指下级部门向上级领导呈送的公文，如请示、报告等；下行文指的是上级领导向下级部门发送的公文，如决定、通告、批复等；平行文则指的是同级部门或没有隶属关系的部门之间往来的各类公文，如通知、函等。

> **扩展阅读　办公室公文的分类**
>
> 实际上，上行文、下行文、平行文只是公文的一种分类方法，如果按性质作用来分，又可以将办公室公文分为指令性公文、报请性公文、规定性公文、告知性公文、计划性公文、商洽性公文、证明性公文等。除此以外，还可以将办公室公文按来源、按保密程度、按紧急程度、按地位、按适用范围、按表达形式、按载体材料等进行分类。
>
> 扫一扫
>
> 办公室公文的分类

问：有时会遇到公文的标题过长的情况，此时换行有没有什么讲究？

答： 标题换行时首先要注意不能把含义完整的词组分割成两行，如"住房保障"就属于含义完整的词组，应出现在一行，不能将其分割编排。另外，对于标题的整体外观而言，出现多行标题时，外观要呈现出梯形（包括上梯形和下梯形）或菱形的样式。每行标题的字数不能过多，单行内容不能顶到版心。

问： **如果有多个发文单位需要加盖多个公章，或者需要加盖签发人的签名章时，应该怎么处理？**

答： 遇到多个发文单位都需要加盖公章时，每排最多排3个印章，同时要确保两印章间互不相切或相交，印章和署名的纵向中心线应重合，署名的左右排列顺序与版头发文单位中的排列顺序应一致。同时保证首排印章的顶端距离正文或附件说明也不能超过一行。最后一个印章居中下压发文单位名称和成文日期。如果需要加盖签发人签名章时，需在正文或附件说明下空两行，右空四字加盖，签名章左空两字标注签发人职务，并相对于签名章上下居中。如果签发人有多位，则首先加盖主办单位签发人签名章并标注签发人职务，其余单位签发人职务、签名章依次向下编排，与主办单位签发人职务、签名章上下对齐，且每行只能编排一个单位的签发人职务、签名章。

第2章

公务类文书

　　公务类文书就是俗称的"红头"文件，一般情况下专指党政机关公文，是党政机关实施领导、履行职能、处理公务的具有特定效力和规范体式的文书。在实际工作中，企事业单位等非党政机关和其他团体，也可以参考《党政机关公文处理工作条例》中关于公务类文书，如决定、通知、请示等的规定，而对于办公室公文写作来说，其写作格式和要求相对于党政机关而言就更为灵活。本章将详细介绍办公室公文写作中这些公务类文书的写作方法。

2.1 » 决定

决定是一种下行公文，当企业需要做出重大的决策和部署，或者需要对有关部门和员工进行奖励或惩罚，又或者需要变更或撤销部门不适当的决定事项时，就可以使用这一文种。需要注意的是，用决定来安排的行动必须是重大的，所处理的事项必须是重要的。

2.1.1 决定的特点

决定具有指导性、强制性和稳定性等特点，具体如下。

◆ **指导性：** 决定集中体现了企业领导对重要事项的决策，具有较强的理论性、政策性，是指导部门的工作准则。

◆ **强制性：** 决定是下行文，要求下级部门无条件贯彻执行。

◆ **稳定性：** 决定要求较长时间贯彻执行，并在较长时间内发挥作用。

2.1.2 决定的类型

决定的类型可分为以下几种。

◆ **法规性决定：** 用于发布权力机关制定、修订或试行的法律文件以及由政府部门制定的行政法规。

◆ **指挥性决定：** 用于对某个问题、某种事项、某种行动进行决策性指挥部署。

◆ **奖惩性决定：** 用于表彰或处分有关的单位或个人。

◆ **变更性决定：** 用于变更人事安排或撤销下级部门不适当的决定事项。

👤 专家点拨

用于奖惩单位或个人的文种较多，如命令、决定、通报等都可以使用。其中，命令一般是嘉奖或惩罚，决定是表彰或处分，通报是表扬或批评，因此三者的级别从高到低依次为：命令 > 决定 > 通报。

2.1.3 决定的模板与格式

决定的内容由标题、主送单位、正文、发文单位名称和成文日期组成，其写作模板如图2-1所示。

[发文单位]关于[事项]的决定

[主送单位]：

　　[说明做出此决定的依据、理由、目的等]，特做如下决定。

　　[直截了当地说明决定的具体事项]。

　　[说明落实决定的要求和措施，也可提出希望和号召]。

[发文单位名称]

[成文日期]

图 2-1　决定的模板示例

1．标题

决定的标题格式一般为"××××关于××××的决定"，"关于"前面为发文单位名称，后面为决定的相关事项。有时可以省略发文单位名称，只保留"关于××××的决定"。

2．主送单位

如果决定的受文对象没有特殊要求，属于普发性公文，则可以省略主送单位，否则就需要写明主送单位的名称。

3．正文

决定的正文可以分为3个部分，即决定原因、决定事项和决定要求。

◆ **决定原因：** 简明扼要地说明决定的原因、依据、目的、意义，然后用"特做如下决定："或"特决定如下："来过渡到决定事项。

◆ **决定事项：** 直接说明决定的事项，如对工作确定的原则、提出的措施、做出的规定，对某人某事表明态度、做出安排和处置等。

◆ **决定要求：** 提出执行要求，发出希望号召或说明有关事项。有些决定也可以忽略此部分，做出决定事项后直接收尾。

4．发文单位名称

对办公室公文而言，决定的发文单位名称一般不能忽略，应写明全称或规范性简称。

5．成文日期

决定的成文日期可以写在发文单位名称后面，也可以根据需要写在标题下，用"（　）"号括起来。如果是会议发出的决定，则标题下的成文日期格式应为：成文日期+会议全称+"通过"两字。

2.1.4　决定的范文与点评

【范文1——奖惩性决定】

关于给予××同学××处分的决定

××系××专业××级××班学生×××，于××××学年第××学期第××周至第××周累计旷课达××课时（处分依据必须准确且详细才有说服力）。学校已书面告知其违纪事实，学生本人无异议。根据《××学院学生违纪处分办法》第×章第×条第×款的规定，经校学生违纪处理委员会研究，决定给予×××同学××处分。受处分学生如对所受的处分有异议，在接到处分决定书之日起五个工作日内向学生申诉处理委员会提出书面申诉（交代申诉的方法，人性化的体现）。该决定书在七天后生效。

××学院

××××年×月×日

点评： 奖惩性决定的内容一般包括奖惩对象的情况说明、奖惩的原因和根据、奖惩的决定，结尾可以提出希望和号召，或提出要求并汲取教训，也可以省略。上文省略了惩罚的情况说明，直接点出惩罚原因和决定，这是内容短小的奖惩性决定常用的写作方式。

【范文2——指挥性决定】

关于向×××同志学习的决定

各车间、班组、各党支部：

我厂装配车间工人×××在上月××日的特大洪水灾害中，抢救国家财产不幸身亡（**交代先进事迹，使后文向先进学习有理有据**）。厂党委和厂委员会决定在全厂开展向×××同志学习的活动。

一、学习×××同志公而忘私、奋勇保护国家财产的高尚品德，爱祖国爱人民，敢于牺牲的精神。

二、根据×××同志生前的表现和愿望，追认×××同志为中国共产党党员。

三、在全厂广泛宣传×××同志的先进事迹，以及勇于献身的革命英雄主义精神，运用这一典型事迹对全厂党员职工进行一次努力奉献、坚持改革、敢于进取的革命精神培训。宣传科和工会要把×××同志的事迹编成小册子广为发放。

四、各车间、班组、党支部要开展讨论，学习×××同志的优秀品质，开展比、学、赶、帮活动，争取生产上一个新台阶。

厂党委和厂委员会号召全厂党员、职工，化悲痛为力量，努力工作，创造更好的成绩，为改革开放事业做出更大贡献（**发出号召，提出希望**）。

××厂党委

××厂委员会

××××年×月×日

点评： 指挥性决定的内容一般可以划分为两个部分，第一部分写明做出决定的背景、根据、目的、意义，第二部分根据内容多少，可分条款甚至分标题划分层次。正文的结尾部分往往都会提出号召或希望。

扫一扫

决定的模板及范文

2.2 » 公告

公告适用于向国内外宣布重要事项或法定事项，对企事业单位等组织而言，也可以使用公告这一文种让有关方面及时知晓相关事项。

2.2.1 公告的特点

企事业单位发布的公告一般是在报刊等传播媒体上公开刊登，它具有以下非常鲜明的特点。

◆**重大性：** 公告的内容必须是能在国际国内产生一定影响的重要事项，或者依法必须向社会公布的法定事项。

◆**广泛性：** 公告的内容不只是在国内，还可以在世界范围内公布。公布与小范围相关的事件，则不宜使用这一文种，而可以选择通告等其他文种来代替。

◆**限制性：** 按规定，企事业单位不能发布公告，而只能由党和国家行政机关或领导人，或党和国家授权的党政机关来发布。但一般情况下，企事业单位需要对外界公布的重要内容也可以借鉴公告这一文种形式。

◆ **公开性：**公告一般是通过新闻媒介，如报纸、电台、电视台等公开宣布。

2.2.2 **公告的类型**

公告主要有要事性公告、法定性公告两大类型。

◆ **要事性公告：**对外宣布重大事项、重要事件的公告。对于企事业单位而言，使用的公告基本上都
属于要事性公告。

◆ **法定性公告：**向国内外宣布法定事项或颁布法律、法规而使用的公告。这类公告的发文单位就是
党和国家行政机关或领导人，或党和国家授权的党政机关。

专家点拨

不能把公告当作"启事""声明""广告"等文种来使用。不能望文生义，将"公告"理解为"公
开告知"有关事项，如声明某业务与本企业无关，揭露有人冒充某报记者行骗等，这类事件就
不能使用公告这一文种。

2.2.3 **公告的模板与格式**

公告的内容由标题、正文、发文单位名称和成文日期组成，其写作模板如图2-2所示。

[发文单位]关于[事项]的公告

[说明公告的背景、原因、目的等]。

[简明扼要地说明公告的内容]。

[根据公告的内容，适当补充说明相关信息，如联系方式，
如展望未来等]。

特此公告。

[发文单位名称]

[成文日期]

图 2-2　公告的模板示例

1．标题

公告的标题格式一般为"××××关于××××的公告"，"关于"前面为发文单位名称，后面为
公告的相关事项。也可省略发文单位名称，只保留"关于××××的公告"。

2．正文

公告的正文可以分为3个部分，即公告原因、公告内容和公告结尾。

◆ **公告原因：**说明公告的原因和目的。

◆ **公告内容：**直接说明告知的内容。

◆ **公告结尾：**提出希望、要求、警告等，然后分段用"现予公告""特此公告"等习惯用语收尾。
也可不单独收尾，直接省略这部分内容。

3．发文单位名称和成文日期

公告的发文单位名称和成文日期依次写在正文的后面即可。

2.2.4 公告的范文与点评

【范文1——要事性公告】

××股份有限公司关于高管辞职的公告

本公司董事会及全体董事保证本公告内容不存在任何虚假记载、误导性陈述或重大遗漏，并对内容的真实性、准确性和完整性承担个别及连带责任（对公告内容真实性的保证）。

××股份有限公司（以下简称"公司"）董事会近日收到公司副总裁×××先生提交的书面辞职报告。×××先生因个人原因，申请辞去公司副总裁职务。辞职后，×××先生不再担任公司任何职务，其辞职不会影响公司的正常运营。根据《公司法》和《公司章程》的有关规定，上述辞职报告自送达公司董事会之日起生效（依次交代辞职一事的整个过程，并明确辞职的结果和生效日期）。

公司董事会对×××先生在公司任职期间为公司经营和发展工作做出的积极贡献表示衷心感谢。

特此公告。

××股份有限公司
××××年×月×日

点评： 要事性公告的结构比较简单，一般情况下依次写明标题、公告内容、署名和成文日期即可。上文涉及员工辞职的情况，且企业规模较大，因此特意使用一段内容表达公告内容的真实准确，然后才开始说明公告的原因和内容。最后也特别为辞职员工送上祝福，最后以"特此公告"收尾。整篇公告结构严谨，内容简洁，不仅表现了企业的做事规范，也体现了企业的人情味。

【范文2——要事性公告】

关于调整学费的公告

由于《2018年××普通高校招生报考指导》（文科册、理科册）（以下简称《报考指导》）付印前省有关部门关于学费调整的正式文件尚未发布，所以《报考指导》中我校2018年各专业学费标准均标注为"待定"（交代学费标准"待定"的原因）。现根据2018年6月11日××省物价局、××省教育厅、××省人力资源和社会保障厅联合颁发的《关于推进放开民办教育收费试点工作有关事项的通知》（×价费〔2018〕70号）要求，经对办学成本测算并报省物价局、省教育厅等部门备案，我校从2018级新生起，对各专业学费标准调整如下：

2018年新生收费标准

经、管、文科类各专业	15 000元/年
工科类各专业	16 800元/年
艺术类各专业	17 000元/年

特此公告。

××工程学院

××××年×月×日

点评：要事性公告的事件虽然重大，但内容一般比较单一，所以在结构上多采用"篇段合一"的写法，即整篇内容只有一段正文，一气呵成。上文由于需要交代具体的收费标准，因此未呈现"篇段合一"的效果，但想要表达的内容是类似的。

扫一扫

公告的模板及范文

2.3 » 通告

对于企事业单位来说，通告的使用频率要远高于公告，可以使用这一文种向一定社会范围内的公众公布应当知晓或需要遵守的一定事项。

2.3.1 通告的特点

通告具有知照性、规定性和公开性等特点。

◆ **知照性：**通告的目的就是要求有关人员知晓通告内容或执行有关事项。

◆ **规定性：**通告的规定性即祈使性，表现在有的通告不仅仅在于让公众了解情况，还要求遵守有关规定。

◆ **公开性：**通告以向社会公开发布的形式来实现让社会有关单位或人员知晓其事项为目的。

2.3.2 通告的类型

根据内容的不同，通告可分为知照性通告和祈使性通告两类。

◆ **知照性通告：**公布的内容为应当让受众周知的事项。

◆ **祈使性通告：**公布的内容不仅应当让受众周知，而且还应当让受众遵守有关事项。

2.3.3 通告与公告的区别

通告和公告在发文单位级别、发布内容和告知对象等方面都有区别。

◆ **发文单位级别：**公告由级别较高的领导机关或法定部门制发；通告的发文机关很广泛，一般任何企事业单位都可以制发。

◆ **发布内容：**公告发布的内容对国内外都具有重大影响；通告发布的内容为局部的有关业务工作或具体事项。

◆ **告知对象：**公告的告知对象很广，受众可能包括国内外人士；通告只针对一定范围内的单位或人员。

2.3.4 通告的模板与格式

通告的内容由标题、主送单位、正文、发文单位名称和成文日期组成，其写作模板如图2-3所示。

<h1 style="text-align:center">关于[事项]的通告</h1>

[主送单位]：

　　[说明通告的原因、依据、目的等]。

　　[写明通告的具体内容]。

　　[说明要求或希望等内容]。

　　特此通告。

[发文单位名称]

[成文日期]

图 2-3　通告的模板示例

1．标题

通告的标题写法较为灵活，具体有以下几种。

◆ 由发文单位、事项、文种3者共同构成，如《××公司关于网站停用的通告》。

◆ 由发文单位、文种组成，如《××集团通告》。

◆ 由事项和文种构成标题，如《关于整顿校风校纪的通告》，这是通告最常用的标题写法。

◆ 只写明"通告"两字。

2．正文

通告的正文由3部分构成，即通告缘由、通告事项、通告结语。

◆ **通告缘由：**说明发布通告的背景、原因、根据、目的、意义等内容。

◆ **通告事项：**写明社会有关方面应当周知或遵守的事项。

◆ **通告结语：**多采用"本通告自发布之日起实施"指明执行日期，或用"特此通告""此告"等习惯用语结尾。

3．发文单位名称和成文日期

通告正文后应写明发文单位名称，如果标题上已出现，这里可以省略；成文日期放在发文单位名称之后，有时也可利用"（ ）"号放在标题之下。

2.3.5　通告的范文与点评

【范文1——知照性通告】

<h3 style="text-align:center">关于××路改造施工的通告</h3>

　　根据市委、市政府统一部署，我局将对××路（××路至××路）两侧部分建筑进行整饰美化，同时对××路（××路至××路）进行道路改造施工，施工时间从即日起至××年×月×日（交代施工原因、施工内容、施工日期），施工期间请业主和广大市民给予配合。

　　特此通告。

××规划建设局

××××年×月×日

点评：知照性通告最能体现通告这一文种的特点，可以及时将某些信息让公众知晓。上文是某规划建设局因道路施工和建筑美化而发布的通告，目的在于让市民知晓施工会带来不便。正文短短一句话，就囊括了通告的原因、事项和希望等内容。

【范文2——祈使性通告】

关于规范化服务的通告

各部门、各班组：

为了更好地服务业主，提升我司品牌形象，鉴于对内对外管理上均存在着诸多不尽如人意的地方，现针对长期以来经常反复出现问题的工作环节，做出如下规定，各员工要严格遵守，一经发现，严肃处理（说明通告的原因，并提出要求，文末则可以直接收尾）。

1．园区照明设备的规定：园区内照明设备的开关时间与销售部作息时间相吻合，在营销中心园区内（包括围挡）的所有照明设备在销售部下班后即可关闭，同时保留部分射灯供巡逻使用。（略）

2．园区内禁止拍照：（略）

3．严肃物业公司卫生间使用规定：（略）

4．严格执行公司的用餐时间及餐厅的规范化管理：（略）

5．提高全体员工的服务意识：（略）

6．本通告自发布之日起实施。

××物业服务有限公司

××××年×月×日

点评：祈使性通告不仅要求受众知晓事项，还要求他们遵守通告的具体要求。上文中出现主送单位，是因为受众非常具体，通告的对象就是主送单位，其他单位和人员无需知晓。正文中第一段说明了通告的原因，并明确要求员工遵守。由于通告的内容相对较多，因此上文采用了条款式的写法让通告事项更加清晰。最后用"本通告自发布之日起实施"这样通告常用的句式收尾，点明了通告实行的明确日期。

扫一扫

通告的模板及范文

扩展阅读 通告的写作技巧和注意事项

通告的发布一般具有针对性，因此在语体方面，通告一般要求简洁、明确、得体和平实。通告的目的在于使行文对象知道某个事项，以便于在以后的工作与生活中注意或遵守。例如，通知停电的通告，目的在于让行文对象了解何时何因停电，以便合理安排生活。所以通告的语言要简洁明白，一目了然，使行文对象在最短时间内了解情况。

扫一扫

通告的写作技巧和注意事项

2.4 » 意见

意见是上级部门、同级部门之间或下级部门，针对当前或将来要进行的主要工作和需要马上解决的重大问题所提出的原则性要求和具体处理办法。因此意见具有指示作用，适用于对重要问题提出见解和处理办法。

2.4.1 意见的特点

意见具有多向性、针对性和多样性等特点。

◆ **多向性**：意见可以用于上级领导对下级部门提出一些指导性、规定性的意见，作为下行文来使用；也可以用于下级部门对上级领导提出一些建议性见解，作为上行文来使用；还可以用于同级部门之间互相提出建议或意见，作为平行文来使用。

◆ **针对性**：意见是针对某项工作或某一重要的问题提出的见解或处理意见，有的放矢，有较强的针对性。

◆ **多样性**：意见行文方向的多向性就决定了意见可以具备多种作用，既可以用来指导下级部门的工作，也可以用于对上级领导提出建议，还可以用于平级和不相隶属部门之间提出参考性意见。

2.4.2 意见的类型

按照意见内容的性质和用途，可将其分为指导性意见、实施性意见和建议性意见。

◆ **指导性意见**：用于向下级部门布置工作，对下级有一定的规范作用和行政约束力。

◆ **实施性意见**：用于对某一时期某方面的工作规定目标和任务，提出措施、方法和步骤。

◆ **建议性意见**：用于向上级领导提出工作建议、设想。具体又可分为呈报性建议意见和呈转性建议意见。前者供上级决策参考，上级可不反馈；后者不仅提出设想和打算，还需要上级审定批转，让其他相关方面一并执行。

2.4.3 意见的模板与格式

意见的内容由标题、主送单位、正文、发文单位名称和成文日期组成，其写作模板如图2-4所示。

[发文单位]关于[事项]的意见

[主送单位]：

　　[提出意见的依据、背景和目的]，现就有关问题提出如下意见。

　　[具体写明对重要问题的见解和处理办法，如目标、任务、实施要求、措施办法或建议事项等]。

　　以上意见如无不妥，请批转执行。

[发文单位名称]

[成文日期]

图 2-4　意见的模板示例

1．标题

意见的标题格式一般为"××××关于××××的意见"或"关于××××的意见"两种，即发文单位可以省略，事项和文种不能省略。

2．主送单位

意见一般应该写明主送单位，但涉及面较广的意见可省略。上行的意见一般只有一个主送单位，下行的意见则可以有多个主送单位或直接省略主送单位。

3．正文

意见的正文结构一般为：意见缘由+意见内容+意见结语。

◆ **意见缘由：** 即"为什么提意见"，主要介绍提出意见的背景情况、依据、目的、意义等内容，写作时要目的明确，理由充分。意见缘由向意见内容过渡时常用"现提出如下意见："或"特制定本处理和实施意见。"等过渡语句。

◆ **意见内容：** 对有关问题或某项工作提出见解、建议或解决办法。如果内容涵盖量大，可采用条文式结构。写作时要注意把原则性内容与规范性内容结合起来，既提出总的、原则性的要求，又有明确、具体、便于实际操作的措施和办法。

◆ **意见结语：** 可使用规范化结语，如下行意见常使用的结语是"以上意见，各部门要结合实际情况，制定相应的措施并报×××。""以上意见，请认真贯彻落实。"等；上行意见的结尾经常使用"以上意见，请审阅。""以上意见如无不妥，请批转各部门执行。"等习惯用语。

4．发文单位名称和成文日期

意见的发文单位名称和成文日期依次写在正文的后面即可。如果标题上已出现发文单位名称，这里可以省略。

2.4.4 意见的范文与点评

【范文1——指导性意见】

关于进一步加强学生教育与管理工作的意见

为维护学院正常的教育教学秩序和生活秩序，进一步提高育人水平，推动学生工作新发展，促进学生健康成长（连续用"维护""提高""推动""促进"等词语，体现了本次意见的目的是非常积极向上的），根据中共中央国务院《关于进一步加强和改进大学生思想政治教育的意见》精神，围绕我院提出的创建省级示范学院的目标，结合我院学生管理工作的实际，提出如下意见：

一、切实提高对加强学生教育与管理工作重要性的认识

1．加强学生教育与管理工作，是全面推进素质教育，培养高素质技能型人才的关键环节。学生管理工作是学院工作的重要组成部分，也是基础性的工作。我院承担着培养教育学生健康成长、顺利成才、平稳走向社会的责任，为此学院确立了"融合 创新 担当"的校训和"理析万象，工求精密"的校风，提出了创建"低碳、生态、新能源、新信息"省级示范高职院校的目标，实现这些任务要求我们必须把学生教育与管理工作提高到关系学院发展的高度来认识，把学生教育与管理工作作为一切工作的基础来定位，积极采取管理措施，营造良好的育人环境，促进大学生健康成长成才。（略）

2．（略）

3．（略）

二、当前我院学生工作的现状及存在的主要问题（略）

三、加强学生教育与管理工作的基本思路和主要措施（略）

四、加强学生教育与管理工作的组织领导（略）

××理工职业学院

××××年×月×日

点评： 指导性意见属于下行文，由于篇幅一般较长，往往采用条款式的写法，逐条逐款介绍具体的指导性意见内容。上文是一篇典型的发给所有下级的指导性意见，因此主送单位被省略。整体结构采用"总分式"结构，首先说明提出此意见的目的，点明总体要求，这是"总说"，接着罗列了四条内容来详细"分说"，有前有后，统领全局，是常见的一种下行意见写作方式。

【范文2——建议性意见】

关于开展"二早一活动"的若干意见

院长室：

我系本着给学生提供一个稳定、规范的学习环境，帮助他们合理规划课余时间的理念，自××年起开展"三早一晚活动"，但许多同学很不适应，感到身心疲惫（**说明原因**）。为了减轻压力、丰富课余生活、培养兴趣爱好（**说明目的**），我系特于××年×月初将"三早一晚活动"改为"二早一活动"，但仍有许多同学对此不理解，有的同学甚至影响学习（**说明当前情况**）。为了更好地推进"二早一活动"的施行，现提出如下意见：

一、学习专业化

1．建立兴趣小组，每周选择几节自修课进行专业知识补习。

2．晚自修可以安排高年级学生指导低年级学生的专业技能。

二、专业特色化

1．文秘专业：开展"模拟会议"活动，模拟会议的安排、会议的记录。

2．传媒专业：推行"晨间捕捉"活动，寻找晨间美丽景物。

3．商英专业：举办"英语沙龙"活动，由商英专业的同学参与商务英语的口语等实践。

三、自修自主化

1．设定每周自修总时间，让同学自由选择自修时间，只要达到规定时间即可。

2．不分班级、不分专业，依照同学自己的兴趣自由选择教室。

3．开设心得交流教室用于大一、大二、大三同学间进行学习、生活经验交流。

四、学习延伸化

1．开放其他专业的学习，根据专业的其他需求选择其他专业课程。

2．进行计算机知识操作的学习与技能操作（**将意见内容交代得详细且清楚**）。

以上意见供领导参考。

人文传播系

××××年×月×日

点评： 上文属于建议性意见中的呈报性意见，是上行文种，目的是将具体工作中反映出来的各种问题向上级汇报并提出合理性建议，并不要求上级必须批准。这篇呈报性意见写得比较简单，但比较典型。向上级呈报的意见，首先说明提出该意见的原因，语气不能生硬，如此例开头用"我系本着"就比用"我系为了"显得更加委婉和谦虚。其次应当将提出的意见内容表述完整，内容较多时，应当采取条款式进行罗列。应当极力避免意见内容过多，精简出最重要的意见内容，让上级能够一目了然，不被啰唆重复的内容干扰而影响判断。

扫一扫
意见的模板及范文

扩展阅读　如何写好意见

意见在一般情况下没有指令性作用，但是有很强的参考作用。意见的语言文字重在体现提出意见者对某些问题的看法，表达提出意见者的诚恳态度，所以意见在选词造句上要强调出诚恳和参考的性质，语气要相对缓和。

扫一扫
如何写好意见

2.5 » 通知

通知通常是下行文，是运用最为广泛的一种公文，适用于发布、传达要求下级部门执行和有关部门周知或执行的事项，也可批转或转发公文。

专家点拨

使用批转方式的，只能是上级对下级单位使用；使用转发方式的，可以是上级对下级单位使用，可以是下级对上级单位使用，也可以是对不相隶属单位使用。

2.5.1　通知的特点

通知的特点比较明显，它主要具备多样性、广泛性、指导性和时效性的特点。

◆**多样性：** 通知可以用来布置工作、传达领导指示、晓喻工作事项、发布制度、批转和转发相关文件，以及任免员工等。

◆**广泛性：** 通知一般作为上级领导对下级部门的下行文，但平行单位之间、不相隶属的单位之间，也可以使用通知知照相关事项。

◆**指导性：** 通知因为部署和指导工作、批转和转发文件等，都需要明确阐述处理某些问题的原则和方法，这就是其指导性的体现。

◆**时效性：** 通知事项一般是要求立即知晓、执行或办理的，不能拖延。

2.5.2　通知的类型

根据通知的使用情况，可将其分为以下几种类型。

◆**发文性通知：** 用于印发文件、转发文件或批转文件。

◆**指示性通知：**用于向下级部门传达需要周知或要求执行的事项。

◆**告知性通知：**用于向各相关单位告知某项事宜，最常见的就是会议通知。

◆**任免性通知：**用于任免职员。

2.5.3 通知的模板与格式

通知的内容由标题、主送单位、正文、发文单位名称和成文日期组成，其写作模板如图2-5所示。

[发文单位]关于[事项]的通知

[主送单位]：

  [说明通知的原因、背景、目的等，也可省略这一部分]，现就有关要求通知如下。

  [写明通知的具体内容]。

  [说明要求或希望等内容，也可补充联系方式等附加信息]。

  特此通知。

[发文单位名称]

[成文日期]

图2-5　通知的模板示例

1．标题

通知的标题写法与通告类似，具体有以下几种。

◆由发文单位、事项、文种3者共同构成，如《××集团关于做好投资工作的通知》。

◆由发文单位、文种组成，如《××企业后勤部通知》。

◆由事项和文种构成标题，如《关于调整组织结构的通知》。

◆只写明"通知"两字。

2．主送单位

通知一般都需要写明主送单位，以利于通知的执行和办理。但如果是普发性通知，或事项简短、内容单一的通知，也可省略主送单位。

3．正文

通知的正文结构一般为：通知缘由+通知事项+通知结尾。

◆**通知缘由：**概括情况，交代背景，说明目的，也可陈述理由，指出依据。可用"现通知如下："等语句过渡到通知事项。

◆**通知事项：**需要告知或要求遵守或执行的通知内容。发文通知一般只有这个部分，其格式一般为"×××同意×××《××××××××××的意见（或其他文件）》，现转发给你们，请遵照执行。"然后以附件形式附上同意的文件，或直接在成文日期后面附上文件内容。

◆**通知结尾：**提出相关要求或希望，最后可以用"特此通知"等习惯用语收尾。

4．发文单位名称和成文日期

通知的发文单位名称和成文日期依次写在正文的后面。如果标题上已出现发文单位名称，此处可以省略。

2.5.4 通知的范文与点评

【范文1——指示性通知】

××联会关于规范名称的通知

各代表机构、单位会员：

根据《关于改革社会组织管理制度促进社会组织健康有序发展的意见》（中办发〔××××〕46号）的文件精神和民政部《社会团体登记管理条例》中关于分支机构的相关规定，结合《××联会章程》的相关规定（**以上是发布通知的背景**），经中国××联会（以下简称联会）2017—2018年度常务理事会第三次会议和2017—2018年度理事会第二次会议决议，现通知如下：

一、关于代表处、管委会称谓的调整

对各区的称谓和组织形式进行调整，取消管委会、代表处的称谓，调整为代表机构。此后，联会制度等相关规范性文件上原有的管委会、代表处的称谓也相应调整为代表机构。

二、关于具有法人资质××会的称谓

具有独立社团法人资格的地方性××会组织，经申请，成为联会单位会员。联会相关制度和规范性文件上统一称为单位会员。

以上规定自下发之日起施行（**交代实施日期，避免引发执行的混乱**）。

××联会

××××年×月×日

点评：指示性通知一般采用直述式写法，需要概述实际情况，交代发文背景，指出发文依据，说明发文目的，然后会以"现就有关问题通知如下"等语句领出下文。事项部分可以通过条款式写法具体叙述通知的内容，保证条理清晰、布置具体。上文便是按照这种典型写法撰写的一篇指示性通知，将要求知晓和执行的事项清楚简洁地表达出来，并准确说明了施行日期，让相关部门有章可循。

【范文2——告知性通知】

通　知

各分公司、各厂：

为贯彻市政府安全工作会议精神，研究落实我公司安全生产事宜，总公司决定召开××××年度安全生产工作会议，现将有关事项通知如下（**交代通知的目的后直接说明会议通知的相关事项**）。

1．参加会议人员：各车队队长，修理厂厂长。

2．会议时间：5月3日，会期1天。

3．报到时间：5月2日至5月3日上午8时前。

4．报到地点：第二招待所301号房间，联系人：×××。

5．各单位报送的经验材料，请打印30份，于4月20日前报公司技安科。

特此通知。

××总公司

××××年×月×日

点评： 告知性通知的第一段为发文缘由，指出理论依据和事实依据，然后以"现将有关事项通知如下"等过渡语引出发文事项。上述告知性通知是最典型的会议通知，首先说明召开会议的原因和背景，然后将与会议相关的注意事项进行通知，最后用"特此通知。"收尾，进一步体现了对此次会议的重视程度。

扫一扫

通知的模板及范文

扩展阅读　**通知的语言特点**

通知的行文比较灵活、自由，既没有指示那么抽象、宏观，也没有决定那么严肃、庄重；但它们的法定效力是一样的，都是要受文者贯彻执行的。所以在通知的写作过程中，形式和格式上要具有规范性；在行文过程中，观点要具有严谨性，态度要具有鲜明性。

扫一扫

通知的语言特点

2.6 » 通报

通报是一种表彰先进、批评错误、传达重要精神和告知重要情况的文书，其主要作用在于表扬好人好事、批评错误和歪风邪气、通报应引以为戒的恶性事故、传达重要情况以及需要企业各部门知道的事项等。

2.6.1　通报的特点

通报比较独特，它具有典型性、引导性、时效性等多种特点。

◆ **典型性：** 通报的题材必须是既有普遍性、代表性，又有个性和新鲜感的典型人物、典型事件或典型情况，以起到以点带面的作用。

◆ **引导性：** 通报的最终目的不仅在于宣布事件的处理结果，更重要的是通过典型的人物和事迹引导人们树立正确的价值观，或提供借鉴，总结经验，汲取教训。

◆ **时效性：** 通报的行文一定要及时，及时发现好的苗头或不良倾向，第一时间制发通报，对其进行表彰或批评，以指导当前的工作。

2.6.2　通报的类型

按内容的不同，通报可以分为表彰性通报、批评性通报和情况性通报。

◆ **表彰性通报：** 用来表彰先进单位或个人，介绍先进经验或事迹，树立典型，号召大家向其学习。

◆ **批评性通报：** 用来批评、处分错误，以示警戒，要求被通报者和大家汲取教训。

◆ **情况性通报：** 在一定范围内传达重要情况、动向和精神，以指导工作为目的。

2.6.3 通报与通知的区别

通报与通知在使用上有明显的区别，具体如下。

◆ **内容范围不同：** 通报告知的是正反面典型，或有关重要的精神或情况；通知告知的是工作的情况以及共同遵守执行的事项。

◆ **目的要求不同：** 通报的目的主要是交流、了解情况，教育人们，宣传先进的思想和事迹；通知的目的是告知事项，布置工作，部署行动，要求遵照执行。

◆ **表现方法不同：** 通报的感情色彩更为强烈；通知叙述具体，语言平实。

◆ **行文时间不同：** 通报告知的是已经发生的有关情况，只有在事后才可行文；通知告知的是相关事项，一般是在事前行文。

2.6.4 通报的模板与格式

通报的内容由标题、主送单位、正文、发文单位名称和成文日期组成，其写作模板如图2-6所示。

[发文单位]关于[事项]的通报

[主送单位]：

　　[概述事情的情况，如发生时间、地点、经过、结果等]。

　　[议论分析事情发生后的影响]。

　　[针对通报的事实，给出决定]。

　　[通过该事情，提出相应的希望与要求]。

　　特此通报。

[发文单位名称]

[成文日期]

图 2-6　通报的模板示例

1．标题

通报的标题写法可以有以下几种。

◆ 由发文单位、事项、文种3者共同构成，如《××公司关于几起事故的通报》。

◆ 由事项和文种构成标题，如《关于××同志先进事迹的通报》。

◆ 只写明"通报"两字。

2．主送单位

通报一般也需要写明主送单位，如果是普发性通报或在公司内部公开张贴的则可省略不写。

3．正文

通报的正文主要由事实概述、事实评价、通报结果和通报结尾等部分组成。

◆ **事实概述：** 概述事实发生的时间、地点、部门或个人、经过、结果。事实要有代表性和典型性。

◆ **事实评价：** 对通报的事实进行议论分析，指出事实的性质和产生的原因，阐明通报的意图。

◆ **通报结果：** 针对通报事实，做出表彰决定或处罚决定。

◆ **通报结尾：** 通过通报的事实引申出经验教训，对受众提出希望与要求，号召学习先进，避免错误。可以用"特此通报。"等习惯用语收尾。

> **写作技巧**
>
> 情况性通报可以只对有关事实进行客观叙述，并适当加以分析说明，最后也可针对具体问题提出相应的指导性意见和要求。

4．发文单位名称和成文日期

通报的发文单位名称和成文日期依次写在正文的后面。标题中出现发文单位名称时，此处可以省略。

2.6.5 通报的范文与点评

【范文1——表彰性通报】

××厂关于表彰×××同志拾金不昧的通报

我厂退休职工，共产党员×××同志，于×月×日拾到人民币五万元。虽然×××同志爱人长期瘫痪在床，家境比较困难（**通过对比更能说明此行为的高尚**），但×××同志不为重金所动，将拾到的钱款如数交到××派出所。×××同志在金钱面前表现出的高尚品德受到广泛的称赞。

为表彰×××同志拾金不昧的事迹，本厂决定奖励×××同志1000元奖金，并在全厂通报表扬（**交代表彰的具体内容**）。

希望全厂职工，尤其是共产党员，向×××同志学习，树立良好的道德风尚，为两个文明建设做出贡献。

××厂

××××年×月×日

点评： 表彰性通报要突出主要先进事迹，要在阐述先进事迹的基础上，提炼出主要经验、意义和值得学习与发扬的精神。这篇表彰性通报的开头部分概括介绍了发生的事实经过和结果，并特意以该同志家境情况作为对比。在此基础上，后文对其进行表彰和号召全厂职工学习就显得更为有理有据。全文先叙述事实，继而做出表彰，并提出希望和要求，环环相扣，水到渠成。

【范文2——批评性通报】

××管理学院关于处理××伤人事件的通报

各学院、各部门：

本校××管理专业三年级学生×××，因擅自到学校花园采花，与前来阻止的工人师傅××发生口角，并动手将其打伤，致使其留下脑震荡后遗症。

×××打架伤人事件给学校造成恶劣的影响，危害十分严重。一方面给伤者造成身心伤害，另一方面违反学校校纪校规（**这一段说明了打架行为造成的影响，为下文对事件的处理提供了依据**）。

鉴于此，学校研究决定，给予×××严重警告处分并赔偿医疗费1000元，并在全校通报批评。

希望同学们从此事件中汲取教训，引以为戒。自觉遵守学校的校纪校规，避免此类事件再度发生。

××管理学院

××××年×月×日

点评： 批评性通报要抓主要错误事实，阐明处理决定，使人从中汲取教训。这篇批评性通报开头部分交代了需要通报的事件、背景和依据。然后严厉批评了发生的事实和结果。通过批评，说明了这类情况可能造成的危害，明确要求予以纠正，最后针对这类情况提出希望和要求。这种写法非常严谨且极具逻辑性，可以在实际的文书写作中借鉴使用。

扫一扫

通报的模板及范文

2.7 » 报告

报告适用于向上级领导汇报工作、反映情况，回复上级领导的询问等。按照上级部署或工作计划，每完成一项任务，一般都要向上级写报告，以反映工作中的基本情况、工作中取得的经验教训、存在的问题以及今后的工作设想等。

2.7.1　报告的特点

报告主要有以下几个特点。

◆ **行为的单向性：** 报告是下级部门对上级部门行文，上级一般都不需要批复，属于单向行文。

◆ **表述的概括性：** 报告的叙述和说明是概括性的，是具有汇报性的，不必详述过程。

◆ **内容的实践性：** 报告的写作必须具备内容的实践性。这一特点集中表现在工作报告上，只有做过的工作，才能写进报告中。

2.7.2　报告的类型

按内容不同，报告可分为工作报告、情况报告、建议报告、答复报告、报送报告等几种类型。

◆ **工作报告：** 即汇报工作的报告，如下级部门向上级领导汇报某一阶段工作的进展、成绩、经验，以及存在的问题和打算等。

◆ **情况报告：** 即向上级领导反映情况的报告，如汇报本公司、本部门发生的重大事件等。

◆ **建议报告：** 即汇报或提出工作建议、措施的报告，如下级部门或主管部门向上级领导提出工作意见，或解决问题的措施、工作方案等。

◆ **答复报告：** 即答复上级询问事项的报告，如上级领导让下级部门办理的事项，下级部门办理完毕后，需用书面形式答复上级领导的询问。

◆ **报送报告：** 即向上级领导报送物件或有关材料的报告。

2.7.3　报告的模板与格式

报告的内容由标题、主送单位、正文、发文单位名称和成文日期组成，其写作模板如图2-7所示。

1．标题

报告的标题写法可以有以下几种。

◆由发文单位、事项、文种3者共同构成，如《××公司关于2017年度工作情况的报告》。

◆由事项和文种构成标题，如《关于2017年度工作情况的报告》。

2．主送单位

报告的主送单位只有一个，如果需要同时报送其他上级领导时，应当以抄送的方式处理，不能越级行文。

3．正文

报告的正文主要由基本情况、报告内容、报告结语等部分组成。

◆**基本情况：** 说明报告的目的、原因，概括报告的基本内容或基本情况，一般都比较简短。常以"现将有关情况报告如下："过渡到下文。

◆**报告内容：** 写明报告的具体内容，如工作报告主要写工作成绩、存在问题、今后安排等；情况报告则主要说明发生的具体情况，发生后的处理方法、措施等。

◆**报告结语：** 可用"特此报告。"等习惯用语收尾，也可以省略此部分。

4．发文单位名称和成文日期

报告的发文单位名称和成文日期依次写在正文的后面。标题中出现发文单位名称时，此处可以省略。

[发文单位]关于[事项]的报告

[主送单位]：

　　[说明报告的目的、原因等]。现将有关情况报告如下：

　　[写明报告的具体内容，如工作成绩、存在问题、今后安排等]。

　　特此报告。

[发文单位名称]

[成文日期]

图 2-7　报告的模板示例

2.7.4　报告的范文与点评

【范文1——工作报告】

××公司关于职工大谈心活动的报告

集团办公室：

　　根据《集团开展职工大谈心活动工作方案》的通知要求（**交代原因**），我公司高度重视，以"鼓足干劲不松懈、重整行装再出发"为主题，借助集团掀起的"大学习、大讨论、大调研"活动为契机，在公司内部广泛开展了全覆盖大谈心活动（**交代目的**）。通过大谈心活动，进一步激发了广大职工的凝聚力和共谋发展的工作热情，增进了理解，加深了感情，形成了团结共事的良好氛围（**交代结果**）。现将公司大谈心活动开展情况总结报告如下：

一、主要做法

（一）加强领导，周密部署。公司始终将此项活动作为当前重点任务来抓，及时召开专题会议研究部署大谈心工作。传达学习了《集团开展职工大谈心活动工作方案》文件精神，明确了大谈心活动主题、工作任务、时间安排，积极营造了浓厚氛围。

（二）扩大范围，广泛参与。（略）

（三）结合工作，明确内容。（略）

（四）方法灵活，形式多样。（略）

（五）梳理意见，注重整改。（略）

二、取得的成效（略）

三、存在问题（略）

四、意见建议及改进措施（略）

××公司

××××年×月×日

点评： 工作报告的篇幅一般较长，应恰当安排层次结构。这篇工作报告采用"总分"结构，首先肯定了工作开展后取得的效果，然后将整个报告内容分为4大部分，向上级做了详细报告。其中"主要做法"陈述了工作开展的基本情况，"取得的成效"则重点叙述了工作的成绩，"存在问题"实事求是地写出了工作中的缺点与不足，"意见建议及改进措施"提出了改进工作的意见，并具体说明了改进的措施。如果能再加上经验体会的相关内容，那这篇工作报告就更加全面了。

【范文2——情况报告】

××公司关于××仓库发生火灾事故的报告

总公司：

××××年×月×日上午×时×分，公司××号仓库发生火灾事故（**概括火灾发生的时间地点**）。

事故发生后，市消防队出动2辆消防车，经2个小时的扑救，火才被扑灭。火灾虽然未造成人员伤亡，但烧毁××号仓库及大部分商品，直接经济损失达××万元（**交代火灾损失**）。

这次火灾的直接原因是电焊工××违章作业，使铁窗架电焊火花溅到易燃货品上所引起的，但也与公司仓库管理处及员工安全思想模糊、公司安全制度不落实、许多安全隐患长期得不到解决有关。此次火灾的教训是深刻的（**说明火灾原因**）。

火灾发生后，公司各级领导十分重视。总经理带领有关人员赶赴现场调查处理，召开紧急防火电话会议，对有关人员视情节轻重，做了相应的处理。今后，公司将认真汲取教训，切实加强对安全工作的领导，尤其要加强对基础设施和员工思想的安全管理，及时消除各种不安全的因素和隐患，为公司创造良好的经营环境（**火灾发生的处理与总结**）。

××分公司

××××年×月×日

点评： 这是一篇关于事故处理的情况报告，是向上级领导对所处理的情况进行的汇报。该报告简洁完整，正文首先用准确的数据说明了火灾发生的时间和地点，接着说明火灾造成的损失，紧接着又说明造成火灾的原因，最后简要汇报了事故的处理情况和汲取的教训。全文结构严密，逻辑清晰，是事故类情况报告的典型写法，值得借鉴。

扫一扫

报告的模板及范文

2.8 » 请示

请示适用于向上级请求指示、批准，属于上行文，它必须是下级部门向上级领导行文，而且必须是下级部门无权做出决定和处理的问题，目的必须是为了向上级请求批准。

> **扩展阅读** **请示的适用范围**
>
> 请示作为报请性的上行文，应用范围十分广泛，不过也不能遇事就向上级请示，比如遇到新情况、新问题，又无章可循且没有对策或没有把握时，就可以向上级请求指示。具体而言，工作中可能涉及向领导请示的情况大致有七种。

扫一扫

请示的适用范围

2.8.1 请示的特点

请示具有回复性、单一性和超前性等特点。

◆ **回复性：** 下级部门有一份请示报上去，上级领导就必须有一份批复发下来。

◆ **单一性：** 一份请示中只能就一项工作或一种情况、一个问题进行请示，一事一请。

◆ **超前性：** 请示必须在事前行文，等上级领导批复后才能付诸实施。

2.8.2 请示的类型

根据请示的内容和适用范围，请示可分为以下3种类型。

◆ **求示性请示：** 即请求上级给予指示、裁决。这类请示所涉及的是下级机关对方针政策在认识上不明确、不理解，或遇到新情况、新问题而又无章可循，不知如何处理，或由于意见分歧而无法统一等情况。

◆ **求准性请示：** 即请求上级批准、允许。这类请示所涉及的是在实际工作中有一些超出本单位处理权限的事项，自己无权做出决定，如机构设置、财政支出、资产购置等，需要上级机关给予批准后方可执行等情况。

◆ **求助性请示：** 即请求上级机关予以支持、帮助。这类请示所涉及的是下级机关遇到仅靠自己的力量，很难克服或无法克服困难的情况，如缺少资金、设备等物质条件而影响工作进度等。

专家点拨

请示与报告有明显的区别，请示在事前行文，需要上级答复，一事一请，报告在事前、事中、事后均可行文，不要求上级回复，可以一文多事。

2.8.3 请示的模板与格式

请示的内容由标题、主送单位、正文、发文单位名称和成文日期组成，其写作模板如图2-8所示。

1．标题

由发文单位、事项、文种构成，如：《××部门关于救灾捐款的请示》，也可以由事由、文种构成，如《关于成立员工活动室的请示》。

2．主送单位

请示的主送单位一般只有一个，如果需要同时请示其他上级领导时，应当以抄送的方式处理。

3．正文

请示的正文主要由请示缘由、请示事项、请示结语等部分组成。

◆**请示缘由**：是请示事项的基础，是上级领导批复的主要依据，应写明所遇到的情况、问题或困难。交代完请示缘由之后，一般用"特请示如下："过渡到请示事项。

◆**请示事项**：是请示的主体，要写明要求上级领导予以指示、审核、批准的具体问题和事项，这是请示的实质内容，是请示最核心、最重要的部分。

◆**请示结语**：以"当否，请批示""妥否，请批复""以上请示，请予审批""以上请示如无不妥，请批转有关部门执行"等习惯用语收尾。

4．发文单位名称和成文日期

请示的发文单位名称写在正文后右下方，如在标题中已出现发文单位，这里可省略。成文日期一般为发文日期，在发文单位名称下方标明即可。

[发文单位]关于[事项]的请示

[主送单位]：

[说明请示的原因、遇到的困难等]。特请示如下：

[写明要求上级指示、批准的具体内容和事项]。

当否，请批示。

[发文单位名称]

[成文日期]

图2-8　请示的模板示例

2.8.4 请示的范文与点评

【范文1——求准性请示】

关于增设秘书专业的请示

××省高等教育厅：

为适应社会主义现代化建设的需要，我校拟增设秘书专业（本科），××××年秋季开始（**此处是在拟增设的前提下说明秘书专业开始的时间，并不是先斩后奏已经决定了，理解时要结合上半句内容**）。

秘书是各级领导的参谋和助手。随着建设事业的发展，社会对秘书的要求越来越多，据了解，仅本省县以上党政机关和企业事业单位现在所需秘书人员，就在××人以上。目前各级机关的秘书，基本上是用师傅带徒弟的传统方式带出来的，没有受过系统的、严格的秘书专业教育和训练，专业素质不能适应新形势的要求，开设秘书专业，培养高层次的秘书人才，刻不容缓，具有战略意义（**说明秘书这个职业的当前形式，进而说明开设此专业的必要性**）。

为筹建文秘专业，我校已成立了筹备小组，成立了秘书学教研室。现有秘书专业教师18人，其中教授3人、副教授5人、讲师10人。近两年，自编了一部分教材，分别与××、××等机构联合举办过多期秘书人员培训班，积累了一定的经验。依靠现有的师资力量，有把握办好秘书专业（**提供了充分的数据，说明了增设此专业的能力**）。

我们设想，秘书专业本科，学制四年，以培养县以上党政机关和企业事业单位秘书工作人员为目标。明年开始招生，每年招40~50人，到××××年，在校学生达到160~200人。

以上请示，当否，请批复。

××大学

××××年×月×日

点评： 求准性请示首先要清楚写明请示的理由，然后再写明请示的事项，理由和事项是求准性请示的主体，需要尽量把理由讲充分。这篇请示首先清楚说明了请示的原因和具体情况，这为上级批准提供了非常充分的根据。然后将具体的请示内容做了详细说明，让上级能够准确知悉请示的情况，并可据此评估是否可行。总体来说，此请示原因充分，内容完整，不空谈不随意，落实现状，十分容易说服领导获得批准。

【范文2——求示性请示】

关于人事干部班课程开设问题的请示

校办：

关于人事干部培训课程设置的问题，经教学管理人员和部分教师研究，基本上取得了共识。虽然"礼仪讲座"是否开设仍存在意见分歧，但我处认为人事干部培训开设"礼仪讲座"很有必要（**开设"礼仪讲座"为本次请示的目的，正文第一句话只是交代了一个大的前提**）。

以上意见是否妥当，请指示。

公务员培训处

××××年×月×日

点评：求示性请示的写法较为简单，写作时应突出要点或疑点，充分说明自己的意见和想法，语言表达要准确。结尾一般不用"妥否？"而用"当否？请予指示！"等收尾。这篇范文内容简短，但也充分表现了求示性请示的核心，说明了问题，表达了自己的想法，并请求上级指示。

扫一扫

请示的模板及范文

扩展阅读 **哪种请示容易引起领导重视**

请示是下级机关送往上级机关请求批复的文件，语言上要注意突出请示性、程式化、简约和明确的特点。无论是指示性请示还是批准性请示，虽然是下级机关就某些事项请求上级机关的批示，但是在行文中语气要平实、恳切，做到不卑不亢。切忌客套、低声下气，更不能语气生硬，这样才能引起上级机关的足够重视。

扫一扫

哪种请示容易引起
领导重视

2.9 » 批复

批复是上级领导答复下级部门请示事项的一种下行公文，也就是说，批复是与请示配合使用的下行文。先有下级的请示，才会有上级的批复，有请必复，一事一批。如果上级领导答复同级或不隶属部门的询问，则只能用函，不能用批复。

2.9.1 批复的特点

批复具有被动性、针对性、权威性、简明性等特点。

◆**被动性：**下级有请示，上级才会有批复。批复是公文中唯一的纯粹被动性文种。

◆**针对性：**下级请示什么事项或问题，上级的批复就指向这一事项或问题，绝不能答非所问，也无须谈及其他事务。

◆**权威性：**批复代表着上级领导的权力和意志，批复的意见具有指令作用，下级必须遵照执行。

◆**简明性：**批复对请示中的事项只进行原则性、结论性的表态，无须进行具体的分析和阐述。

2.9.2 批复的类型

与请示的类型对应，批复的类型总体有两大类，即批示性批复和批准性批复。

◆**批示性批复：**针对下级部门提出的难以理解的政策、法规和没有明文规定的疑难问题，做出明确的解释和答复，表明意见和态度。也可以在审批某一问题的同时，进一步提出一系列相关批示，要求下级照此执行。

◆**批准性批复：**针对下级部门请示批准的事项，进行认可和审批，具有表态性和手续性。与批示性批复相比，批准性批复内容大多比较简单。

2.9.3 批复的模板与格式

批复的内容由标题、主送单位、正文、发文单位名称和成文日期组成，其写作模板如图2-9所示。

[发文单位]关于[事项]的批复

[主送单位]：

　　[引叙下级请示的时间、标题、主要内容等]。根据××的规定，现做如下答复：

　　[表明态度，说明理由]。

　　此复。

[发文单位名称]

[成文日期]

图 2-9　批复的模板示例

1．标题

批复的标题可以由发文单位、事项、文种组成，如《××企业关于购置绿化带树苗的批复》；也可以由发文单位、表态用语、事项、文种组成，如《××公司关于同意将××部门划归为分公司的批复》，标题中显示发文机关的明确态度。

2．主送单位

批复的主送单位同请示一样，只有一个，而且要与请示的发文单位名称一致。换句话说，批复的主送单位即请示的发文单位，而批复的发文单位则是请示的主送单位。

3．正文

批复的正文主要由引叙语、答复、结尾语3部分组成。

◆**引叙语：** 即引述下级部门来文时间、来文标题等内容，必要时简要引叙来文的主要内容以作为批复的依据，如："你部《关于购置办公计算机的请示》收悉"，引叙后，可用"根据××的规定，现做如下答复："　"经研究答复如下："　"现做如下答复："等引起下文。

◆**答复：** 是批复的核心，也是行文的目的所在。应针对所请示的事项，给予具体的批示或明确的答复，表明态度。如"同意"　"原则同意"　"基本同意"或"部分同意"　"不同意"等，然后要说明理由。

◆**结尾语：** 常用"此复"　"特此批复"等习惯用语收尾，有时也可以不用结尾语。

4．发文单位名称和成文日期

批复的发文单位名称写在正文后右下方，如在标题中已出现发文单位，这里可省略。成文日期在发文单位名称下方标明即可。

2.9.4 批复的范文与点评

【范文1——批示性批复】

关于××轻纺实业公司改制重组的批复

××轻纺实业公司：

你司《关于××轻纺实业公司改制重组的请示》收悉，经公司董事会讨论决定，同意××轻纺实业公司改制重组（**引述请示内容，这是批复应当首先说明的问题**）。现将有关事项批复如下：

一、实行经营者群体持股；

二、吸引社会资本组成多元投资的股份制公司，股权结构为：甲公司占百分之二十五，乙公司占百分之二十，丙公司占百分之五，经营者群体持股占百分之五十；

三、政策规定，企业改制和经营者持股所涉及的产权转让，可免交产权交易手续费；

四、对原公司的职工补偿方案另订（**以上给出的详细指示，便于下级落实和开展工作**）。

特此批复。

××轻纺控股（集团）公司

××××年×月×日

点评：批示性批复首先应该引述下级部门的请示，然后表明批复态度，并根据情况提出具体的批示和要求，一般采用条列式的写法加以叙述。上文完全遵照了批示性批复的典型写法，可以参考学习。

【范文2——批准性批复】

关于同意×××同志辞职的批复

××公司：

你司《关于×××同志辞职的请示》收悉。

×××，男，××××年×月出生，籍贯××，××××年×月参加工作，本科学历，系你公司职工（**简要说明辞职员工的情况，批复后请示部门可以进一步核对**）。

该同志由于家庭、籍贯等原因，从××××年×月至今未到公司上班，期间你司曾多次与其联系，均被拒绝回来上班。××××年×月×日该同志向你司递交辞职报告，鉴于本人实际情况，根据《××省专业技术人员和管理人员辞职暂行办法》（××才〔××××〕××号）文件精神，经研究，同意×××同志辞职（**说明批复结果，并在之前给出了原因和依据，使批复结果更能令人信服**）。

××集团公司

××××年×月×日

点评：批准性批复的内容一般比较单一，结构也比较简单。这篇批复的开头和结尾是标准的批复结构，独有的特点是在正文部分的第二段，上级领导在批复中再次明确了批复的辞职对象，这虽然在请示中已经提到，这里重述的原因不仅是上级领导以批复行为来进一步明确，更体现了上级对辞职行文的指导性和严肃性。

扫一扫

批复的模板及范文

2.10 » 函

函是一种平行文，<u>不能用于上下级部门</u>，适用于不相隶属单位之间商洽工作、询问和答复问题、请求批准和答复审批事项。

2.10.1 函的特点

函具有以下一些特点。

◆ **平等性和沟通性：**函用于不相隶属单位之间互相商洽工作、询问和答复问题，这体现了平等沟通的关系，是其他上行文和下行文所不具备的特点。函的措辞、语气也体现了平等性和沟通性。

◆ **灵活性和广泛性：**高层机关、基层单位、党政机关、社会团体、企事业单位均可发函。函的内容和格式也比较灵活，而且不限于平行行文，所以运用十分广泛。

◆ **单一性和实用性：**函的内容必须单一，一份函只能写一件事项，且不需要在原则、意义上进行过多的阐述，强调实用。

2.10.2 函的类型

函的分类方法很多。从函所起的作用来看，可将函分为以下几种。

◆ **告知函：**把某一事项、活动函告对方，或邀请对方参加会议等活动。

◆ **商洽函：**请求协助、支持、商洽解决办理某一问题。

◆ **询问函：**询问某一事项、征求意见、催交货物等。

◆ **请批函：**向不相隶属单位或部门请求批准。

◆ **答复函：**答复不相隶属单位或部门的请批函。

2.10.3 函的模板与格式

函的内容由标题、主送单位、正文、发文单位名称和成文日期组成，其写作模板如图2-10所示。

1．标题

函的标题一般有两种形式。一种是由发文单位、事项、文种构成；另一种是省略发文单位，直接由事项、文种构成，即《关于征求意见的函》。

2．主送单位

函的主送单位即需要商洽工作、询问情况或答复问题的对方单位，可能有一个，也可能有多个。

3．正文

函的正文一般是由开头、主体、结尾、结语几部分组成。

◆ **开头：**说明发函缘由、目的、根据等内容，然后用"现将有关问题说明如下："或"现将有关事项函复如下："等过渡语转入下文。复函的缘由部分，一般首先引叙来文的标题、发文字号，然后再交代根据，以说明发文的缘由。

◆ **主体：**是函的核心内容，主要说明致函事项，应当用简洁得体的语言叙述内容。

◆ **结尾：**一般用礼貌性语言向对方提出希望，或请对方协助解决某一问题，或请对方及时复函，或请对方提出意见，或请主管部门批准等。

◆ **结语：** 根据函的不同类型有不同选择，如"特此函询（商）""请即复函""特此函告""特此函复"等。有的函也可以不用结语，可以像普通信件一样，使用"此致""敬礼"收尾。

4．发文单位名称和成文日期

函的发文单位名称写在正文后右下方，成文日期在发文单位名称下方标明即可。

[发文单位]关于[事项]的函

[主送单位]：

[说明发函缘由、目的、根据等]。现将有关问题说明如下：

[用简洁得体的语言说明致函事项]。

[用礼貌性语言提出请求、希望等]。

特此函告。

[发文单位名称]

[成文日期]

图 2-10　函的模板示例

2.10.4 函的范文与点评

【范文1——告知函】

关于归还劳动服务公司开办费借款的函

××厂：

贵厂××××年1月为筹集劳动服务公司开办经费，曾从我公司借去资金3万元，贵厂当时曾承诺在当年内归还。目前，我公司正在编制去年的财务决算，为及时搞好各类款项的清理结账，望贵厂能将所借款项于1月20日前归还我公司（**语气委婉，充分说明自身情况，增加了还款的可能性**）。

特此函告。

××公司

××××年×月×日

点评： 告知函应该明确告知某一事项、工作或活动所涉及的具体内容，如事项、工作或活动的名称、时间、地点、主题、相关人员范围，以及其他需要告知的内容等。上文告知事项为归还借款的时间和数额，整篇函件的语气较为委婉，未使用过于强横和命令的词语，结尾用"特此函告"收尾，体现告知此事的正式性以及对归还借款的重视程度。

【范文2——商洽函】

关于商洽委托代培涉外秘书人员的函

××大学文学院：

本集团公司新近上岗的秘书人员缺乏专门的涉外秘书知识，业务素质亟待提高。据报载，贵院将于今年9月开办涉外秘书培训班，系统讲授涉外秘书业务、公关礼仪、实用文书写作等课程（**说明自身情况和函告方情况，反映出较为契合的情景**）。

这个培训项目为我集团公司新上岗的涉外秘书人员提供了一个难得的在职进修机会。为能尽快提高本集团公司涉外秘书人员的从业素质，我们拟选派8名在岗秘书人员随该班进修学习，委托贵院代培。有关代培费用及其他相关经费，将按时如数拨付（**说明目的和要求**）。

如蒙慨允，恳请函复为盼。

××集团公司

××××年×月×日

点评： 商洽函在写作时主要应写清为什么提出商洽，即发函的原因，一般都以某些事实为理由。较为简单的事情可不写缘由而直接提出具体内容。这篇商洽函先写明自身的情况，然后再陈述受文单位可以解决自身的问题，最后用委婉的语气收尾，内容简洁，意思清楚，值得借鉴。

扫一扫

函的模板及范文

2.11 » 会议纪要

会议纪要适用于记载会议主要情况和议定事项，是对会议的重要内容、决定事项，即主要观点、结论等进行整理、综合，并提炼而形成的一种具有纪实性、指导性的文书。

2.11.1 会议纪要的特点

会议纪要的特点主要包括纪实性、概括性和条理性。

◆ **纪实性：** 会议纪要必须是会议宗旨、基本精神和所议定事项的概要纪实，不能随意增减和更改内容，不真实的材料都不得写进会议纪要。

◆ **概括性：** 会议纪要必须精其髓，概其要，以简洁精练的文字高度概括会议内容和结论。

◆ **条理性：** 会议纪要应当对会议精神和议定事项进行有条理的归纳和概括。

2.11.2 会议纪要的类型

会议纪要主要有工作会议纪要、代表会议纪要、座谈会议纪要、联席会议纪要、办公会议纪要和汇报会议纪要几种类型。

◆ **工作会议纪要：** 侧重于记录今后的工作方向、方法，及其相应要解决的问题。

◆ **代表会议纪要：** 侧重于记录议程和通过的决定，以及今后工作的建议。

◆ **座谈会议纪要：** 侧重于从思想、理论等角度学习某一个问题或某一方面的问题。

◆ **联席会议纪要：** 侧重于记录共同出席的不同单位达成的共同协议。

◆ **办公会议纪要：** 侧重于记录本单位对有关工作问题的讨论、商定、研究。

◆ **汇报会议纪要：** 侧重于记录并汇报前一段工作情况，预计研究下一步工作。

2.11.3　会议纪要的模板与格式

会议纪要的内容由标题、正文、会议人员、发文单位名称和成文日期组成，其写作模板如图2-11所示。

[事项]会议纪要

[说明会议概况，如时间、地点、主持人、与会人员等]。

[说明会议内容、议定事项、意见、要求等]。

出席：[出席人员名称]。

请假：[请假人员名称]。

列席：[列席人员名称]。

[发文单位名称]

[成文日期]

图 2-11　会议纪要的模板示例

1．标题

会议纪要的标题必须符合概括、简明、准确、通顺的要求，书写形式通常是以会议名称加文种的格式，如《全厂创新工作会议纪要》，也可以使用发文单位、事项、文种的方式，如《××企业关于经营扭亏的会议纪要》，或者直接使用"会议纪要"四个字。

2．正文

会议纪要的正文一般由两部分组成，一部分是会议概括，另一部分是会议精神和议定事项。

◆**会议概括：**包括会议时间、地点、名称、主持人、与会人员、基本议程。

◆**会议精神和议定事项：**包括会议内容、议定事项、经验、做法、意见、措施和要求等。

3．会议人员

会议纪要需要列出出席会议的人员名单，如果有需要，还应该列出请假人员和列席人员的名单。

4．发文单位名称和成文日期

会议纪要的发文单位名称一般只用于办公会议纪要，署上召开会议的单位全称，下面写上成文日期即可。一般会议纪要不写发文单位名称，只需要标注成文日期。

2.11.4　会议纪要的范文与点评

【 范文1——工作会议纪要 】

会议纪要

××××年×月×日，×××副董事长和×××总经理，召集总工程师×××、经营副总×××、基建副总×××、总经理助理×××，在五层总经理办公室开会，研究明确了优化组合后工资发放和员工工休等问题（概括了会议的时间、人员、地点和内容），会议形成如下意见：

一、关于优化组合后工薪发放问题

1．机关及各矿从9月1日起执行新的工薪标准，具体明确如下。

（1）各矿副矿级以上人员和公司安全生产系统部长，月薪标准按年薪的十二分之一发放。

（2）公司安全生产系统科长，工薪按优化组合方案所确定的月工资水平标准执行。

（3）机关非矿类部（科）长，工薪均按照优化组合方案所确定的一级标准执行。

（4）集团公司科员的工薪级别，由各部领导组织考核，根据能力和成绩提出工薪级别标准，经分管副总审核后，报公司领导批准执行。

2．机关和各矿9月和10月，工薪不再追溯考核，11月和12月，公司要对工薪实行考核发放制。

3．公司副总级领导已有工薪待遇的，暂按原有标准发放。暂还没有确定工薪的，等董事长回来确定。

4．关于各矿停产期间工薪管理办法

会议明确，各矿因自然灾害等不可抗力原因而造成停产的，公司暂按如下原则办理：

（1）在停产期间，未开展任何有效的工作来启动、恢复生产工作的，整个矿井领导的工薪按70%发放。（略）

5．关于公司机关值班及下井补助标准（略）

二、关于下一步绩效考核办法

1．公司对各矿后两个月考核办法，由总工程师×××、基建副总×××、总经理助理×××根据《煤矿安全生产质量标准化考核办法》进行修订补充，作为公司11月和12月对各矿副矿级以上人员考核依据。（略）

2．（略）

三、关于员工工休问题（略）

四、重申机关、矿级、安全生产系统领导下井次数（略）

出席：×××、×××、×××、×××、×××、×××、×××、×××、×××

××矿业集团有限公司综合部

××××年×月×日

点评： 工作会议纪要的重点在于传达并贯彻有关政策和待解决问题。本纪要开头就概括说明会议后已经研究明确了优化组合后工资发放和员工工休等问题，并形成了意见，这种总领全文式的介绍方法十分实用有效。接下来再逐一阐述各意见内容，并顺理成章地给出问题的解决方案。

【范文2——汇报会议纪要】

关于上半年工作汇报的会议纪要

×××年×月×日上午9时，我公司员工在××产业发展有限公司召开××年上半年工作小结会议，公司全体员工参加会议，会议由×××董事长主持。会议在总结成绩、查找不足、求真务实的氛围中进行。会议回顾了××年上半年中公司面对的内外部的环境压力和困难下取得的成绩，同时，还找到了一些工作上的不足（同样开门见山地总括会议的时间、地点、出席人员、主持人、会议内容）。

会议主要内容分为两部分：一是听取各部门员工关于上半年工作总结和下半年工作计划的汇报，二是听取×××董事长关于上半年公司工作的总结和下半年公司工作的目标（总结了会议的主要内容，间接为下面分条列款提供了索引）。会议纪要总结如下：

一、各部门员工上半年工作总结

1．各部门员工工作职责、工作关系及公司规章制度履行情况；

2．安全文明施工方面的管理；

3．与现场各单位之间的协调；

4．工作中存在的不足以及需要改进之处。

二、自由发言（员工在工作中存在的问题）

1．存在问题

（1）各类突发事件缺乏足够的应急处理能力；

（2）对专业知识，行业规范、法规加强学习；

（3）对合同及现场签证方面的管理存在比较混乱的现象；

（4）安全意识及现场安全文明管理方面有待进一步提高；

（5）对监理方面的管理需要加强；

（6）日常工作程序问题比较混乱，造成与其他部门衔接不及时；

（7）频繁的人员调动，造成工程管理的不延续性。

2．合理性建议

建议实时召开工程部内部会议，及时进行沟通协调。

三、×××董事长发言

1．对××年下半年工作提出要求及安排（略）

2．存在的不足问题（略）

3．××年下半年工作计划（略）

×××年×月×日

点评： 汇报会议纪要重在总结。写法上与其他类型的纪要异曲同工，按"总分式"结构，通过会议概括和会议内容总领全文，然后重点开始汇报会议内容。该会议纪要的汇报重点侧重于员工工作总结和董事长工作总结，特别是对于董事长的总结而言，更是通过提出工作要求和发现存在的不足，以及安排今后的计划等几个方面进行了汇报，这种汇报方式十分典型。

扫一扫

会议纪要的模板及范文

写作与提高

问： 某区教育局向省教育厅写了一篇请示，主送单位写的是"省教育厅厅长、自然资源厅："，正文内容是"为丰富广大教职工业余文化生活，我局申请修建现代化的体育馆一座。同时，我局尚缺专业技术人员5名，请在指定明年的人员编制时一并考虑。"这篇请示有哪些问题？

答： 首先，请示不能越级，区教育局应向市教育局请示，而不是省教育厅。其次，请示的主送单位只能有一个，且不能主送给领导者个人，因此其主送单位应当写为"省教育厅："。最后，请示应当是一文一事，此请示涉及了两件事情，应分别请示。

问： 某企业向社会告知债务清算时，应使用哪个文种？通知、通报、还是报告？

答： 都不对。企业上市、破产或兼并时，应依法向社会公告，因此应当选择公告这一文种。通知适用于发布、传达要求下级部门执行和有关部门周知或执行的事项；通报适用于表彰先进、批评错误、传达重要精神和告知重要情况；报告适用于向上级领导汇报工作、反映情况，这3个文种都明显不适用于问题中所说的情况。实际上，更容易将公告错用为通告这一文种，二者都是对外宣布某些事项。关键在于企业债务清算是向全社会告知，而通告的告知范围一般没有这么大。

问： "有关请示已悉。关于修建新办公楼一事，经研究，还是以不建为宜。此复。"这篇批复的内容有没有问题？

答： 此批复内容有多处问题。首先，没有写明批复引语，即没有引述请示的名称。其次，态度含糊不清，"还是以不建为宜"，语气不决断，态度不明确，受文单位难以执行。最后，没有说明不同意修建新办公楼的理由，无法让受文单位接受。

问： 一篇关于召开全厂安全工作会议的通知内容如下：为了贯彻集团公司安全工作会议精神，厂领导决定召开全厂工作会议。会议的主要议题是：传达学习集团公司安全会议的主要文件和领导讲话，讨论研究贯彻的意见和措施，请你们提前做好准备。参加会议人员：各分厂领导同志，各车间负责人，各小组管理人员。会议拟开五天，地点××宾馆，于8月12日前来报到。这篇通知的内容有哪些不妥的地方？

答： 此通知的会议议题清楚，但不够具体明白，不知道研究的具体问题，也不知道与会人员需做什么准备。另外，参加会议的人员不够具体明确，领导有哪些？负责人、管理人员各指的是谁？都没有交代清楚。最后，报到时间容易产生歧义。"8月12日前来报到"，到底是"8月12日前"还是"8月12日前来"，表达不够准确。

第3章

事务类文书

　　事务类文书是企事业单位在处理日常事务时用来沟通信息、安排工作、总结得失、研究问题的一类办公室公文，这类文书不像公务类文书一样具有统一规定的编排格式，写作时内容较为灵活，也不能单独作为文件发文，但根据需要可以公开面向社会或通过传媒宣传。

　　本章将介绍最常见的多种事务类文书的写作方法，包括规划、计划、安排、总结、声明、启事、简报、述职报告等内容。

3.1 » 规划

规划指的是个人或组织制订的比较全面和长远的发展计划，是对未来整体性、长期性、基本性问题的思考和考量，设计未来整套行动的方案。

3.1.1 规划的特点

规划的特点主要包括4个部分，这4个部分相互联系，相互依赖，缺少其中任何一个方面，都会给规划的实现造成障碍。

- ◆确定目标以及目标的先后次序。
- ◆预测对实现目标可能产生影响的未来事态。
- ◆通过预算来执行规划。
- ◆提出和贯彻指导实现预期目标的政策。

3.1.2 规划的类型

根据对象的不同，规划可以分为多种类型，如城市规划、职业规划、企业规划、部门规划等。这里为了方便介绍，将按照时间长短的不同，将规划简单地分为长期规划和短期规划。

- ◆**长期规划：** 能完整地体现规划的结构和内容，常见的如三年规划、五年规划等，其结构较为复杂，涉及封面、目录、前言、正文等许多内容，篇幅一般较长，内容详细具体。
- ◆**短期规划：** 一些规模较小的单位、部门或个人有时不需要长期规划，就会制作一年甚至半年的短期规划，这类规划内容简洁，写法灵活，结构也很简单，不像长期规划那样专业，可以最大限度地满足小规模单位或个人对未来的设计。

3.1.3 规划的模板与格式

规划的内容由封面、目录、前言、正文、发文单位名称和成文日期组成，其写作模板如图3-1所示。

1．封面

封面主要包含规划的标题、规划时期、编制时间、编制部门、实施时间等要素，一般在长期规划中会设计封面。

- ◆**标题：** 标题格式常用发文单位+规划对象+文种的形式，如《××公司对外投资战略规划》。有时也可以在标题上显示规划时限，如《××公司对外投资三年战略规划》。
- ◆**编制时间：** 即此规划编制完成的时间，一般用"××××年×月"的格式。
- ◆**编制部门：** 即编制此规划的部门名称。
- ◆**实施时间：** 即此规划开始实施的时间，一般也用"××××年×月"的格式，根据实际情况可以省略此要素。

2．目录

由于规划，特别是长期规划的篇幅较长，因此为了快速定位规划的某个内容，便需要使用目录这一对象。目录应当在封面后另起一页，第一行居中写明“目录”二字，然后换行顶格插入规划内容中对应的标题名称和页码。

专家点拨

现代办公都使用计算机软件，编写办公室公文也大都如此。这些软件大都具备自动插入目录的功能，因此规划的目录页大都留空，待完成后面的所有内容后，再返回来插入目录内容。

3．前言

前言可以另起一页单独排放，也可以另起一页编写后直接接正文内容。有时也可以省略前言这一部分，在正文前面利用摘要方式介绍前言的内容。前言的作用主要是交代此规划的原因、目的、前提等。

4．正文

规划的正文内容很多，结构也不固定，但一般而言，可以参考以下几部分的写法。

- **总则：**交代规划的背景、指导思想、原则、规划时限等内容。
- **概况：**说明企业概况、部门概况等与制作规划的单位相关的概括信息。
- **环境分析：**对各方面的环境进行综合分析，包括产业环境、政策环境、资源与竞争对手分析等。
- **规划内容：**具体说明需要规划的内容，如总体目标、项目目标等。
- **规划实施：**说明完成规划目标的具体实施和指导方法，如经营方法、财务管理方法等。

5．发文单位名称和成文日期

如果是具有封面的长期规划，发文单位名称和成文日期就不用在文末编写。如果是没有封面的短期规划或其他规划，应当在文末编写这两个要素。

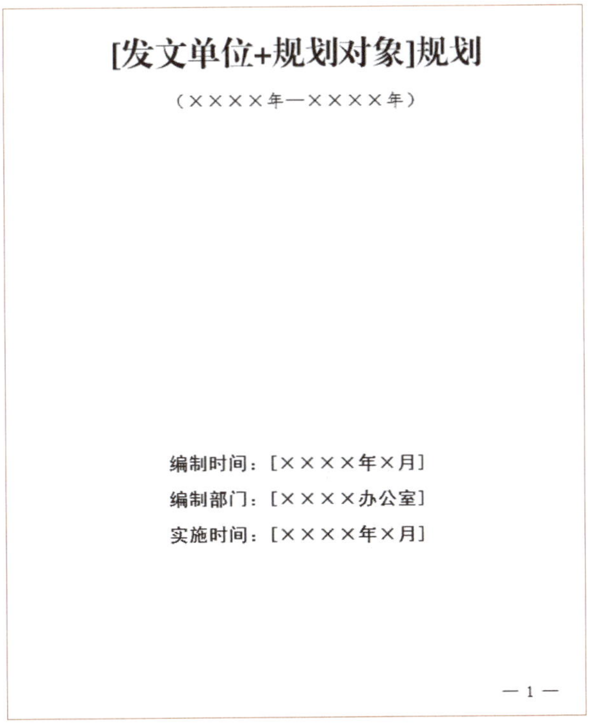

[发文单位+规划对象]规划

（××××年—××××年）

编制时间：[××××年×月]

编制部门：[××××办公室]

实施时间：[××××年×月]

— 1 —

图 3-1　规划的模板示例

目　录

一、××××···×

　　（一）××××···×

　　（二）×××××××···×

　　（三）××××···×

二、××××···×

　　（一）××××···×

　　（二）×××××···×

　　（三）××××××···×

三、×××××××××···×

　　（一）×××××××···×

　　（二）×××××××···×

　　（三）××××···××

　　（四）×××××××××···××

前　言

[说明规划的原因、目的和希望得到的结果]。

[说明编制此规划的前提]，特编制××规划。

[将规划内容分为若干标题，分别介绍规划背景、指导思想、规划时限、企业概况、产业环境分析、总体发展规划、战略实施、战略控制等与企业未来发展息息相关的各方面规划内容]。

图 3-1　规划的模板示例（续）

3.1.4　规划的范文与点评

【范文——长期规划】

××户外探险运动有限公司

五年企业发展规划

（××××—××××年）

一、规划总则

（一）编制背景

××户外探险运动有限公司（以下简称"××户外运动"）创立于××××年×月，经历了××年时间的市场竞争洗礼，已迅速发展成为××地区较具规模的户外运动专业企业之一，业务范围涉及户外运动为主线的周边相关户外旅行活动策划组织、体育赛事策划组织、户外体育营销传播、户外用品连锁经营店、洞穴勘测等各个方面（通过概括企业的发展和规模，说明企业已经具备了战略化经营的基础，同时也表明应当为未来制订长远规划）。

作为××省区域综合性户外运动企业，公司从××××年起先后成立极限突破拓展训练中心、××科技发展公司等分支机构，在规范化发展的道路上迈出了重要的一步，并为做大企业规模、提高经济效益，实现企业战略化经营格局奠定了良好的基础。

经过××××年的经营，公司管理已相对稳定，并逐步进入发展期，为实现公司的可持续发展，增强企业凝聚力，通过企业五年企业规划的设立，为企业和员工树立共同发展目标和愿景，指引企业和员工朝着共同的方向和目标迈进。

（二）指导思想及原则

以抓住历史机遇，努力成为××地区最具规模的综合性户外运动企业为指导思想，以结合实际、稳健发展、规模经营为指导原则，坚持以市场为导向，积极拓展目标区域市场，稳定和扩大市场占有率，形成户外旅行活动组织、素质拓展训练、体育赛事（活动）营销传播、户外运动器械开发生产、户外用品连锁经营"五位一体"的经营格局；通过不断创新和完善，提升员工素质，增强员工和客户的满意度，在业内树立良好的口碑和品牌价值，促进企业持续、稳定、快速、健康发展（明确指导思想和原则，为规划的实施提供了最根本的参考和保障）。

（三）规划时限

××××—××××年五年发展规划。

二、公司概况（从企业经营状况、社会影响力、获得的荣誉来概括公司情况）

××户外运动，前身为××××年创立的××登山探险俱乐部，××××年成为××省第一家经工商注册的从事山地户外运动相关产业的公司。目前共有专职员工××名。主要从事的业务有：户外体育文化营销传播、山地民族户外文化旅行、大型户外赛事与活动的策划执行、洞穴探险技术的培训与勘测、山地户外运动与拓展培训等户外体育文化业务。公司成立以来致力于户外运动的推广与发展，取得了较好的经济效益与社会效益，主要情况如下：

（一）经营状况（略）

（二）社会影响力（略）

（三）获得的部分荣誉（略）

三、户外运动产业环境分析（全面对行业的产业现状、资源、政策、竞争对手等环境进行分析，为后面的规划提供了有力的数据支持）

（一）我国户外运动产业现状（略）

（二）××户外运动资源（略）

（三）政策环境（略）

（四）自身与竞争对手分析（略）

四、企业总体发展规划（**制订企业未来发展的总目标和项目目标**）

（一）企业五年发展总目标（略）

（二）各项目发展目标（略）

五、规划的战略实施（**根据规划目标制订切实可行的实施方法，并通过全方位的战略实施有效地保证目标的达成**）

（一）人力资源战略（略）

（二）经营管理战略（略）

（三）品牌营销战略（略）

（四）财务管理战略（略）

六、规划实施的战略控制（**对规划实施过程的具体控制，避免规划出错**）

（一）事前控制（略）

（二）事后控制（略）

（三）随时控制（略）

点评： 长期规划最能体现出规划的特色和结构，这篇规划非常典型，具备了规划应有的结构要素和写作思路，全文并非泛泛而谈，而是充分对自身和各方面环境进行了切实的分析，得出最适合企业的发展目标，并根据目标，充分整合各方面力量，为达成目标而制订了实施方案。更难能可贵的是，还对实施过程中可能出现的错误进行了控制规划，力求做到万无一失。从这一方面也反映出企业这个五年规划的完备性以及对完成规划体现出的决心。

扫一扫

规划的模板及范文

3.2 » 计划

计划是单位、部门或个人对未来一定时期内要完成的工作、生产、经营和学习等任务拟定目标、内容、步骤、措施和完成期限的一种文书。制订计划是一种科学的工作方法，它可以指导人们按既定的方向和目标努力，可以增强自觉性，减少盲目性。

3.2.1 计划的特点

计划规定了完成任务的具体目标、要求、时间进度等内容，有利于实行标准化、正规化管理，有利于督促、检查与指导工作，也利于考核评比、总结提高。它具有预见性、可行性、可变性等特点。

◆**预见性：** 计划是为未来事业设计的蓝图，制订者应具有远见卓识、善于全面布局、周密运筹，充分预测未来可能出现的情况、问题及偏差，主动提出预防性的措施。

◆**可行性：** 制订计划必须坚持实事求是的原则，从实际出发提出切实的指标、严密的步骤、正确的方法、得力的措施，做到先进可靠、切实可行，切忌急躁冒进的情绪和急功近利的妄想，也要防止僵化保守、无所作为的消极因素。

◆**可变性：** 在执行中如果发现原计划的某些内容和实际情况不符，或客观情况发生变化，则可以及时调整、修改、补充，甚至放弃原计划，重新制订。

3.2.2 计划的类型

计划的种类很多，可以按不同的标准进行分类。最常见的分类标准主要包括重要性不同、时间界限不同、内容不同等。

◆ **按重要性分类：** 可将计划分为战略计划和作业计划。其中，为企业设立总体目标和寻求企业在环境中地位的计划，称为战略计划；规定总体目标如何实现的细节计划称为作业计划。

◆ **按时期界限分类：** 可将计划分为长期计划、中期计划和短期计划。长期计划描述了企业在较长时期（通常5年以上）的发展方向和方针，规定了企业各个部门在较长时期内从事某种活动应达到的目标和要求，绘制了企业长期发展的蓝图；短期计划具体地规定了企业的各个部门在目前到未来的各个较短的时期阶段，特别是最近的时段中应该从事何种活动，从事该种活动应达到何种要求；中期计划介于长期和短期计划之间，其蓝图效应比长期计划的效应弱，紧急程度比短期计划的程度低，主要针对切实可行但时期并不算短的计划。

◆ **按内容分类：** 可将计划分为多种类型，如生产计划、工作计划、会议计划、学习计划、财务计划、科研计划、教学计划等，每一种计划都针对具体的内容，这种分类方式也往往体现在计划的标题中，如××公司××××年财务计划、××分厂下半年生产计划等。

3.2.3 计划与规划的区别

计划与规划同属于计划性文体，但它们之间也有明显的区别。

◆ **范围大小不同：** 规划是从宏观的角度，全面地展望前景，对未来发展或某项事业的原则谋划，其规模宏大，涉及面广，概括性强；计划是对工作、生产、经营和学习提出的具体打算，其规模比规划小，涉及面没有规划广，综合概括的程度比规划低。

◆ **时期长短不同：** 规划是比较长远的发展计划，时间一般较长，3年、5年、10年甚至20年等都有可能；计划比规划的时间性强，期限短，限期完成某一任务。

◆ **内容具体程度不同：** 规划的内容庞杂概括，主要是定目标、定规模、定前景，定方针，定战略，富有理想性和感召力；计划比规划在内容上要单一、具体，有强烈的约束性，主要是定任务、定指标、定时间。

3.2.4 计划的模板与格式

计划的内容由标题、正文、发文单位名称和成文日期组成，其写作模板如图3-2所示。

1．标题

计划的标题一般由发文单位、计划时间、计划内容和"计划"二字组成，如"××企业2018年度安全工作计划"。有时可以省略制订计划的单位，如"2018年管理人员绩效考核计划"。

2．正文

计划的正文通常由前言、主体和结束语等部分组成。

[发文单位+年度+内容]计划

[说明计划的依据、指导思想、制订计划的背景等内容]。

[说明计划的目标和任务、完成措施、具体方法等内容，可以充分结合图表等工具来体现此部分内容]。

[说明对完成计划的决心、对未来的期望等内容]。

[发文单位名称]

[成文日期]

图 3-2　计划的模板示例

◆**前言：**阐明制订计划的背景、指导思想、依据和目的等，有时还需简要分析基本情况，说明制订计划的缘由。如无必要，也可以不写这部分，直接写计划事项。

◆**主体：**这部分应明确具体的任务、指标及要求，提出具体的工作步骤、方法、措施及必要的注意事项等。主体部分内容要写得周密详尽、具体明白。语言应力求简洁通俗、条理清晰。

◆**结束语：**这是计划的辅助、补充部分，可以写一些主体部分不宜写的内容，如计划制订过程和修改时何人提出了好的意见、强调工作中的重点和主要环节、分析实施过程中可能产生的问题、展望计划实施的前景等，还可以发出号召，激励大家为实现计划而努力。

3．发文单位名称和成文日期

在计划正文的右下方写明制订计划的单位名称或个人姓名，然后换行写上成文日期。若单位名称已在标题里出现，此处可以省略不写。

扩展阅读　**如何写好计划的主体**

计划的内容可以简要地概括为 8 个方面，即计划的目的、内容，计划的相关人员，计划的实施场所，计划实施的时间范围，计划的缘由、前景，计划的方法和运转实施，计划的预算，预测计划实施的结果、效果等。写好计划应从这些方面着手。

扫一扫

如何写好计划的主体

3.2.5　**计划的范文与点评**

【范文1——培训计划】

××企业××××年度安全生产宣传教育培训计划

××××年，深入开展安全生产工作依然是未来一年内我厂工作的重点，为深入贯彻落实科学发展观，进一步推动安全文化建设和宣传教育培训工作，为了增强全厂职工的安全意识，进一步提高自我保护能力（说明制订计划的背景和目标），××××年我们将持续加强宣传力度，广泛开展安全生产宣传教育，认真搞好安全培训工作。

根据××形势的需要（这是制订计划的直接原因），我厂提出××××年度安全生产宣传教育培训工作的工作、培训、宣传的目标和计划。具体有以下几个方面：

一、指导思想

以认真贯彻落实科学发展观，坚持"安全第一、预防为主、综合治理"的方针，紧紧围绕市安全生产会议的总体要求，结合我厂实际及××××年全厂安全生产各项工作目标，自觉用科学发展观以及安全生产的指导原则统领全厂安全生产宣传教育培训工作，进一步加大宣传教育培训力度，强化正面宣传，加强舆论引导，推进安全生产文化建设，推动工作创新，完善培训机制，推进安全文化建设，为促进全厂安全生产状况持续稳定好转提供思想保障、舆论支持和精神动力（在指导思想的写作中，贯彻落实、加强、推进、推动、完善、促进等词语都十分常用）。

二、工作目标

××××年我厂安全生产宣传教育培训工作的目标是：紧紧围绕上级提出全年安全生产工作的目标，不断创新宣传教育手段，进一步完善宣传教育体系。继续以宣传《安全生产法》等安全生产相关法律法规为主线，加强安全生产法制教育，重点抓好新颁发的法律法规和隐患排查治理的宣传报道。继续开展全厂安全教育培训工作，不断健全和完善企业自主负责的从业人员安全生产培训机制。企业主要负责人、安全管理人员培训率达90%以上；危险化学品、烟花爆竹等高危行业主要负责人、安全管理人员和特种作业人员培训率达到100%（用"紧紧围绕"和两个"继续"说明了两大工作目标）。

三、主要内容（将实现目标的措施分为7个部分，依次进行详细说明，以备执行）

1．宣传"安全生产"理念。要利用各种形式、手段和方法，大力宣传党中央、国务院关于加强安全生产工作的决策部署，宣传安全发展科学理念、安全生产方针政策和法律法规，进一步树立全社会安全发展的共识。

2．强化"两个责任主体"的落实，严格责任目标考核。各部门、各车间及各小组要紧紧围绕全厂安全生产工作目标，强化"两个责任主体"的落实，将年度安全生产宣传教育培训各项工作任务和要求贯彻落实下去。年终，厂安委会办公室将对照责任目标对各部门的宣传教育培训工作进行全面考核。

3．通过主题活动强化职工安全观念的树立。（略）

4．推进全厂安全氛围的营造。（略）

5．严格落实培训责任制度。（略）

6．完善培训管理及检查工作制度。（略）

7．加强组织领导。（略）

××××年×月×日

点评：这篇培训计划比较典型。首先简要说明了制订此计划的背景、原因和目的，接着分别从指导思想、工作目标、主要内容这3个方面，循序渐进地制订并落实了计划。

【范文2——工作计划】

××××年幼儿园学期后勤工作计划

一、指导思想

以市局工作意见为指导思想（明确指导思想），本学期幼儿园的后勤工作将围绕园务工作计划，求真务实，精益求精，不断提高后勤人员的思想业务素质，强化后勤人员的服务意识，提升服务品质。切实做好卫生保健工作，促进幼儿健康发展，提高保教质量。

二、主要工作与措施（**将计划分为4大部分，每个部分先说明工作目标，再说明实施方法**）

（一）加强后勤队伍建设，着眼于长效发展。

1．人人参与，完善后勤管理网络。

保育员不仅是为幼儿创设美好生活环境、管理幼儿生活的保障者，还是教师在教学工作上的好帮手，保育员是一个幼儿园不可或缺的重要群体，因此，在园中要形成一种尊重后勤人员劳动的舆论和行为导向。同时，所有教职员工要以主人翁的态度参与到后勤管理、后勤服务之中，成立由园长→分管后勤园长→保健老师→后勤组长→保育组长→各班班主任→后勤全体成员的管理网络，做到"处处有制度，人人有责任"，营造互为、共创的和谐氛围，加强沟通，注重过程管理，后勤工作做到有目标、有落实、有检查、有评价，为全园做好后勤服务工作。

2．注重修养，彰显后勤职工魅力。

后勤工作人员的品德素养直接体现着整个园所的形象，因此，每一位后勤职工必须谨言慎行，在孩子和家长面前，在社区、公共场合等时刻注意自己的言行举止，为幼儿园在社会上获得良好声誉而努力。在工作中，要做到"实""正""诚"，即脚踏实地，实实在在；一身正气，言行正直；真诚坦荡，以诚相待。

在人际交往中，要求做到"对孩子柔声细语""对家长主动微笑""对同事尊重诚恳""对邻里友好关爱"，以自己的实际行动在自己的生活圈中较好地树立本园的形象。

3．加强学习，提高保育专业能力。（略）

4．奖惩分明，提升后勤服务质量。（略）

（二）园所管理规范化，发挥园所最大效能。（略）

（三）卫生保健工作常态化，力求幼儿健康发展。（略）

（四）综合治理工作常抓不懈，力保校园和谐平安。（略）

××幼儿园办公室

××××年×月×日

点评：工作计划的核心内容在于工作的目标和实施措施，这篇计划在说明了指导思想后，其余篇幅就全部放在工作内容和具体的实施方法上，分别通过队伍建设、注重修养、提高专业能力和提升服务质量等方面，全面且系统地制订了与幼儿园后勤工作相关的计划，内容翔实，有理有据，值得借鉴。

扫一扫

计划的模板及范文

3.3 » 安排

安排是短期内要做的，范围不大、内容单一，且布置具体的一类计划。换句话说，对某一时期的工作或活动有条理地做出规划、布置，或就其主要内容和形式方法等提出切实可行的方案时，往往用安排这一文种。

3.3.1 安排的特点

安排具有以下4种特点。

◆ **内容单一：** 安排中的事项一般比较单一，往往局限于某一项活动、工作内容。有的安排虽然同时针对几项不同的事情，但基本是围绕同一中心工作进行的，而且所安排事项内容的表达，大多数是单一的。

◆ **措施具体：** 安排的措施比较具体，更为切合实际，实施过程中一般变动较小。

◆ **时间较短：** 安排的时间要求较短，有的为"日"安排，有的为"周"安排，有的为"月"安排。

◆ **简明扼要：** 安排的内容应当简明扼要，把所要安排的工作列清，把要求、措施讲明。

> **🧑 专家点拨**
>
> 行业中一般有"长计划、短安排"的说法，这说明安排的时限往往适用于近期工作。但是，如果计划缺乏完整的内容，只是对同项工作提供打算，做出简单的安排，则这类长期工作也可用安排来行文。另外，如果计划没经过详细论证研究，没有经过一定程序的讨论通过，也可以用安排行文。

3.3.2 安排的类型

安排的类型有很多，如工作安排、学习安排、生产活动安排、会议日程安排等以内容区分的安排；也有部门制订的安排、单位制订的安排、班组制订的安排等以使用范围区分的安排；还有日安排、周安排、月安排等以时间区分的安排。

3.3.3 安排的模板与格式

安排的内容由标题、正文、发文单位名称和成文日期组成，其写作模板如图3-3所示。

[发文单位+内容]安排

为了[说明安排的原因、根据、背景或目的等内容]，特做以

下安排：

　　[说明安排的具体内容，包括事项、要求、措施等]。

[发文单位名称]

[成文日期]

图 3-3　安排的模板示例

1．标题

安排的标题一般由发文单位、安排内容和"安排"二字组成，如"××企业岗位培训安排"。有时也可以省略发文单位，如"放假安排"。

2．正文

安排内容简洁明了，首先说明为什么制订此安排，常使用"为了（或根据）……，特做以下安

排：（或特安排如下：）"的句式，然后直接说明安排的内容即可。

3．发文单位名称和成文日期

在安排正文的右下方写明制订安排的单位或个人姓名，然后换行写上成文日期。若单位名称已在标题里出现，此处则可省略。

3.3.4 安排的范文与点评

【范文1——工作安排】

××机械化工有限公司月度盘点工作安排

经公司总经理同意，于××月××日—××日对公司所有的成品、半成品、库存材料、零部件，及低值易耗品等物品进行全面澄清摸底（说明工作任务，这也是做出安排的直接原因）。为了保证清库工作的及时性、准确性和真实性，特对清点工作安排如下：

一、盘点人员一定要遵守清库工作安排，逐物逐件如实盘点、填写，不得遗漏；

二、盘点人员要发扬吃苦耐劳的精神，不怕脏，不怕累；

三、盘点人员要作风正派，一身正气，一定要对自己负责，对公司负责；

四、监督指导人员，要不定时对清库工作进行监督抽查，严格按清库工作安排办事，做到有布置、有检查、有落实、善始善终；

五、盘点人员一定要将报废或可利用的成品、半成品、库存材料、零部件等物品，另行单列盘点；

六、对清库工作中出现弄虚作假或不服从工作安排的清库人员，严格按照"相关制度"予以处理，对清库中不负责任和不认真工作的清库人员，年底考核应扣除涉及月度全部奖金；

七、盘点时间、人员统一调度安排，盘点完毕汇总后交到清库领导小组签字核实；

八、盘点期间，各部门积极配合，以做到及时、准确、无误；

以上各条，参加盘点人员一律照章执行，各司其职，各负其责，做好这次盘点工作，为下半年工作打好坚实基础（提出要求）。

××××年××月××日

点评： 工作安排注重细节，需要将方方面面可能出现的情况安排到位，以便执行。上述安排就很好地做到了这一点，从盘点内容、自身素质、服从调配等各方面系统地做了安排，使盘点工作的顺利进行得到了有效保障，结尾处还对盘点人员提出了的工作要求和希望，这种写法适用于所做安排针对特定的部分人群。

【范文2——课时安排】

素描课程安排

为保质保量完成教学目标，根据市教育局的相关规定，将我校素描专业课程的课时计划安排如下：

课时	教学内容
第一课时	从线条练习开始，理解素描的基本五大调
第二课时	临摹简单的石膏几何体，掌握造型方法

续表

课时	教学内容
第三课时	写生简单的石膏几何体及背景，分清黑白灰的层次关系
第四课时	临摹简单的石膏几何体两个，学习构图方法
第五课时	写生简单的石膏几何体两个，练习构图以及明暗关系
第六课时	完成作品，并尝试深入
第七课时	临摹复杂的石膏几何体两个
第八课时	写生复杂的石膏几何体两个或三个，构图起形，纠正形，整体观察
第九课时	深入刻画整体及局部间相互关系。整体绘画，完成作品
第十课时	单个静物临摹，学习调子的处理方法
第十一课时	单个静物写生，运用临摹的内容
第十二课时	静物组合临摹、学习构图方式、空间处理和质感表现
第十三课时	静物组合临摹，继续上次课的作品
第十四课时	静物组合写生
第十五课时	静物组合写生，继续完成上节课的作品
第十六课时	静物组合写生，继续完成上节课的作品，做最后的讲评

××学校课程研讨小组

××××年×月×日

点评： 这篇安排的特点在于使用了表格来汇总安排内容，对于安排这种注重短期具体计划的文书而言，表格的使用是非常有效的，在实际工作中可以借鉴。

扫一扫

安排的模板及范文

3.4 » 总结

总结是事后对某一阶段的工作或某项工作的完成情况，包括取得的成绩、存在的问题及取得的经验和教训加以回顾和分析，为今后的工作提供帮助和借鉴的一种书面材料。

3.4.1 总结的特点

总结的特点较多，最突出的就是具有自身性和指导性这两个特点。

◆**自身性：** 总结一般以第一人称叙述，从自身出发，是自身实践活动的反映，其内容来自自身实践，其结论也是为了指导今后自身工作和学习实践。

◆**指导性：** 总结以回顾思考的方式对自身以往实践做理性认识，找出事物本质和发展规律，取得经验，避免失误，以指导未来工作。

3.4.2 总结的类型

按内容和范围的不同，可将总结分为综合性总结与专项性总结两种类型。

◆**综合性总结：** 指的是对某一企业、某一部门的工作进行全面性总结，既反映工作的概况，取得的成绩，存在的问题、缺点，也要写出经验教训和今后的改进意见等。

◆**专项性总结：** 指的是围绕工作中的某一方面或某一问题进行的专门性总结。

3.4.3 总结的模板与格式

总结的内容由标题、正文、发文单位名称和成文日期组成，其写作模板如图3-4所示。

[发文单位+年度+内容]总结

[概括介绍总结的目的、内容等]。

[回顾内容，说明取得的成绩、经验、教训等内容]。

[提出方向、展望未来、表明决心等]。

[发文单位名称]

[成文日期]

图 3-4 总结的模板示例

1．标题

总结的标题有许多写法，具体如下。

◆ 由 "发文单位+年度+内容+文种" 构成，如 "××企业××年科技竞赛总结"。

◆ 由 "年度+内容+文种" 或 "内容+文种" 构成，如 "××年教学工作总结" "创先争优活动总结" 等。

◆ 有的总结标题只是内容的概括，并不标明 "总结" 字样，如 "一年来的谈判及前途"。

◆ 有的总结采用双标题，正标题点明文章的主旨或重心，副标题具体说明文章的内容和文种，如 "构建创新型市场的新机制——××集团开拓创新实践与总结"。

2．正文

总结的正文主要包括开头、主体、结尾3部分。

◆ **开头：** 概述基本情况，有需要时还可以单独列出前言部分。 开头包括单位名称、工作性质、主要任务、时代背景、指导思想，以及总结目的、主要内容提示等。

◆ **主体：** 包括成绩和做法、经验和教训、今后打算等，要特别注意层次分明、条理清楚。

◆ **结尾：** 在总结经验教训的基础上，提出今后的方向、任务和措施，表明决心、展望前景，篇幅不应过长。有的总结也可以省略结尾。

3．发文单位名称和成文日期

总结的发文单位名称和成文日期两项内容，按其他公文的写法顺次书写即可。如果标题中已有发文单位名称，则此处可以省略。

扩展阅读　总结的常见写作模式

常见的总结模式包括总分式、串联式、条文式、表格式等几种。不同模式有不同模式的写作特点，如总分式模式主要先对工作进行概述，然后分条写出工作过程，一般可以按时间顺序书写。

扫一扫

总结的常见写作模式

3.4.4 总结的范文与点评

【范文1——综合性总结】

××企业发展策划中心××××年工作总结

××××年即将结束，新的一年即将来临。在过去一年的工作中，我们作为一个新成立的部门，在企业党委的关怀和各部门的鼎力支持与帮助下，部门人员围绕职能使命，积极主动，恪尽职守，圆满完成了各项工作（概括性总结）。

一、××××年工作开展情况（充分说明本年的工作情况）

（一）理清目标，明确责任。

按照部门职能要求，认真梳理工作任务，确定工作目标，明确岗位责任，使各项工作有序稳步推进。

（二）无缝对接，确保工作的连续性。

及时整理存续工作和在建工程及历史遗留问题，尤其是项目和工程建设工作，在与原来相关承办人员办理好移交手续的同时，立即对在建项目及工程工作进行对接，确保工程有序进行。为加强项目及工程管理，及时对项目和工程资料进行收集、整理、完善、归档，确保项目工作信息完整，有据可依、可查、可追溯。

（三）建立完善各项管理制度和工作流程。（略）

（四）认真做好项目建设。（略）

（五）积极参与公司化改革工作。（略）

（六）积极完成招商引资。（略）

（七）围绕项目建设需要，积极做好项目前期策划工作。（略）

（八）积极做好烘干线的建设及运营管理工作。（略）

（九）注重团队建设和部门合作。（略）

二、存在的问题（深刻挖掘工作中的不足）

（一）信息不对称，谋划不及时。

企业发展策划中心是管理功能中最基本的要素，是启动企业的引擎，是从构思到规划再到实施的全过程的实施者和监督者。由于部门成立时间短，团队成员对各项信息了解掌握不完整，尤其是内外信息沟通渠道不顺畅，使部门职能没能得到全面发挥，在提供准确信息、决策依据、项目申报等可靠性、及时性方面，存在不足。

（二）制度不健全，管理不到位。（略）

（三）履职不全面，业绩不突出。（略）

三、××××年工作计划（展望未来，并将来年工作计划充分落实）

认真学习贯彻党的××大报告精神，按照省××集团整体发展要求，紧紧围绕企业党委的决策目标和工作部署，深入学习研究××发展政策，积极探索××公司化改革发展的新路子。围绕××项目全年发展目标，充分发挥部门职能作用，积极主动开展工作，尽职尽责当好参谋，为加快××经济发展步伐，真正落实××集团"调、转、促"的发展思想不懈努力。

（一）积极做好××公司化改革工作。（略）

（二）积极争取项目，加强项目管理，依托项目建设，加快促进各项事业发展。（略）

（三）着力推进重点项目的招商与建设。（略）

××××年×月×日

点评： 这是一篇某企业部门的工作总结，结构非常典型，主要对工作情况（包含取得的成绩）、存在问题和来年工作计划很好地进行了总结。开头部分简单明了，没有过多的铺陈，直截了当地说明了问题，有利于对主体的理解。主体部分归纳得当，将完成的各项工作依次罗列，显得详略得体，安排自然。部分单位的总结，特别是某一职能部门的总结，经常把具体的事例融入其中，进行归类和分析，理论性的东西相对较少，而罗列具体的活动较多。这样就需要根据工作的职能分工和活动性质进行有机结合，采用有主有次的安排，使整篇总结的表达能够围绕一个明确的主题来展开。

【范文2——专项性总结】

"三严三实"专题教育总结

"三严三实"专题教育作为党的群众路线教育实践活动的延展深化，作为持续深入推进党的思想政治建设和作风建设的重要举措，作为严肃党内政治生活、严明党的政治纪律和政治规矩的重要抓手，要融入领导干部经常性的学习教育和实际工作中，不分批次、不划阶段、不设环节，不是一次活动。从4月底开始，在机关处级以上领导干部和直属事企业单位中层以上管理人员中开展（**解释专题教育的情况**）。

根据学校《关于开展"三严三实"专题教育实施方案》的精神，我中心自开展"三严三实"集中学习教育月以来，结合工作实际，认真安排、贯彻要求，组织开展了一系列集中学习教育活动。现在将"三严三实"学习总结如下（**说明背景，并开始总结**）：

一、传达通知要求、精心组织，制订实施方案

3月29日，我中心召开党总支委员以及支部书记、支部委员会议，认真传达通知要求，讨论制订学习计划和实施细则。学习方式：采取个人自学、集体学习和专题研讨相结合。之后由中心总支书记带领大家学习《"三严三实"要求》和《为政莫忘"三严三实"》等相关文件。

二、认真学习，深刻领会精神实质

5月6日，组织全体党员进行集中学习"三严三实"专题教育总结汇报。会上，首先由总支书记带领大家再次学习习近平总书记关于推进作风建设的"三严三实"讲话。之后学习了习近平总书记在兰考县调研指导党的群众路线教育实践活动时的重要讲话精神和《关于在教育实践活动中学习弘扬焦裕禄精神、践行"三严三实"要求的通知》。（略）

三、强化措施，全力抓好贯彻落实（略）

通过"三严三实"集中教育学习，我中心全体党员干部一致认为：践行"三严三实"要求，十分重要和必要，是党的群众路线教育活动的深入发展，有助于进一步推进党员干部作风建设和推动中心各项工作开展。一是当前形势的迫切需要。"三严三实"是习近平总书记对党员干部应遵守的党风党纪的

高度提炼，是党员干部形成清正廉洁作风的保证。二是干部队伍建设的迫切需要。以"三严三实"要求对照检查工作、学习，能帮助党员干部不断纠偏、及时改正错误，是党员干部队伍健康发展的保证。三是干事创业的重要保障。党员干部贯彻"三严三实"要求，以身作则，真抓实干，是提升思想道德水平、凝心聚力干好工作的保证（**总结专题教育的经验**）。

下一步，我中心党总支将继续以"三严三实"的精神认真开展群众路线教育实践活动，一边学习，一边查找问题、整改问题，边查边学，边学边改。从整改工作纪律问题着手，形成规范的管理制度、工作制度和学习制度。把"三严三实"的学习成果运用到实际工作中，加强作风建设，提高工作水平，为我院发展做出应有贡献（**提出下一步计划**）。

××中心

××××年×月×日

点评： 这篇专项教育总结采用了总结常用的分块式写法。开头部分说明专题教育的情况，并采用"根据……精神，我们开展……活动。现总结如下"的固定式结构顺利过渡到下文，即总结的具体内容。通过分块陈述总结的情况，对开篇的内容进行了深化和完善，有利于读者进一步理解这篇总结。

扫一扫

总结的模板及范文

3.5 » 声明

声明是就有关事项或问题表明自身立场、态度的文种，有公开表态和说明真相的含义。各企事业单位或个人均可发表声明。

3.5.1 声明的特点

声明可以在报刊登载，也可以通过广播、电台播发，还可以进行张贴，它一般具有以下特点。

（1）表明立场、观点、态度。

（2）警告、警示。

（3）保护合法权益。

专家点拨

声明与申明不能通用，前者是公开表示态度或说明真相，重在公开宣布，以让公众知晓；申明是郑重说明的意思，重在说明，以说服对方。

3.5.2 声明的模板与格式

声明的内容由标题、正文、发文单位名称和成文日期组成，其写作模板如图3-5所示。

1．标题

声明的标题写作格式有3种形式，最简单的格式是只写"声明"二字。最常用的是由"事项+文种"构成，如《遗失声明》等。另外也可由"发文单位+事项+文种"构成，如《××公司授权法律顾问××律师声明》。

[事项]声明

[说明声明的原因、目的、背景情况等]，特声明如下：

[直接说明声明情况]。

特此声明。

[发文单位名称]

[成文日期]

图 3-5　声明的模板示例

2．正文

声明的内容结构较为简单，首先简明扼要地写明发表声明的原因、目的，背景等，然后表明对有关事件的立场、态度，最后以"特此声明"等习惯用语结束。

3．发文单位名称和成文日期

声明的发文单位名称和成文日期依次在正文结束后书写即可。

3.5.3　声明的范文与点评

声明

普通话水平测试是根据《国家通用语言文字法》和教育部、国家语委有关文件组织的国家级考试。普通话水平测试由经省级以上语言文字工作委员会（简称"语委"）认定的具备相关资质的测试机构组织实施（**说明普通话水平测试的考试情况**）。

最近发现社会上有些培训机构在网站上打出"官方合作培训测试"及"参加培训测试包过"的虚假广告招揽考生，同时还接到群众及相关部门反映，有个别培训机构通过不正当手段办理外省的普通话水平测试等级证书，严重毁坏了普通话水平测试的社会声誉，误导和欺骗了广大考生（**说明虚假广告的具体现象**）。为此郑重声明（**"郑重"二字表现了此声明的严肃性和正规性**）。

一、我省的普通话培训测试站从未与社会上任何培训机构有合作关系。敬请各位考生切勿相信有关普通话培训测试的不实宣传，直接到经省语委认定具备相关资质的普通话培训测试站报名参加测试。目前我省有××个经批准成立的测试站，完全可以满足广大考生的测试需求。

二、在省外取得普通话水平测试等级证书的考生，申请教师资格认定时需一并提供发证单位所在省份学习或工作经历证明（学生证、毕业证或工作证）的原件及复印件，不能提供者需在户口（或工作、学习）所在地重新报名参加测试。

三、××省各普通话培训测试站严格执行省物价局批准的普通话培训测试收费标准：在校学生××元/次/人，其他人员××元/次/人，××市和××市的收费标准见当地物价局批文，欢迎社会各界及广大考生监督（**系统且完整地说明了普通话水平测试的官方办法和相关事宜**）。

特此声明。

××省语言文字培训测试工作办公室

××××年×月×日

点评： 这是一篇针对虚假培训测试的声明，第一段首先说明国家规定的普通话水平测试的情况，然后第二段介绍了目前出现的虚假广告以及引起的不良影响，通过对比说明此篇声明的真实性。然后利用"为此郑重声明"自然过渡到声明的主要内容，详细介绍了官方培训的情况。结尾以"特此声明"结束，通篇结构严谨且合理，值得借鉴。

扫一扫

声明的模板及范文

3.6 » 启事

启事是企事业单位或个人向公众陈述事宜、告知音讯、请求协助时所使用的告知性文书。

3.6.1 启事的特点

启事具有公开性、广泛性、求应性等特点，具体如下。

◆ **公开性：** 启事主要用于向社会各界公开陈述或说明某些事项，目的在于吸引公众参加。

◆ **广泛性：** 启事形式多样，可以用于招生、招聘、开业、庆典、单位成立、商标的使用与更换等各种事宜。

◆ **求应性：** 启事不只是向社会"告知"的声明，它还要求通过告知得到社会上广泛的回应，以解决某件事务。

3.6.2 启事的类型

启事的种类很多，根据所告启的事项不同，可以将启事分为寻找、征招、周知和声明几大类。

◆ **寻找类启事：** 为了求得公众的响应和协助，如寻人启事、寻物启事、招领启事等。

◆ **征招类启事：** 为了求得公众的配合与协作，如招生、招考、招聘启事；征文、征订、征集设计启事等。

◆ **周知类启事：** 为了开展工作和业务，把某些事项公之于众，以便让公众知晓，如开业启事、迁址启事、变更启事等。

◆ **声明类启事：** 为了完成法律程序，启事事项经声明公开、登报后，对其引起的事端不再承担法律责任，如遗失启事、更正启事和其他声明启事等。

3.6.3 启事的模板与格式

启事的内容由标题、正文、发文单位名称和成文日期组成，其写作模板如图3-6所示。

1．标题

启事的标题通常有3种写法，分别是"事项""事项+文种""发文单位+事项+文种"，如"招聘""招聘启事""××公司招聘启事"等，其中最常用的是"事项+文种"的形式。

[事项]启事

[说明发布此启事的原因、目的等内容]。

[说明启事内容，包括事实陈述、要求、联系方式等]。

[发文单位名称]

[成文日期]

图 3-6　启事的模板示例

2．正文

启事的正文一般包括发布启事的目的、内容、要求、联系单位名称或个人姓名、联系方法、地址、电话号码、邮政编码等。启事的正文要求简洁明了，描述准确。

3．发文单位名称和成文日期

启事应写明发文单位名称或个人姓名和成文日期。如果标题或正文中已写明单位名称，此处可以省略。有的启事还需要写明单位地址、时间、电话、电子邮箱、联系人等。

3.6.4　启事的范文与点评

【范文1——寻找类启事】

寻人启事

×××，男，××省××市××人，身高××厘米，出生日期：××××年××月××日，于××××年××月××日在××（地点）走失。特征描述：黑色短发，皮肤较黑，左眉有一道疤痕。走时肩挎米色帆布包（准确说明走失情况和特征描述，便于社会反馈），家人非常着急！有知其下落者，请速与××市××街道×××联系，必有重谢。

联系电话：××××××××（家）

13×××××××××（手机）

联系人：×××

××××年×月×日

【范文2——寻找类启事】

寻物启事

本人不慎于××月××日乘××路公共汽车时，将内装身份证、驾驶证和数张单位业务发票的黑色公文包遗失。有拾到者请与××机械局××办公室联系，必有重谢。

电话：13×××××××××

联系人：×××

××××年×月×日

点评： 以上两篇启事都较简短，利用最少的文字将启事的寻找对象、联系方式和酬谢情况交代得非常清楚，这对于寻人启事和寻物启事而言是非常重要的。写作时需要在说明寻找对象的特点和信息量多少之间找到合理的平衡点，这能够提高找到失物的概率。

【范文3——征招类启事】

征集设计启事

我商场是××市较早经营旅游产品的专卖商场，已有××年的历史。为了树立名牌，维护店方和消费者的权益，特向各界征集标志设计（树立商场品牌是启事的原因，也是设计的核心要求）。具体要求如下：

一、要有旅游纪念品专卖商场的特征，有较浓厚的文化内涵，具有地方特色；

二、主题形象突出，构图简洁明快，美观大方；

三、征集时间自××××年×月×日至××××年×月×日；

四、征集稿件请寄××市××区××街××号；

五、作品一经采用，即付酬金××元。

竭诚欢迎大家赐稿。

××市××旅游纪念品专卖商场

××××年×月×日

【范文4——征招类启事】

招生启事

一、招生对象与条件

1．具有一定文化艺术素养，了解并掌握书法、绘画的基本知识。

2．身体健康，热爱书画艺术，年龄18岁以上。

二、学习内容

书法，包括楷书、行书、草书、篆书等；绘画，包括山水、花鸟、人物等。

三、教学方法

邀请著名书画家×××授课，针对学员书画基础、技法之共性问题集中讲授，个别问题重点点评，使学员在书画艺术理论、实践上有提高、有突破、有创新（这是教学方法，也是其教学优势）。

××月××日至××月××日开班，每周六上午8:30—11:30，周日15:30—18:30在××会议室授课。

四、奖励办法

培训结束时，每人提交结业作品，经院专家组评审后发给结业证书，优秀作品可优先在《××》报和《××》杂志发表，学习优秀者可优先聘为××书画院院士。

五、收费标准

每学期两个月，每月学费××元。

六、报名方法（报名方法需要详尽，有条件的还可以提供路线说明，便于报名者到达目的地）

持本人有效身份证件即可报名，同时交两张2寸免冠近照。

报名地址一：××市××路××号

电话：×××××××

××××××××

××××××××

联系人：×××　　×××

报名地址二：××路与××路交叉口向北20米路东，××城二楼

电话：××××××××

××××××××

联系人：×××

××书画院

××××年×月×日

点评： 征招类启事的篇幅比寻找类启事稍长一些，需要完整说明相关的征招事项。上述两篇征招类启事在这方面做得都较好。特别是招生启事，不仅全面说明了招生对象、学习内容、教学方法等，而且全文的文字量适中，内容也很到位，便于受众理解和消化。

扫一扫

启事的模板及范文

3.7 » 简报

简报是企业内部专用的带有新闻性质的简要情况报道，也可以理解为企业的内部小报，是用于汇报、反映、沟通情况和交流经验的一种文书。简报也称简讯、摘报、要请、动态、情况反映等。

3.7.1 简报的特点

简报具有实效性强、内容新鲜、形式简短、实事求是等特点。

◆ **实效性强：** 简报反映现实情况的速度很快，要写得快、印得快、发得快，以便使有关人员根据情况及时处理问题，制定政策。重要的情况要一日一报，甚至可以一日数报，以便更好地发挥简报的作用。

◆ **内容新鲜：** 简报报道的是新情况、新经验，且观点要新颖，内容要有较大的参考价值。

◆ **形式简短：** 简报的篇幅通常比较短小，因此内容力求简明，行文平实，无需进行艺术描述和理论阐述。

◆ **实事求是：** 简报中所反映的材料必须真实、可靠，对事物的分析解释，必须坚持实事求是的科学态度，符合实际，事件、材料、数据要仔细核实。

3.7.2 简报的类型

简报的形式多样，内容繁多，总体而言可以归纳为工作简报、动态简报和会议简报。

◆**工作简报：**也叫情况简报，主要用于反映工作中的动态和一般工作进展情况。

◆**动态简报：**这类简报就是迅速及时地、简明扼要地反映新近发生的事情和情况。动态简报内容新、反应快，动态性和时效性强。

◆**会议简报：**这类简报主要是及时报道某种会议的概况，会议交流的情况、经验、探讨、研究等问题，反映会议形成的决议和基本精神。

3.7.3 简报的模板与格式

简报的内容可分为报头、报体和报尾几个部分，各部分又由多个要素组成，其写作模板如图3-7所示。

[发文单位]公司简报

第××期

（总第×××期）

[主办单位名称]主办　　　　[成文日期]

本期要目

[简报第一篇内容的标题]

[简报第二篇内容的标题]

[简报第三篇内容的标题]

编者按：[针对内容进行说明或评论]。

[标题]

[写明简报内容]。

（[作者名称]）

[标题]

[写明简报内容]。

（[作者名称]）

[标题]

[写明简报内容]。

（[作者名称]）

报送：[需报送的单位、部门的名称]

共印[份数]份

— 2 —

图 3-7　简报的模板示例

1．报头

简报的报头由简报名称、期号、主办单位、成文日期和分隔线等要素组成。

◆ **简报名称：**最常见的写法为"公司简报""企业简报"或"简报"，有时也可以在前面加上发文单位的名称，如《××集团公司简报》。

◆ **期号：**写明当前简报的期号，格式为"（第××期）"。如果需要体现总期数，那么当前期号不用括号，总期数则需要用括号括起来。

◆ **主办单位：**写明主办单位的名称，后面应加上"主办"二字。

◆ **成文日期：**写明此简报的印发日期。

◆ **分隔线：**用于分隔报头和报体。

2．报体

报体主要包括本期要目、按语和简报内容等组成部分。

◆ **本期要目：**如果简报含有多篇文章，则需要体现此要素，将各文章的标题在此处写明，使受文对象能够了解简报的大致内容。如果简报只有一篇文章，则可以省略此要素。

◆ **按语：**按语是简报的编者针对简报的内容所写的说明性文字或评论性文字。一般写在某篇文章的标题之前，并以"编者按""按语""按"等字样开头。

◆ **简报内容：**首先写明标题，然后编写正文内容，正文一般也按照三段式写法，第一段写明原因、目的或背景，接着写明具体的内容，如活动内容、工作内容、会议内容，最后写明结束语。每段文章最后在右下角处可标注当前文章的作者名称，并用小括号括起来。

3．报尾

报尾在简报末页的最下方编排，用一条分隔线与正文隔开，然后写明发送范围，接着再用一条分隔线隔开，在右侧写明印发份数。

3.7.4　简报的范文与点评

【 范文1——动态简报 】

活动简报

（第××期）

××职业技术学院主办 　　　　　　　　　　　　　　　　　××××年×月×日

积极参与　重在提高认识

——离退休党总支根据自身特点积极参加学习实践活动

离退休党总支讨论学习十九大精神活动方案

离退休党总支、离退休工作处于×月×日上午，在××校区图书馆大会议室召开离退休老同志会议，就如何开展深入学习十九大精神活动进行讨论（**概括活动内容**）。与会的离退休党总支委员、支部书记一致认为：

1．按学院《深入学习十九大精神活动实施方案》分类指导的意见，结合离退休党总支实际，离退休党总支将以"自学为主，重在提高认识"的原则开展学习实践活动，离退休工作处列出学习实践活动安排。

2．召开全体离退休党员学习实践活动动员大会，举办专场辅导报告会。

3．征求离退休同志对学院发展和离退休工作的建议意见。

4．前往××参观，去××校区教师公寓建设工地考察。

5．由各党支部组织学习座谈和交流心得。

6．建设与组织发展工作相结合，创建"五好"党支部。

离退休同志代表五赴××校区参加动员大会和报告会

从×月×日至×月×日，短短半个多月时间，离退休党总支五次组织离退休同志代表赴××校区，参加学院深入学习十九大精神活动动员大会和辅导报告会。先后听取院党委书记、院学习实践活动领导小组组长×××同志作动员报告，省委教育工委书记、省教育厅厅长、省高校学习实践活动领导小组组长×××同志的重要讲话，省委党校×××教授作的《深入学习十九大精神》报告，省委党校×××教授作的《×××××××》报告，省教育厅×××厅长作的《×××××××》报告，××大学常务副校长×××教授作的《×××××××》报告。参加动员大会和辅导报告会的离退休同志共达××人次（说明活动情况，强调活动的重要性）。

离退休党总支举办专场辅导报告会

发放《离退休同志建言献策征求意见表》（略）

离退休党总支召开院关心下一代工作委员会会议（略）

离退休党员学习十九大精神活动安排（略）

点评：这是关于离退休党总支参加实践活动的动态简报，简述了离退休党总支讨论活动方案的情况。总体而言，这篇简报文字简洁，表述清楚，但从细节来看，结构上不太合理，可进行如下调整：将第一段第一句话后的内容分段，冠以"一、讨论结果"的标题，然后在"退休同志代表五赴××校区参加动员大会和报告会"段落前面冠以"二、活动内容"的标题，并对后面的内容整理分段，添加段落加编号"1．2．……"，这样整个简报的结构更加清晰和严谨。

【范文2——会议简报】

会议简报

（第××期）

××大学基建处主办 　　　　　　　　　　　　　　　　　　××××年×月×日

基建处、保卫处召开基建工程施工安全会议

×月×日上午，基建处联合保卫处在图文信息中心第二会议室召开××年基建工程施工安全会议暨外来施工单位安全治安防范责任书签约仪式。学校基建处全体人员、保卫处、××街道、××区市容执法局、施工单位、监理单位等参加会议（这里对会议基本情况的描述与会议纪要的写法类似）。会议由基建处处长×××主持。基建处针对近期我校建设工程量大、面广的情况提出安全施工管理的总体要求，要求施工参建单位思想上要高度重视，做到廉政无案件、施工无事故；要有完善的切实可行的安全生产责任制和群防安全管理体系，确立"安全第一，预防为主"的指导方针；以创建文明工地为抓手，在工地上做好文明施工；加强各类安全检查，消除施工中的不安全因素，提高全体参建人员的安全生产意识和自我保护的能力，杜绝重大伤亡事故的发生，切切实实地保护好国家财产和劳动者的健康和安全。

保卫处就校园安全稳定要求工地临时进出人员，需及时办理居住证并到保卫处进行备案；现场做好消防安全工作，明火作业要持证上岗，并办理动火证；对登高作业的工种，必须采取必要的防护措施，确保施工人员生命安全。

××区市容执法局的同志就夜间施工、施工场地周边卫生、噪声以及渣土、建筑材料运输等的证照办理以及对施工单位的安全监察提出了要求。施工单位和监理单位代表发言，表示一定会按照国家、××市和学校的规章制度以及"安全第一，预防为主"的方针，以创建××市文明工地为抓手，高度重视安全文明施工，在"预防"二字上下功夫，把事故消灭在萌芽状态，确保安全生产。

最后，学校基建处和保卫处与施工单位签订了外来施工单位安全治安防范责任书（以上都是对会议内容的简要说明，符合会议简报的写法）。

点评： 会议简报以报道会议内容为主，既可以综合报道会议各阶段的情况，也可以摘登大会发言或小组讨论发言。编发时要力求准确、全面，如实地反映出发言者的基本观点和思想倾向，上述范文便很好地体现了这一点。

扫一扫

简报的模板及范文

3.8 » 述职报告

述职报告是企业的领导或管理层为接受考核，根据自己履行岗位职责情况，进行自我回顾和评估，并向主管部门或一定范围内的干部职工进行陈述汇报的一种书面报告。

3.8.1 述职报告的特点

述职报告具有个人性、回顾性的特点。

◆**个人性：** 述职报告不是写团体，而是写个人，它特别强调个人性，是个人对岗位职责的回顾、总结和评估。

◆**回顾性：** 述职报告不是写现在，而是写过去，通过把已经发生的事实进行归类、整理、分析、研究，达到回顾工作、评估职责履行情况的目的。

3.8.2 述职报告的类型

根据报告内容的不同，可将述职报告分为综合性述职报告、专题性述职报告和单项工作述职报告几种。

◆**综合性述职报告：** 指报告内容是一个时期所做工作的全面、综合的反映。

◆**专题性述职报告：** 指报告内容是对某一方面的工作的专题反映。

◆**单项工作述职报告：** 指报告内容是对某项具体工作的汇报，一般具有临时性和专项性。

3.8.3 述职报告的模板与格式

述职报告的内容由标题、称谓、正文和落款组成，其写作模板如图3-8所示。

1．标题

述职报告的标题格式一般为"述职报告""××××年述职报告"或"事项+述职报告"这几种。有时也可以采取双标题的写法，如"勇于创新，追求卓越——2018年度述职报告"。

2．称谓

称谓是报告者对听众的称呼，作用和格式等同于公文中的主送单位。述职报告的称谓视不同听众而不同，常见的如"各位领导、代表""尊敬的各位领导、来宾"等，有时也可以省略称谓。

3．正文

述职报告的正文一般由开头、主体和结尾3部分组成，各部分写法如下。

◆**开头：** 简要交代述职人的现任职务、任职时间、岗位职责、主管或分管工作、任期内的工作目标等。

◆**主体：** 述职报告最常见的写法是按照基本情况、成绩经验、问题教训、今后计划的结构来编排主体内容。如果偏重于工作项目的述职报告，则可以按工作项目分类，依次介绍各个项目的情况、问题等内容。

◆**结尾：** 总结工作是否称职，可进行自我评价、展望未来等。

4．落款

述职报告的落款由述职人和成文日期组成。述职人的作用相当于公文中的发文单位署名，其格式为"述职人："，然后写上述职人的名称，下方编排成文日期即可。

[年度]述职报告

[概括介绍职务和任职情况]。

[回顾任职情况，依次陈述成绩、经验教训、未来计划等内容]。

[分析判断工作是否称职，自我总结等]。

述职人：[述职人姓名]

[成文日期]

图 3-8　述职报告的模板示例

3.8.4 **述职报告的范文与点评**

【**范文1——综合性述职报告**】

述职报告

各位领导、各位同事：

一年来，我时刻牢记党的宗旨、自觉增强党性观念，正确对待权力、地位和自身利益，为人民掌好权、用好权，做人民的公仆，按照党的廉洁从政的要求，认真落实廉政监督责任制，坚持立党为公、勤政为民，自觉接受群众监督。全力支持企业改革发展，协调内部促稳定，关键环节亲自协调，落实情况亲自督察，狠抓落实。全面完成了年初的各项目标任务（**分别从自身觉悟、工作重点和完成情况进行概述，总结简练而到位**）。今天在这里，就我一年来的工作向各位领导和同志们作以下汇报：

一、加强学习，注重政治素质和业务能力提高

学习是进步的阶梯，是立身之本、工作之基，也是提高领导水平和能力的重要途径。一年来，我不断加强自身世界观、人生观和价值观的改造，提高自身的政治理论水平和业务能力。坚持自觉参加党组理论的学习，在实际工作中认真加以贯彻。一年来，我通过扎实的思想政治理论学习，为自己开展各项工作提供了强大的思想武器，坚持按制度、按规则行使权力，牢固树立"在法制轨道上用权"的理念，用制度管权管人管事，自觉接受各方面的监督，不越雷池、不踩红线、不搞特殊，让权力在阳光下运行。我正确地行使党内民主权利，积极参加党内生活，充分发挥主体作用，实事求是地开展思想交流，认真进行批评与自我批评，坚决摒弃自由主义、好人主义等庸俗化倾向，实现对党内事务的广泛参与、有效管理和切实监督。（略）

二、立足本职，爱岗敬业，勤奋努力，做好分管工作（略）

三、注重德操修养，坚持廉洁自律，始终筑牢思想防线（略）

四、存在的问题和今后努力的方向

（一）以认真的态度，抓好工作落实。（略）

（二）以身作则，从严律己。（略）

以上是我一年来的工作述职，请大家批评指正！在今后的工作中，我将继续加强学习、认真工作，以更加饱满的工作热情，争取把各项工作完成得更圆满、更彻底。在此，我要感谢公司领导和同事职工对我工作的支持和鼓励（**"以上是……，请大家批评指正！"是述职报告常用的收尾句式**）。

述职人：×××

××××年×月×日

点评： 本文结构非常典型，通过使用称谓和结尾时的"请大家批评指正"，一头一尾表现了述职人对大家的尊重。正文首先概括了任职情况，然后分别在政治素质、业务能力、分管工作、德操修养、存在问题和努力的方向上进行了全面汇报，结尾对自己提出了新的要求，最后以感谢大家收尾。全文干净利落、系统全面，处处体现出谦虚和恭敬的态度。

【范文2——单项工作述职报告】

办公室工作述职报告

回顾这半年来的工作（**说明工作述职报告的时间跨度，这是通常都会在报告开头交代的内容**），我在公司领导及各位同事的支持与帮助下，严格要求自己，按照公司的要求，较好地完成了自己的本职工作。通过半年来的学习与工作，工作模式上有了新的突破，工作方式有了较大的改变，现将半年来的工作情况汇报如下：

一、办公室的日常管理工作（**详细说明办公室工作的内容和完成情况**）

办公室对我来说是一个全新的工作领域。作为办公室的负责人，我清醒地认识到，办公室是总经理

室直接领导下的综合管理机构，是承上启下、沟通内外、协调左右、联系四面八方的枢纽，推动各项工作朝着既定目标前进的中心。（略）

二、加强自身学习，提高业务水平（**对自身的业务要求**）

由于感到自己身上的担子很重，而自己的学识、能力和阅历与任职要求都有一定的距离，所以我总不敢掉以轻心，总在学习，向书本学习，向周围的领导学习，向同事学习，这样下来感觉自己半年来还是有了一定的进步。（略）

三、存在的问题和今后努力的方向

半年来，本人爱岗敬业，创造性地开展工作，取得了一些成绩，但也存在一些问题和不足，主要表现在：第一，办公室主任对我而言是一个新的岗位，许多工作我都是边干边摸索，以致工作起来不能游刃有余，工作效率有待进一步提高；第二，有些工作还不够细致，一些工作协调得不是十分到位；第三，自己的理论水平还不太适应公司工作的要求（**说明工作中存在的问题**）。

在新的一年里，自己决心认真提高业务水平，为公司经济跨越式发展，贡献自己应该贡献的力量。我想我应努力做到：第一，加强学习，拓宽知识面。努力学习房地产专业知识和相关法律常识。加强对房地产发展脉络、走向的了解，加强对周围环境、同行业发展的了解、学习，要对公司的统筹规划、当前情况做到心中有数；第二，本着实事求是的原则，做到上情下达、下情上报，真正做好领导的助手；第三，注重本部门的工作作风建设，加强管理，团结一致，勤奋工作，形成良好的部门工作氛围。不断改进办公室对其他部门的支持能力、服务水平。遵守公司内部规章制度，维护公司利益，积极为公司创造更高价值，力争取得更大的工作成绩（**说明今后努力的方向**）。

述职人：×××

××××年×月×日

点评：单项工作述职报告的结构比较固定，依次说明工作情况、取得的成绩、得到的经验教训、存在的问题和以后发展的方向即可。当然并不要求必须面面俱到，比如上文就没有写明得到的经验和教训。一般必不可少的内容有工作情况的介绍、存在的问题和今后的计划这几方面。最后可以通过对自己提出新的要求和对未来的展望来收尾，如上文中的结构就比较典型。

扫一扫

述职报告的模板及范文

写作与提高

问：某公司2018年工作计划的开头写的是"硕果累累的2017年过去了，光辉灿烂的2018年已经来临，为了开创我司工作的新局面，更好地完成集团公司布置的任务，特制订我司2018年工作计划。"这样写有什么问题吗？

答：有一些细节问题，写法稍显浮夸，实际情况没有说清楚，比如硕果累累是怎样的硕果累累？如果结合实际数据，并改变用语，效果可能会更好。如"在已经过去的2017年，我司取得了销售××元的良好业绩，获得集团公司的肯定。为了开创我司工作的新局面，更好地完成集团公司布置的任务，达到今年销售量比去年翻一番的目标，我司特制订了2018年工作计划。"

问： 公司想写一篇关于失物招领的启事，把某位员工捡到的充值卡物归原主，但启事的标题不小心写成了"失物招领启示"，一字之差，应该没有关系吧？

答： 虽然只有一字之差，但"启事"与"启示"是截然不同的两个词语。"启"的含义有许多，如开启、启发等，但在合成词"启事"和"启示"中，"启"表示的意义大不相同。"启事"的"启"为告启，即陈述表白的意思。"启示"的"启"则是启发，使人有所领悟的意思。因此，为寻找失物、招聘职工或其他事情发布文告，都应当称"启事"，而不能用"启示"，否则不仅与文意有悖，还易给人居高临下之感。

问： 工作总结涉及对工作的汇总、取得了哪些成绩、存在哪些不足、今后有何打算等内容，这与述职报告不是非常相似吗？这两种文书应该怎样区别呢？

答： 表面上看确实非常相似，但实际上，工作总结一般以归纳工作事实、汇总工作成果为主，重点在于阐述主要工作。而述职报告则必须以报告履行职责情况为主，重点在于展示履行职责的思路、过程和能力，重点和范围较为确定，仅限于职责的范围之内，围绕职责这个基点精选材料，职责范围外的概不涉及。换句话说，工作总结的对象就是工作本身，述职报告的对象包括工作，还包括职责范围内应当报告的其他事项。

第4章

规章类文书

　　规章类文书是企事业单位必备的一类文书，可以将相关法律法规具体化，以适应单位自身的情况，为相关工作提供参考标准。

　　规章类文书的数量多、适用范围广、使用频率高，是企业管理活动的重要根据。本章将介绍几种最常见的规章类文书的写作知识，主要包括章程、条例、办法、规定、细则、守则、制度等内容。

4.1 » 章程

章程是有条理有程式的规章，是各组织对其性质、宗旨、任务、规则、权利、义务、业务、规模、活动等所制定的准则和规范，是经特定程序制定的一种根本性的规章制度。

4.1.1 章程的特点

章程具有准则性、稳定性、约束性等特点。

◆ **准则性：** 章程是所有合法成立的组织必须制定的文件，用来约束全体成员，并作为组织一切活动的准则。

◆ **稳定性：** 章程是组织或团体的基本纲领和行动准则，是开展业务工作的基本办事准则，在一定时期内稳定地发挥作用，所以应当保持其相对稳定，不宜轻易变动。

◆ **约束性：** 章程作用于组织内部，依靠全体成员共同实施，不由国家强制力予以推行，但要求其下属组织及成员信守，有一定的规范作用和约束力。

4.1.2 章程的类型

按章程规范的对象不同，可将其分为企业章程、社会团体章程和规范章程等种类。

◆ **企业章程：** 用于规范合资企业的经济活动、管理活动。

◆ **社会团体章程：** 用于规定各社会团体的性质、宗旨、任务、组织原则、机构设置、任务职责、成员资格、权利、义务、纪律、经费来源与使用等。

◆ **规范章程：** 用于明确标准做法、具体原则要求，或确定某项工作或活动的宗旨、程序、安排、要求等。

4.1.3 章程的模板与格式

章程的内容由标题和正文组成，其中正文一般分为总则、分则和附则几个部分，这也是规章类文书的基本结构，其写作模板如图4-1所示。

1．标题

章程的标题通常由组织、活动、事项、单位或团体的全称加"章程"二字构成，如"××公司章程""××组织章程""××公司工作章程"等。有些章程的标题下面还可以注明此章程通过的时间和会议名称，并用括号括起来。

2．正文

章程正文中的几个组成部分的写法如下。

◆ **总则：** 是章程的纲领，对全文起统率作用。企业章程的总则要写明企业名称、宗旨、经济性质、隶属关系、业务范围等；社会团体章程的总则要阐明其名称、性质、宗旨、任务、指导思想和组织本身建设的要求等；规范章程的总则要说明组织名称、规范对象、宗旨、程序、安排、要求等。

◆ **分则：**企业章程的分则需写明资本、组织、人事管理、资产管理、利润分配等内容；社会团体章程的分则需写明组织人员、组织机构、组织经费、组织活动、其他事宜等内容；规范章程的分则需写明所规范对象的办理、运作程序等内容。

◆ **附则：**附则是章程的补充，主要说明解释权、修订权、实施要求、生效日期，本章程与其他法规、规章的关系及其他未尽事项等。企业章程、规范章程则一般可说明公布、施行与修改补充等问题；社会团体章程一般还需说明办事机构地址或对下属组织的要求等内容。

[组织名称]章程

第一章　总　则

第一条　××××，×××××××××××××，×××
×××××××××××，××××××××。

第二条　××××××，×××××××××××××，×
×××××××××××。

第三条

……

第二章　××××××

第××条

第××条

第××条

……

第××章　附　则

第××条

第××条

……

图 4-1　章程的模板示例

4.1.4　章程的范文与点评

【范文1——社会团体章程】

××市社会工作者协会组织章程

第一章　总　则

第一条　本协会的名称为××市社会工作者协会。英文名称：××Association of Social Workers（缩写为：××SW）。

第二条　本协会是由××市社会工作者和在××市从事社会工作或在社会工作行业、学科领域内具有一定影响力或代表性的单位自愿组成，按照章程开展活动，具有公益性、联合性、专业性、地方性、非营利性的社会团体。

本章程所称社会工作者，是指取得全国社会工作者职业水平证书的专业人士，或在社会工作行业、学科领域内具有一定影响或贡献的人士。

第三条　本协会的宗旨是遵守宪法、法律、法规和国家政策，遵守社会道德风尚，以谋求××市社会工作的交流、研究、发展与教育为己任，面向社会提供行业规范和专业服务，致力于提高社会工作者职业素养和专业服务水平，打造一支规模宏大、结构合理、素质优良的社会工作人才专业队伍。

第四条　本协会接受业务主管单位和社团登记管理机关××市民政局的业务指导和监督管理。

第五条　本协会住所地在××市××路××号（**总则依次说明了组织的名称、性质、组织成员、宗旨、受谁监督管理和地址等问题**）。

第二章　业务范围

第六条　本协会的业务范围：

（一）宣传国家有关社会工作的方针、政策和法律、法规，促进社会工作改革；宣传社会工作文化，推广社会工作理念，提升行业地位，推进××市社会工作全面发展。

（二）提供社会工作行业规范和专业服务，加强行业管理与自律，推动××市社会工作专业化、职业化、规范化进程。

（三）开展社会工作理论研究，承接社会工作相关课题研究，进行社会工作调研，促进社会工作的专业成长并指导××市社会工作实践。

（四）承担政府有关部门委托或交办的××市社会工作者教育培训、考核、激励等工作，做好社会工作者的教育和再教育工作，切实提高社会工作者的职业素养和专业服务水平。

（五）为社会工作行业交流与合作提供平台，引导社会工作行业健康、持续发展；积极组织与国内外社会工作组织及团体的学术交流、培训及项目合作。

（六）倡导和培育社会工作机构，促进民间社会工作公益组织的发展。

（七）承办市政府相关部门委托的其他事项。

第七条　本协会的活动原则：

（一）本协会按照核准的章程开展活动，不超越章程规定的业务范围。

（二）本协会开展活动时，诚实守信，公平公正，不弄虚作假，不损害国家、会员和个人的利益。

第三章　会　员（略）

第四章　组织机构和负责人产生、罢免（略）

第五章　资产管理、使用原则（略）

第六章　章程的修改程序（略）

第七章　终止程序及终止后的财产处理（略）

第八章　附　则

第七十条　本章程经××××年×月×日第一届会员代表大会表决通过。本章程规定如与国家法律、法规和政策不符，以国家法律、法规和政策为准。

第七十一条　本章程的解释权属本协会常务理事会。

第七十二条　本章程自社团登记管理机关核准之日起生效（说明了章程通过的时间、解释权和生效日期）。

点评：社会团体章程保证了组织的发展方向，并为组织的民主决策与自律提供了重要依据，对组织的健康发展具有非常重要的意义。上文结构完善、层次分明、逻辑清晰、内容完备，值得借鉴。

【范文2——规范章程】

××奖学金章程

第一章　总　则

第一条　××奖学金是由××省国际信托投资公司、××集团有限公司、××国际经济技术合作公司、××国际经济基础开发公司、××市投资公司等单位出资组建的奖学金。

第二条　奖学金的宗旨是，适应建立社会主义市场经济的历史要求，推动中华民族的全面振兴，创造高精尖科技人才脱颖而出的环境，促进科教兴国战略的加速实现。

第三条　奖学金面向××省高校，办事机构设在××大学（说明奖学金的来源、宗旨和使用范围）。

第二章　任　务

第四条　奖学金的任务是：

（一）按照科教兴国战略的要求，增加对××高校优异人才的教育投入，加快其成才步伐。奖学金重点奖励××省高校在校优秀研究生（含博士生），培养高精尖管理及科技人才。

（二）奖励的学科范围将由单学科到多学科，逐步推开。

（三）资助××省高校的中青年学者出版有价值的科研成果与学术论著。

（四）完成符合宗旨的其他任务。

第三章　管　理

第五条　××省人民政府有关领导、出资人、高校负责人及其他人士共同组成××奖学金管理委员会，负责对奖学金进行管理。

第六条　奖学金本金存入××省国际信托投资公司，其增值部分用于奖励及其他费用。

第七条　奖学金单设账号，单独核算，未经管委会同意，任何人不得动用。

第八条　管理委员会有关各方将以科教兴国的历史责任感，相互尊重，真诚相待，及时协商，同舟共济，全力把奖学金办好。

第九条　管委会设名誉会长1人，会长1人，副会长若干人，常务委员及委员各若干人，秘书长1人，副秘书长若干人。管委会将聘请有关学者、专家及社会知名人士担任顾问。

第十条　管委会每年至少召开一次，其职责为：

（一）决定奖学金发展方向和工作规划；

（二）增补更换副会长、常委、委员、顾问等人选；

（三）审核奖学金收支账目并确定有关人员报酬；

（略）

第四章　经　费（略）

第五章　评审与颁奖（略）

第六章　附　则（略）

第十七条　本章程解释权归××奖学金管理委员会（对于附则内容较少的情况，可以将其内容直接划归到其他章节，也可以按此处的方法处理）。

点评： 上述规范章程主要是针对奖学金的任务、管理、经费、评审等问题进行了规定。对于这类非营利组织，需要重点说明包括经费的来源、管理、分配等问题，这对于所有非营利组织的章程而言，都是必不可少的内容。

扫一扫

章程的模板及范文

4.2 » 条例

从概念上来看，对某一方面的工作做出比较全面、系统的规定，就称之为条例。条例的规范对象较为重大，涉及面较广，内容较为全面系统。条例的发文单位主要是行政机关，企事业单位使用得相对较少，而且用法更为灵活。

4.2.1　条例的特点

条例具有以下显著特点。

◆ **法规性强：** 条例是典型的行政法规文种，其法规性很强。条例也是法律条款具体化的常用形式，作用往往是将法律法规的内容加以具体化。

◆ **时效较长：** 条例一经发布实施，在一个相当长的时限内，对其所涉及的对象行为会一直起到约束作用。

◆ **制发严格：** 条例用于制定较为长期、全面的规范，因而条例主要用于制定较为重要的规章制度。

4.2.2　条例的模板与格式

条例的内容包括标题和正文，对于企事业单位而言，正文写法较为灵活，可以采取"总则—分则—附则"的结构，也可以直接按条款编排，其写作模板如图4-2所示。

1．标题

条例标题大致有两种写法。一是由"发文单位+事项+文种"构成，如"××企业档案管理条例""××公司审计条例"等。另外，条例标题的结构可以直接由"事项+文种"构成，如"矿山安全监督条例""借款合同条例"等，这是更为普遍的一种标题写法。

> 👤 **专家点拨**
>
> 有些条例的标题下方会用括号注明条例通过的时间、公布的日期、制发机关和施行的日期等内容。

2．正文

条例的正文可以分为因由、规范和说明3部分。

[发文单位+事项]条例

第一章　总　则

第一条　××××，××××××××××××，×××
×××××××××××，×××××××。

第二条　××××××，××××××××××××，×
×××××××××××。

……

第二章　××××××

第××条

第××条

……

第××章　附　则

第××条

……

图 4-2　条例的模板示例

◆ **因由：** 条例的因由一般在第一章总则的第一条中写明制定目的、依据。有些条例不写因由，如制定管理规则和职责权限的条例，一般写明制定目的即可。也有些条例在第一条直接写出适用范围。

◆ **规范：** 规范是条例的主体部分，一般采用章条式的形式写作，内容一般需要对原件条款、适用范围等加以具体化，如《借款合同条例》，需分别对该条例的适用范围，合同订立和履行、变更和解除，违约责任和违法处理等做具体规定。

◆ **说明：** 说明是对施行该条例或有关事项的附带说明，内容可以包括适用范围、词义解释、制定权、解释权、监督执行权、施行日期、废止有关文件等，一般在附则中列出。

4.2.3　条例的范文与点评

企业民主管理条例

第一章　总　则

第一条　为保障企业职工行使民主管理的权利，促进企业健康发展，根据宪法和有关法律、法规的规定，结合本省实际，制定本条例。

第二条　本条例适用于本省行政区域内的企业。

第三条　企业应当建立民主管理制度。企业民主管理的基本形式是职工代表大会或者职工大会。企业民主管理的形式还包括企务公开、设立职工董事和职工监事等。

第四条　县级以上人民政府及其有关部门负责对企业民主管理工作实施监督。

地方总工会、产业工会负责对本地区、本系统的企业民主管理工作进行指导、检查。

企业工会依法通过职工（代表）大会或者其他形式，组织职工参与本企业的民主决策、民主管理和民主监督。

第五条　企业应当保障职工民主管理活动的开展，办理职工（代表）大会依照法律、法规规定审议、通过、决定的事项。

第六条　企业职工参与本企业的民主管理活动，应当依照法律、法规的规定进行，遵守企业规章制度，支持股东会、董事会、监事会和经理（厂长）依法行使职权。

第二章　职工（代表）大会

第一节　职权

第七条　国有企业和国有控股企业职工（代表）大会行使下列职权：

（一）听取和审议企业法定代表人关于企业的经营方针、长远规划和年度计划，基本建设方案，重大技术改造方案，年度财务预算和决算，职工培训计划，企业改制、改组和破产等生产经营和管理情况的报告，提出意见和建议；

（二）审查同意或者否决集体合同草案，职工工资调整、奖金分配、企业改制、改组和破产时职工的安置等方案，以及劳动安全卫生和女职工特殊保护措施、职工奖惩办法等重要规章制度；

（三）监督集体合同的履行以及养老、失业、医疗、工伤、生育等社会保险费用的缴纳和工会经费的拨缴；

（四）审议并决定职工福利基金使用方案、职工住房出售方案等有关职工生活福利的重大事项；

（五）评议、监督企业各级行政领导人员，并提出奖惩和任免建议；

（六）选举、变更职工董事、职工监事、职工协商代表，听取其工作汇报，并对其履行职责的情况进行监督；

（七）法律、法规规定的其他职权。

第八条　集体所有制企业职工（代表）大会行使下列职权：

（一）制定、修改企业章程和其他重要规章制度；

（二）选举、罢免、聘用、解聘经理（厂长）、副经理（副厂长）；

（三）审议经理（厂长）提交的各项议案，决定企业经营管理的重大问题；

（四）审议通过企业集体合同草案，改制、裁员、破产方案以及劳动安全卫生和女职工特殊保护措施；

（五）审议并决定企业工资分配和调整方案、奖金和分红方案、职工住房出售方案等有关职工生活福利的重大事项；

（六）监督养老、失业、医疗、工伤、生育等社会保险费用的缴纳和工会经费的拨缴；

（七）选举、变更职工协商代表，听取其工作汇报，并对其履行职责的情况进行监督；

（八）法律、法规规定的其他职权。（略）

第三章　企务公开（略）

第四章　职工董事、职工监事（略）

第五章　法律责任（略）

第六章　附则

第四十六条　股份合作制企业参照本条例有关集体所有制企业的规定开展民主管理活动。

第四十七条　实行企业化管理的事业单位的民主管理活动，参照本条例的规定执行。

点评： 这条属于管理方面的条例，整个写作结构非常具有代表性，其写作思路是值得借鉴的。全文按"总则—分则—附则"的结构划分，且考虑到内容较多，还使用了"第×节"来进一步划分内容，系统且全面地对企业如何进行民主管理做出了规定。第一章为总则，说明制定本条例的依据、目的、适用范围、管理机制等内容。第二章至第五章分别规定了职工大会、企务公开、职工董事、职工监事和法律责任等内容。最后一章是附则，补充说明了其他企业是否按本条例执行。如果是公司制定的条例，那么涉及的对象一般会更加具体，且篇幅内容更少，此时往往不会划分结构，而是直接逐条编排条例规定的内容。

扫一扫

条例的模板及范文

> **扩展阅读**
>
> **条例写作建议**
>
> 写好条例要注意使用恰当、条款周密、体式规范、切实可行这 4 点。所谓使用恰当，是指条例有严格的使用限制，往往是规范较重大事项时才能使用。
>
> 扫一扫
>
> 条例写作建议

4.3 » 办法

办法是有关单位或部门根据相关方针、政策和法规，就某一方面的工作或问题提出具体做法和要求的文件。与条例相比，办法的级别更低，范围更窄，内容更具体。

4.3.1　办法的特点

办法主要具有以下几种特点。

◆ **管理性：** 办法是对某方面的工作提出管理法则，侧重对有关事项、问题的落实和执行制定标准、做法。

◆ **具体性：** 办法因其内容要求的具体化，写法上也要求侧重于对某项工作的做法、措施、步骤、程序、标准一一做出说明，要求条文清晰，表述明确具体。

◆ **实践性和试行性：** 办法的涉及面比条例和规定更窄，同时不少办法属于实践探索阶段的产物，成熟程度也比其他法规性文书更低，其现实效用多在于指导实践、规范某项工作。

4.3.2 **办法的类型**

办法可根据内容的不同分为实施办法和管理办法两大类型。

◆ **实施办法：** 以实施对象为成文的主要依据，具有附属性，是对原件的一种具体化，或对原件整体上的实施提出措施，或对某些条文提出施行意见，或根据法规精神再结合本单位实际提出实施措施。

◆ **管理办法：** 是各单位在实际管理工作中尚无条文可依的情况下制定的，这类办法没有附属性。

4.3.3 **办法的模板与格式**

办法主要由标题和正文组成，正文第一条的内容一般是"为……，特制定本办法"，其写作模板如图4-3所示。

[发文单位+事项]办法

第一章　总　则

第一条　为××××，×××××××××××，×××××××××××××，特制定本办法。

第二条　××××××，×××××××××××，××××××××××××。

……

第二章　××××××

第××条

第××条

……

第××章　附　则

第××条

第××条

……

图 4-3　办法的模板示例

1．标题

办法的标题可以由"发文单位+事项+文种"构成，如"××集团科学技术进步奖励实施办法"，也可以直接由"事项+文种"构成，如"加班管理办法"。

2．正文

办法的正文一般由依据、规定、说明3部分组成，可分章、分条叙述。办法中的各条规定，是办法的主体部分，要将具体内容和措施依次逐条写清楚。办法的结尾，一般交代生效日期或实施日期。

4.3.4 办法的范文与点评

【范文1——实施办法】

"三重一大"决策制度实施办法

为深入贯彻落实中共中央办公厅、国务院办公厅《关于进一步推进国有企业贯彻落实"三重一大"决策制度的意见》和集团公司《"三重一大"决策制度实施办法》（说明依据），规范我公司领导班子和领导干部决策行为，提高决策水平，防范决策风险，推进反腐倡廉建设，保障企业科学发展（说明目的），根据集团公司要求，结合我公司实际，特制定本实施办法。

一、基本原则

（一）民主集中制原则。凡涉及企业重大事项决策、重要人事任免、重大项目安排和大额度资金运作的事项，都必须按照集体领导、民主集中、个别酝酿、会议决定的原则，经过集体讨论决定。领导班子成员要正确处理好民主与集中的关系，带头执行民主集中制，坚持集中指导下的民主与民主基础上的集中相结合，按照集体领导的要求进行决策，保证权力正确行使。

（二）科学高效原则。凡属"三重一大"决策事项，在集体决策之前必须经过民主程序，加强调查研究，广泛听取意见，充分进行论证，实行科学决策，并提高决策效率。坚持科学决策，以科学发展观为指导，解放思想，实事求是，重点强化决策的调研、论证、程序、执行、监督等关键环节，有效防范决策风险，增强决策科学性，避免决策失误。

（三）依法依纪原则。在"三重一大"事项决策时，必须遵循党和国家的法律法规、方针政策以及有关规定，并按照职责和权限进行决策。坚持依法决策，遵循国家法律法规、党内规章制度及集团公司相关规定，保证各项决策合法合规。

（四）接受监督原则。坚持集体领导和个人分工负责相结合，"三重一大"事项在集体决策之后，各分管负责人应认真履行分管职责，积极落实集体决策的各有关事项，并自觉接受上级组织和干部职工的监督。

（五）责任追究原则。坚持谁决策、谁负责，责任与过错相适应，实行责任追究，确保权力正确行使、决策正确贯彻执行，防止权力失控、决策失误、行为失范。

二、事项范围（全面解释"三重一大"事项的决策）

（一）"重大事项决策"事项（略）

（二）"重要人事任免"事项（略）

（三）"重要项目安排"事项（略）

（四）"大额度资金使用"事项（略）

三、方式程序

（一）决策方式（略）

（二）决策程序（略）

四、决策规则（略）

五、监督检查（略）

六、责任追究（略）

七、附则

本实施办法由××分公司负责解释，经集团公司批准后实施（说明办法的解释权和实施日期）。

点评： 这篇办法并没有采取"总则—分则—附则"的结构进行写作，开篇直接说明制定本办法的依据和目的，接着才对内容进行划分，详细说明了"三重一大"决策制度的基本原则、事项范围、方式程序、决策规划、监督检查、责任追究等问题，并在最后通过附则说明了办法的解释权和实施日期。这种结构省略了章节名，直接按条划分，一般适用于写作内容不多的办法。

【范文2——管理办法】

<h3 style="text-align:center">××集团公司科研开发管理办法</h3>

第一章 总 则

第一条 为认真贯彻全国科技大会精神，落实科技发展的"自主创新、重点跨越、支撑发展、引领未来"的十六字方针，充分调动××集团公司（以下简称集团公司）科研人员的积极性、主动性、创造性，增强自主创新能力，加快科技成果的开发利用，培植发展后劲，提高公司核心竞争力（说明办法的制定目的），根据国家有关法律法规，结合集团公司实际，特制定本办法。

第二条 集团公司科研开发坚持树立科技是第一生产力和人才资源是第一资源的观念；坚持以自主创新和多种形式合作研究相结合的方针；遵循从实际出发、量力而行，勤俭、开放、创造性办科研的原则；积极争取国家和省级政策、资金扶持（说明集团公司科研开发的原则）。

第三条 本办法的科研是指集团公司从事自主选育、引进新品种，自主研究与引进农业高新技术，与外单位或个人合作选育、引进新品种、开发引进农业高新技术，利用集团公司资源自主或合作进行一切发明创造的活动。科研成果是指从事上述活动所取得的科研成果（包括申请的专利、新技术、新工艺、新材料）。科研成果开发是指将上述科研成果转变为生产力并获得利润的过程（对"科研"和"科研成果"进行解释）。

第二章 科研管理

第四条 集团公司对科研活动、成果开发、科研人员实行统一管理，一切科研活动都应在集团公司鼓励和统一领导下进行。集团公司科研工作及科研成果开发实行法定代表人负责制，科研项目实行首席专家负责制，科研人员实行岗位合同聘用制。党政办、科研部负责科研人员的考察、推荐、聘用，计财部做好科研人员业绩考核和奖惩兑现。

第五条 科技研究发展部（以下简称研发部）是集团公司从事科研及成果开发管理工作的职能部门，集团公司年度科研工作计划和中长期科研开发规划由研发部提出，集团公司总经理办公会研究通过后实施。集团公司各部门要按照各自的职责积极做好与科研活动、成果开发等工作的相关服务协调工作。

第六条 科研计划通过以后，由研发部负责组织实施。研发部要按作物成立课题组，推荐首席专家。根据科研计划，集团公司每年拨出一定资金用于科研。原则上每年应提供集团公司年纯利润的5%～10%的资金作为研发经费。

第七条　研发部从正式成立之日起，五年内属科研扶持型综合部门，实行经费扶持政策（包括科研基地建设、仪器设备购置、租地费用、育种费用、发明创造费用等），并承担员工工资福利待遇等。五年期满后（或早出成果且年产纯利达200万元时），转为科研开发型经营部门，实行独立核算，其年终分配方案按经营部门相同方案执行。

研发部全体员工岗位工资、考核工资、奖金与研发部效益和个人业绩挂钩。（略）

第三章　成果权属及开发（略）

第四章　科技奖励（略）

第五章　附　则

第二十五条　本办法由集团公司总经理办公会负责解释，如与集团公司已出台的有关规章制度条款相冲突，以本办法为准（**说明办法的解释权和冲突的解决方法**）。

第二十六条　本办法经集团公司总经理办公会讨论研究并提交职代会审议通过后生效（**说明生效日期**）。

扫一扫

办法的模板及范文

点评： 上述管理办法在结构上采取了典型"总则—分则—附则"方式，内容上提到了办法制定的依据、目的、名词解释、科研管理、成果权属及开发、科技奖励、解释权、生效期等方面，基本满足全面和系统的要求。

4.4 » 规定

规定是规章类文书中使用范围最广、使用频率最高的文种之一，指的是单位或部门对有关事项做出某种限定的公文。具体来看，规定的含义有三层意思：一是主要用于制定单位有关方面管理工作的规章；二是在内容构成上，规定一般用于对某项工作做出部分限定，往往涉及一些政策性、界限性的内容；三是在文种类属上，规定是常见的一种行政法规性公文，是对法规等文件的重要补充。

4.4.1 规定的特点

规定主要具有以下几种特点。

◆ **使用范围广泛：** 规定是使用范围非常广泛的文种之一，可以用于限定阶段性的工作，可以对重大事项做出规定，也可以限定一般性内容，或者就某些事项做出全面的规定，对某些事项的某一点做出规定，甚至仅针对某些条文做出解释和补充。

◆ **制发灵活方便：** 规定的制发可用文件形式直接发布，也可以像其他法规性公文作为附件，用发文通知发布。另外，规定的使用非常多样化，因而制发受限制较少，如规范对象可大可小、时效和篇幅可长可短、使用者层级可高可低等。

◆ **具备限定特性：** 规定的制约和依据作用，主要表现在用于限定行为规范，制定办事准则及规范界限，对活动开展、事项管理、问题处置做出规定，因而其限定性比较强。在规章类文书中，它属于限制性法规文件，通俗来讲，规定多为解决"应该如何"和"不应该如何"的界限问题，特别是一些禁止性、限制性"规定"，其限定性特点更加突出。

4.4.2 规定的类型

规定按行文目的及内容的不同，可划分为以下几种类型。

◆ **政策性规定：** 用于规定一些政策规范，依照有关法律法规，制定有关的准则和政策，将这些准则和政策作为开展某项活动、某项工作的主要办事依据，其依据性与政策性较强。

◆ **管理性规定：** 用于制定某方面工作的管理规则，在一定范围内提出管理要求、禁止事项，以达到加强某些工作管理、规范活动和行为及限制某些不规范、不合理、不正常行为的目的。

◆ **实施性规定：** 作为实施法规而使用，一般与实施原件配套使用，其功能和实施办法、实施细则相同。

◆ **补充性规定：** 对内容不够具体，贯彻执行有一定困难，有时在贯彻执行过程中会出现一些问题或新的情况的法规性文件，用这类规定做补充，以便对那些法规性文件加以控制。

4.4.3 规定的模板与格式

规定的内容由标题和正文组成，其写作模板如图4-4所示。

[发文单位+事项]规定

第一章　总　则

第一条　×××××，××××××××××××，××
×××××××××××，××××。

第二条　×××××××，××××××××××××，×
×××××××××××。

……

第二章　××××××

第××条

第××条

……

第××章　附　则

第××条

第××条

……

图 4-4　规定的模板示例

1．标题

规定的标题可以由"发文单位+事项+文种"构成，如"××公司环境卫生管理规定"，也可以直接由"事项+文种"构成，如"文化管理规定"。

2．正文

规定的正文表述形式一般采用条款式或章条式的形式，通常可划分为总则、分则和附则3大部分。总则交代制定规定的缘由、依据、指导思想、适用原则和范围等；分则即规范项目，包括规定的实质性内容和要求具体执行的依据；附则说明的是有关执行要求等。有的规定由于内容较少，可以不用划分结构，直接逐条编排即可。

4.4.4 规定的范文与点评

【范文1——政策性规定】

××企业基本组织规定

第一章　总　则（**全文按"总则—分则"的结构编排**）

第一条　本规定的目的是，通过明确规定公司组织机构、业务分担以及职务权限与责任谋求企业组织的规范化和高效率办公。

第二条　公司的业务全部按照下列原则执行。

一、批示与命令全部按照指挥系统，自上而下，逐级下达。

二、各部门在明确界定的业务范围内，严格执行上级下达的指示与命令，顺利地完成各项业务。

三、涉及跨部门的业务，相关部门必须积极主动联系，有效地协调解决；不允许任何妨碍业务工作顺利完成的言行。

四、执行情况与结果，必须及时、准确和全面地逐级上报。

第三条　权限行使必须按下列原则进行。

一、权限的行使者。

权限，原则上由直线指挥系统的各级管理者行使，但是在必要的情况下，可以把一部分权限委让给非直线管理者来行使，但必须规定代行或委让截止日期。

二、权限行使的基准。

权限行使者只能在权限行使规定范围内行使权限。

三、权限的委让与代行。

在权限行使者不能行使权限的情况下，原则上其权限由直线管理的上级代行，一旦权限委让给他人，或由他人代行，该管理者不得行使权限。

四、对权限行使的干涉。

直线管理的上级对下级行使权限，不得干涉；下级不得妨碍上级指挥、监督和控制。

五、直线管理者之间的协商。

在直线管理者之间发生分歧、出现意见和纠纷时，按下列程序解决。

（1）通过共同的上一级主管解决。

（2）通过各自的上一级主管协商解决。

（3）提交部门经理会议协商解决。

第二章 组 织

第四条 整个集团公司包括总公司与各个分、子公司。

第五条 集团总公司组织机构。（略）

第三章 基本职务（略）

第四章 分、子公司（略）

第十四条～第十七条 （略）

第十八条 本规定自××××年×月×日起实施（**实施日期未单独划分为附则部分**）。

点评： 政策性规定着重于划分界限、明确范围、提出要求和惩处情况，解决"应当怎样"和"不应怎样"的问题。上述范文是关于企业组织的政策性规定，通过总则和若干分则的内容，详细解释了规定的各个条款。写法上省略了附则部分，直接将实施日期划归为分则。如果与附则相关的内容较少，则可以按此方法进行处理。

【范文2——管理性规定】

企业文化管理规定

一、总则（**按"总则—分则—附则"结构，但未采用章条式的写法**）：

1．为加强××股份有限公司(以下简称"管业公司"或"公司")的企业文化建设，塑造推动公司发展的企业文化，鼓舞和激励公司员工，特制定本办法。

2．本办法对公司企业文化发展的内容与实施做出规定，是公司开展企业文化工作的依据。

3．本办法一经制定，管业公司和各控股子公司必须遵照执行，管业公司与各子公司依照本办法享有相应的权利，同时也必须履行相应的义务。分公司若未特别提及，等同于子公司运用本办法。

二、企业文化管理机构：

1．董事会是公司企业文化管理的最高决策机构，其职责包括：

（1）审议确定公司企业文化核心内容；

（2）审批公司各项企业文化管理制度；

（3）审批公司企业文化发展规划；

（4）审批公司企业文化年度工作计划；

（5）对相关企业文化的各项重大事项进行决定。

2．人力资源部是公司企业文化管理的执行机构，在公司总经理领导下开展工作，其职责包括：

（1）研究和拟定公司企业文化核心内容；

（2）拟定公司各项企业文化管理制度；

（3）拟定公司企业文化发展规划；

（4）制订公司企业文化年度工作计划；

（5）制定公司对内对外宣传规范，并监督执行；

（6）组织进行对公司企业文化重要议题的相关研究；

（7）开展公司对内对外企业文化宣传，组织公司企业文化活动；

（8）审核子公司对外宣传内容，支持子公司开展企业文化活动。

三、企业文化理念管理：

1．公司文化理念是指公司的企业愿景、企业使命、核心价值观、经营哲学、管理思想等企业文化核心内容。

2．人力资源部是公司企业文化理念管理的执行机构，人力资源部应充分调研国内外先进企业文化，总结公司的经验和特点，研究拟定符合公司发展战略的企业文化核心理念。

3．人力资源部在开展企业文化工作中，应深入实际调研分析，了解员工的思想动态，分析公司所处产业的特点，广泛听取子公司的意见和建议，提炼公司企业文化的核心思想，使公司的企业文化理念能够切合企业实际，对公司的发展起到重要的推动作用。

4．子公司应为公司人力资源部的工作提供充分支持和密切配合，积极提供建议和意见。

5．董事会负责对公司企业文化理念进行审议和确定，审议确定的公司企业文化理念将作为公司企业文化工作开展的依据。

四、企业文化制度管理：（略）

五、企业文化器物管理：（略）

六、企业文化实施管理：（略）

七、附则（**说明办法的制定、修改和解释权，以及生效时间**）：

1．本办法由人力资源部负责制定、修改并解释。

2．本办法经公司总经理办公会审议通过后生效实施。

××股份有限公司

××××年×月×日

点评： 管理性规定侧重于规定管理原则、管理职责、质量标准、措施、办法、管理范围及要求。这篇管理规定的对象是企业文化，因此着重从企业文化管理机构、理念管理、制度管理、器物管理、实施管理等方面进行了规定。结构上虽然是常见的"总则—分则—附则"关系，但写法上却摒弃了章条式写法，直接按条纹式处理，并在最后添加了落款中的两个要素。这种处理方法虽不常见，但对于企业而言也未尝不可，在确保规定内容的前提下，可以结合企业自身情况灵活处理。

扫一扫

规定的模板及范文

4.5 » 细则

细则常常用来对有关法规规章加以具体化，目的是将原条文进行必要的解释、补充，最终完善原条文，使原条文发挥具体入微的工作效应。细则的依附性强，不能离开实施对象而发挥作用，企业使用得并不多。

4.5.1 细则的特点

细则具有细致性、实用性、依附性、补充性等作用。

◆ **细致性：** 细则的条文表述往往比较详尽、细致，凡是实施过程中可能出现的疑难、争议或特殊情形都应加以说明，以方便实施。

◆**实用性：** 细则是对实施法规或管理工作的具体解释和补充，对部门工作有很强的指导性和应用价值。

◆**依附性：** 细则依原件的规范框架而定，一般不能另加过多的内容，只围绕实施对象进行解释和说明。即使是工作细则，也要对照、依附有关文件而制定，不能另立炉灶，重构框架。

◆**补充性：** 细则是主体法规、规章的从属性文件，制定细则的目的是为了补充法律、法规、规章条文原则性强而操作性弱的缺陷，以利于执行和实施。

4.5.2 细则的类型

细则有实施细则和管理细则之分。

◆**实施细则：** 对有关规定做出全面的实施性说明或提出实施性意见。

◆**管理细则：** 将管理方面的规章做进一步细化和明确，便于执行。

✍ 写作技巧

细则要做到切实可行，除了要科学地预见实施中可能出现的各种情况外，还要在具体写作时力戒形式主义，避免空泛的一般性说明，要侧重于对原件的具体规范加以诠释说明，做出必不可少的补充，使之具有较强的可操作性。

4.5.3 细则的模板与格式

细则的内容由标题和正文组成，其写作模板如图4-5所示。

[发文单位+事项]细则

第一章 总 则

　　第一条　××××，××××××××××××，×××××××××××××，×××××。

　　第二条　××××，×××××××××××，×××××××××××。

　　……

第二章 ××××××

　　第××条

　　第××条

　　……

第××章 附 则

　　第××条

　　第××条

　　……

图 4-5　细则的模板示例

1．标题

细则的标题可以由"发文单位+事项+文种"构成，如"××集团科技管理细则"，也可以直接由"事项+文种"构成，如"测量实施细则"。通过重要会议发布的细则，往往还需要在标题下标注细则通过的日期和会议，并用括号括起来。

2．正文

细则的正文通常按章条式的形式写作，由总则、分则和附则3部分组成，其中，总则说明制作本细则的目的、根据、适用范围、执行原则；分则根据法律、法规、规章的有关条款制订出具体的执行标准、实施措施、执行程序和奖惩措施；附则说明解释权和施行时间等补充信息。篇幅较少的细则可按条文式的形式逐条罗列细则条款。

4.5.4 细则的范文与点评

【范文1——实施细则】

职工大会实施细则

（××××年×月×日第×次职工大会审议通过）

第一章 总 则

第一条 为了加强企业的民主管理，依法维护职工合法权益，根据《中华人民共和国工会法》《××省职工代表大会条例》和《关于在非公有制企业建立职工(代表)大会制度的意见（试行）》等法律法规，结合企业实际制定本实施细则（**利用"为了……，制定本实施细则"的固定格式说明细则制定的目的和依据**）。

第二条 职工大会是企业实行民主管理的基本形式，是发挥职工的劳动积极性和创造性的重要形式。企业工会是职工大会的工作机构，负责职工大会的日常工作，检查、督促职工大会决议的执行。

第三条 职工大会贯彻执行党和国家的方针、政策，正确处理国家、企业和职工三者之间的利益，在法律允许范围内行使自己的职权。

第四条 支持企业依法行使行政指挥的权利，教育和组织职工努力完成各项工作任务并提高企业的社会效益和经济效益，使企业不断发展壮大。

第五条 企业职工大会实行民主集中制。

第二章 职 权

第六条 职工大会各项活动及其做出的决定必须符合国家的法律法规和政策规定。具体行使下列职权：

（一）知情建议权。（略）

（二）平等协商权。（略）

（三）选举罢免权。（略）

（四）法律授予权。（略）

第七条　职工大会工作机构职权（略）

第三章　职工代表

第八条　本企业职工代表人数为51人。其中一线职工和工会委员的职工代表不少于50%，科技人员和管理人员不超过25%。

第九条　职工代表条件（略）

第十条　本企业职工大会每三年为一届。职工代表任期一届，届满后需重新选举，可连选连任。届期内，因各种原因造成职工代表有缺额的，由企业工会及时按规定补选。

第十一条　职工代表权利（略）

第十二条　职工代表义务（略）

第四章　组织制度（略）

第五章　职工大会工作小组（略）

第六章　工作机构（略）

第七章　附　则（**说明细则的解释权、修改权和实施日期**）

第十七条　本细则由企业工会负责解释，本细则修改权属于企业职工大会。

第十八条　本细则自职工大会通过之日施行。

工会委员会

××××年×月×日

点评： 这是非常典型的实施细则，标题下方说明细则通过的日期和会议。然后通过"总则—分则—附则"的常规结构，完整且系统地说明了职工大会的实施内容。

【范文2——管理细则】

先进评选细则

为增强团队的凝聚力，加强员工集体荣誉感，同时塑造一个良好的企业形象，公司将于××××年开展优秀员工、优秀管理者、先进集体的评选活动，通过实施有效的激励，为员工提供融洽和谐的氛围，以人为本的体制、自我实现价值的舞台，充分调动全体员工的工作积极性和主观能动性，增强员工向上管理及自我鼓励意识，号召公司所有部门要以身边的先锋模范为榜样，认真执行公司的各项规章制度和操作流程，以带动人员的综合素质及精神面貌的提升（**充分说明细则的制定目的**）。现特制定以下细则：

一、优秀员工、优秀管理者要求：

1. 纪律：遵纪守法，严格遵守公司各项规章制度和电站的管理制度，无违章、违纪处理记录；

2. 安全：无工伤、治安、消防或安全记录；

3. 出勤：工作满一年(从每年1月1日至12月31日止)，总请假天数(包括各类假期)累计不超过18天(不包括公司安排的休假)、无旷工记录；

4. 工作表现优秀，即工作表现在本竞争单元平均水平以上。

二、标兵、管理明星要求：

1．满足优秀员工、优秀管理者的全部要求；

2．全年无因本人工作失误或失职而给公司造成经济损失；

3．完成本职工作，成绩明显，获口头或书面表扬；热心帮助同事，且有敬业精神和奉献精神；在工作中以身作则，起到模范带头作用；

4．熟悉与本职工作相关的专业技术知识，关心公司发展，提出过合理化建议，并被采纳；

5．团队意识强，积极培养接班人才。

三、功勋员工要求：

满足标兵、管理明星的全部要求，并且在节能降耗、工艺改善或企业管理、公司荣誉等方面为公司带来明显收益的。

四、先进集体要求：（略）

五、评选程序：（略）

六、表彰：

由行政部核稿发红头文件，召开总表彰大会进行表彰。

附：优秀员工评选条件、优秀班组评选条件、优秀电站评选条件（**将评选条件独立出来以便员工更好地了解和对比**）

一、优秀员工评选条件（略）

二、优秀班组评选条件（略）

三、优秀电站评选条件（略）

此细则于××××年×月×日经全体人员通过，××××年×月×日起正式实施（**说明细则的通过日期和实施日期，并以此收尾，自然流畅**）。

点评：管理细则相较于实施细则而言，内容更加具体，篇幅更加精简，因此结构上也更为灵活。如上述范文便是采用条文式的写法对先进评选的规则进行了详细说明。其特别之处在于一首一尾，文首充分说明了制定此细则的原因和目的，独立成段，文末通过附加信息的方式提供了各类评选条件，便于员工对比了解。结尾说明了细则已经通过，并于指定日期正式实施。这种写法并不是传统的写法，但这样的处理，不仅把评选规定介绍得清清楚楚，而且让评选条件的内容也更容易了解和消化。

扫一扫

细则的模板及范文

4.6 » 守则

守则是企事业单位向所属成员发布的一种要求自觉遵守的约束性公文，是所有成员在自觉自愿的基础上，经过充分的讨论，达成一致意见后制定的行为准则。

4.6.1 守则的特点

守则具有原则性、约束性和完整性等特点。

◆**原则性：** 守则往往是在指导思想、道德规范、工作和学习态度等方面提出的原则要求，对具体事项、方法和措施并没有过多涉及。

◆**约束性：** 守则不具有法律效力，也没有明显的强制性，是用来规范人的道德、约束人的行为的文件，对相关人员的教育作用和约束作用较为明显。

◆**完整性：** 守则的内容涉及应该遵循的所有基本原则和规范，条目清晰，逻辑严谨，系统而完整。

4.6.2　守则的模板与格式

守则的内容由标题和正文组成，其写作模板如图4-6所示。

[事项]守则

第一章　总　则

第一条　×××××，××××××××××××，×××××××××××××××，××××××。

第二条　××××××，×××××××××××××，×××××××××××××。

……

第二章　××××××

第××条

第××条

……

第××章　附　则

第××条

第××条

……

图 4-6　守则的模板示例

1．标题

守则的标题一般都是由"事项+文种"构成，如"安全守则""办公室守则"等，很少会出现发文单位。

2．正文

守则的正文写法有两种格式，一是由总则、分则和附则3部分组成的标准规章类文书结构，二是直接采用条款式写法编排，这是由守则内容简短、精练、易记的特性决定的，这种更为常用。

4.6.3 守则的范文与点评

【范文1——行为守则】

××股份有限公司员工行为守则

第一章 总 则

第一条 为规范员工行为，提升员工职业素质，践行诚信、人本、稳健、创新、卓越的企业文化和价值观，特制定本守则。

第二条 本守则是××股份有限公司（以下简称公司）员工必须遵守的行为准则，是规范员工言行的依据，是评价员工行为的标准。

第三条 本守则适用于公司全体从业人员（**说明制定守则的目的、守则的作用和适用范围**）。

第二章 职业道德

第四条 牢记使命，忠于公司（**每一条的内容都进行了简化，便于员工记忆，然后对该内容进行适当阐述，这是非常适合守则的一种写法**）

以公司发展为己任，信守公司宗旨和理念，认同公司企业文化，严格执行公司规章制度，切实维护公司利益和形象，为客户提供卓越的金融服务。

第五条 履行责任，回报社会

认真履行社会责任，遵守社会公德，关注民生，热心公益，保护环境，共创和谐，争做优秀公民。

第六条 胸怀整体，顾全大局

坚持将公司改革发展大局放在首位，将个人发展融入公司事业，实现个人与公司的和谐共赢。

坚持统一法人制度，严格按照授权范围、规章制度和业务流程开展工作，杜绝违规越权行为，提高执行力。

第七条 爱岗敬业，恪尽职守

热爱本职工作，履行岗位职责。

保持积极主动的工作态度、饱满充沛的工作热情、审慎严谨的工作作风。

树立专业精神，勤于学习，善于钻研，勇于创新。

第八条 品行端正，诚实守信

以正直为立身根本，实事求是，光明磊落。

视诚信为立业基石，言行一致，信守承诺。

第九条 服务为本，客户至上

以客户为公司生存发展的基础，尊重客户，竭诚服务，努力为客户创造价值。

第十条 稳健合规，防范风险

强化风险意识，坚持合规经营。

熟知岗位工作的风险点，掌握必要的风险识别和防范技能。

第三章　职业素养（略）

第四章　职业纪律（略）

第五章　职业安全（略）

第六章　附　则

第三十条　员工如对本守则存在疑问或持异议，可向本单位人力资源部门咨询。

第三十一条　本守则自××××年×月×日起施行。《××员工行为守则》（××发〔××××〕××号）同时废止（说明守则问题的解答渠道和施行情况）。

点评： 守则属于约束性公文，员工行为守则同样如此，只能起到约束作用，而无法强制执行。本守则是一家大企业的员工行为守则，内容较为全面，因此采用的是"总则—分则—附则"这种典型结构，全文通过对职业道德、职业素养、职业纪律、职业安全等方面的解释，让员工能够理解和接受这些约束条款，在没有强制要求的情况下，也能起到很好的规范作用。

【范文2——工作守则】

出纳工作守则

1．严格遵守公司财务管理制度的规定（开门见山，直接罗列守则内容）。

2．库存现金不得超过2000元限额，超过部分要及时存入银行。对于收取的现金要及时送存银行，不准坐支。严禁"白条"抵充、任意挪用库存现金。

3．审核报销单据、发票等原始凭证，按照费用报销的有关规定，办理现金收付业务，做到合法准确、手续完备、单证齐全。不符合规定的有权拒付。

4．对银行支付业务进行复核，手续齐全符合规定，方可办理款项支付。

5．严禁签发空白支票、空头支票，对签发的支票必须填写用途、金额及收款人。

6．空白支票必须严格管理，专设登记簿登记，认真办理领用注销手续。

7．严格执行采购领用支票的手续，控制使用限额和报销期限。

8．对于现金，如有短缺应负赔偿责任，如有长款应及时查找原因，并做相应的账务处理。

9．对所管的印章必须妥善保管，严格按照规定用途使用。

10．配合有关人员及时开展对应收款的清算工作。

11．登记现金和银行日记账，做到日清月结，保证账证相符、账款相符、账账相符。

12．按期与银行对账，按要求编制银行存款余额调节表。不准将银行账户出租、出借给任何单位、个人办理结算业务。

13．保守本部门所掌握的公司秘密。

14．完成领导临时交办的其他工作（同样以守则条款结尾，首尾一致，简洁明了）。

点评： 这是一篇针对出纳工作的守则，属于单一性守则的案例。本守则内容简单，开篇直接罗列应当自觉遵守的条款，而并没有给出制定守则的原因、依据和目的

扫一扫

守则的模板及范文

等内容。对于一些较复杂的守则，可以考虑适当增加这些内容。本守则通篇内容简洁全面，既符合工作要求，又便于理解执行。

4.7 » 制度

制度是指单位制定的要求下属全体成员共同遵守的办事规程或行动准则，如工作制度、财务制度、作息制度、教学制度等，目的在于为全体成员完成任务或目标提供保证。大至国家，小到部门，都可以制定制度来约束特定对象，其使用范围非常广泛。

4.7.1　制度的特点

制度具有指导性、激励性和规范性等特点。

◆ **指导性：** 制度对相关人员做些什么工作、如何开展工作都有一定的提示和指导，同时也明确不得做些什么，以及违背了会受到什么样的惩罚等。

◆ **激励性：** 制度有时就张贴或悬挂在工作现场，随时鞭策和激励着人员遵守纪律、努力学习、勤奋工作。

◆ **规范性：** 制度对实现工作程序的规范化、岗位责任的法规化、管理方法的科学化，起着重大作用。

4.7.2　制度的类型

制度可分为岗位性制度和法规性制度两种类型。

◆ **岗位性制度：** 适用于某一岗位上的长期性工作，所以有时制度也叫"岗位责任制"，如《办公室人员考勤制度》《机关值班制度》等。

◆ **法规性制度：** 是对某方面工作制定的带有法令性质的规定，如《职工休假制度》《差旅费报销制度》。

4.7.3　制度的模板与格式

制度的内容由标题和正文组成，其写作模板如图4-7所示。

1．标题

制度的标题可以由"发文单位+事项+文种"构成，如"××公司办公室管理制度"，也可以直接由"事项+文种"构成，如"出入库流程管理制度"。

2．正文

制度的正文表述形式一般采用条款式或章条式，通常可划分为总则、分则和附则3大部分。总则交代制定制度的目的、依据等，分则说明应该做什么、什么不能做、怎么处罚等内容，附则可以补充说明制度的相关信息，如实施日期等。

[发文单位+事项]制度

第一章 总 则

第一条 ×××××，×××××××××××，××
×××××××××××，×××××。

第二条 ××××××，×××××××××××，×
××××××××××。

……

第二章 ××××××

第××条

……

第××章 附 则

第××条

……

图 4-7 制度的模板示例

4.7.4 制度的范文与点评

【范文1——岗位性制度】

大门管理制度

第一章 总 则

第一条 目的（**为条款总结出标题，更有利于理解条款内容**）

为了加强公司门卫工作的管理，规范车辆、人员、物资进出公司的规定，保障公司正常的生产、工作秩序，保护公司利益，制定本制度。

第二条 适用范围

本制度适用于物资、车辆、人员进出公司的管理。

第二章 管理职责

第三条 安全保卫科

安全保卫科是门卫管理的责任部门，负责管理制度的制定、门卫人员的管理、物资出公司的审批。

第四条 各部门

负责本部门物资、车辆、人员进出公司的管理，手续的办理和审核。

第五条 门卫人员

门卫人员是门卫管理的具体责任人，负责严格按照本制度的规定，对物资、车辆、人员进出公司的手续进行验证，对违反规定的有权禁止其进出公司。

第三章　物资进出公司管理规定

第六条　物资出公司手续

任何人携带物资出公司必须出具经审批同意后的物资出门条，如无出门条，门卫不得放行（**多处使用"不得"一词，准确表明了态度**）。

第七条　出门条的审批程序

1．物资出公司由经办人填写物资出门条，内容包括：物资名称、数量、事由，如物资较多须另附物资清单，并由经办人签字；

2．物资出门条须报部门总监审核签字。

第八条　物资出公司验证

1．物资出公司时经办人须将经审批同意后的物资出门条交门卫人员验证；

2．门卫人员应对照物资出门条（物资清单）对出公司的物资进行认真核对，无误后方可放行，并做好记录，保存好物资出门条。

第九条　物资定义

物资指公司内的生产成品、设备、工具、零配件、原材料、办公用品、废旧品、废旧包装等一切有价值的物资。

第四章　车辆进出公司管理规定

第十条　外来车辆进出公司

1．外来车辆（摩托车）进入公司必须在门卫处登记，包括姓名、单位、车牌号、进厂事由等，未进行登记不得进入公司；

2．外来车辆（摩托车）进入公司必须在门卫记录随行物品，包括工具、仪器、材料等，以便出门时核对，发现带入与出公司不符的情况，执行"物资出公司审批程序"；

3．外来车辆（摩托车）出公司，必须停车接受门卫人员检查，门卫人员有权对任何车辆出公司进行检查（包括检查驾驶室，后备厢），不接受检查者，门卫人员有权不予放行。

第十一条　公司车辆出厂

1．公司车辆外出须开具派车单，如无派车单，门卫人员有权拒绝放行，如有特殊情况，可经公司副总批准方可放行；

2．派车单执行车队"派车单审批程序"；

3．职工自有车辆必须办理"公司车证"，由行政安全保卫科统一管理。

（略）

第五章　人员进出公司管理规定（略）（**对物资、车辆和人员进出公司的规定做了详细说明**）

点评：本文是涉及进出公司管理的岗位性制度。全文为"总则—分则"结构，详细说明了进出公司时应该做什么和不能做什么的问题。内容清楚，制度分明，便于执行。

【范文2——法规性制度】

××科技有限公司办公室日常管理制度

一、总　则（未采用章节标题，而是用条款标题来编排）

为规范办公室区域的管理，创造文明、整洁的办公环境，维护正常的办公秩序，树立良好的公司形象，提高办公效率，特制定本制度，以利于公司各项工作的开展。

二、作息时间

（一）公司实行六天工作制，周一至周六工作，周日休息。

（二）工作时间：上午08:00—12:00；下午14:00—18:00。

（三）就餐时间：12:00—13:30。其他时间一律不得在办公区域就餐。

三、行为规范

（一）着装：整洁、大方、得体。

（1）员工衣着应当合乎公司形象，原则上员工穿着及修饰应稳重大方、整齐清爽、干净利落，服装正规、整洁、完好、协调、悦目。

（2）着装最好上下相配、平整，符合时节。

（3）女员工可化淡妆，工作时间不能当众化妆，勿戴过多饰品；领口过低，裙、裤过短的服装禁止穿着。

（4）鞋、袜保持干净、卫生，在工作场所不赤脚、不穿拖鞋。

（二）举止：文雅、礼貌、精神。

（1）遵守考勤制度，准时上班、下班，不迟到、早退。病假、事假需及时申请或通知本部门负责人，填写"请假条"并交到人事部。确因公需外出办事应请示相关部门负责人批准，并在公司前台"外出办事登记簿"做好登记。

（2）上班时间保持良好的精神状态，精力充沛，精神饱满，乐观进取。

（3）开诚布公，坦诚待人，平等尊重，团结协作，不将个人喜好带进工作中。

（4）保持良好坐姿、行姿，切勿高声呼叫他人。

（5）出入办公室，主动敲门示意，进入房间随手关门。

四、工作规范

（一）办公室应保持安静，禁止高声喧哗、打闹、打游戏、网络聊天、下载电影、游戏、玩手机及做与工作无关之事。

（二）工作时间对待领导、同事等应热情、有礼貌。保持良好的工作情绪，禁止将私人情绪带入工作当中。

（三）工作中不得擅自翻阅他人的文件、资料、报告等材料。

（四）工作时间内禁止在办公区域内食用有气味的食品。

（五）办公桌上应整齐、清洁，各类文件存放应注意保密，不得随意摆放，资料堆砌高度须低于办公桌隔板立面高度。

（六）桌面和室内办公设备摆放整齐，保持外表干净。

（七）室内资料文件盒摆放科学有序，外观整洁。

（八）办公室墙面除了张贴必要的文件或图表外，应保证墙面清洁。

（九）办公座椅不能随意摆放，离座后要将座椅在桌前摆正。

（十）保证所属办公区域的设备设施完好，做到人走关停所有设备电源。

（十一）要节约用电，下班后及时关闭计算机；开启空调时按国家相关要求调整温度，人员长时间离开办公室时应关闭空调。

（略）

五、办公管理（略）

六、爱护财产（略）

七、附　则（补充说明违规的处罚情况）

（一）本制度的检查、监督工作由公司人事部执行；

（二）若有员工违反此规定，公司将给予口头警告、通报批评、记过、降职降薪、辞退等处罚；

（三）根据人事规定，各种处罚项目除按上述规定处罚外，均计入当月绩效考核评分项目。

人事部

××××年×月×日

点评： 这篇管理制度在结构上采用的是基本的"总则—分则—附则"结构，但有特色的地方是在附则内容中，对违反制度规定内容的处罚情况做了补充说明。另外为全文做了落款处理。整体上看，全文对办公室日常管理的内容解释得比较全面，制度内容也很有针对性，是一篇值得借鉴的典型范文。

扫一扫

制度的模板及范文

写作与提高

问： 某部门为了改善公司公共财产屡次损坏和遗漏的问题，想出台一些政策加强管理，应该选用哪种规章类文书更合适呢？

答： 首先，公共财产损坏和遗漏，自然与员工操守问题相关，因此可以使用守则来规范员工行为，重点进行道德规范，比如维护公司信誉、培养操守、爱护公物、不得泄露公司机密等，通过守则的约束性让员工主动改变某些不好的行为。其次，为了加强管理效果，可以制定相关制度来向员工清楚说明哪些应该做，哪些不应该做，并说明违规后会得到的处罚，制度内容重点围绕公司的公共资产。将守则的约束性和制度的强制性结合起来，可以很好地改变现状。

问： 公约是规章类文书吗？企业或部门应该如何使用这一文种呢？

答： 公约是社会组织或团体为了维护公共利益，通过讨论、协商制定出的约定大家共同遵守的规则，因此它也是一种规章类文书。但对于企业或部门内部而言，基本上不会用到公约。原因在于，公约往往都是由多个国家、多个组织或多个部门共同参与制定的，需经多方认定，大到国际公约，小到群众社团、民间组织制定的公约等。

问： 某环保新能源科技有限公司出台《薪资管理办法》后，发现有两个问题需要补充，具体是：（1）未按照《劳动合同》及公司管理制度规定办理离职手续的人员，按照公司规定发放基础工资，考核部分按照考核计分办法发放。（2）被公司辞退的人员按照《中华人民共和国劳动法》及《劳动合同》的规定全额发放工资。要求补充的规定于××××年6月9日实施。应该选择哪个文种，如何进行编排呢？

答： 因为是对办法的补充，所以文种应该选择补充性规定，编排时要注意涉及3个方面的内容，一是说明对谁的补充，二是补充的规定内容是什么，三是什么时候实施。具体可参考以下案例。

《薪资管理办法》的补充规定

为进一步加强对薪资的管理，落实《薪资管理办法》的相关政策，现就有关问题做出如下补充规定。

1. 未按照《劳动合同》及公司管理制度规定办理离职手续的人员，按照公司规定发放基础工资，考核部分按照考核计分办法发放。

2. 被公司辞退的人员按照《中华人民共和国劳动法》及《劳动合同》的规定全额发放工资。

3. 本补充规定于××××年6月9日起实施。

第5章

会议类文书

  会议是企事业单位或其他组织进行讨论研究、工作总结、工作决策、工作部署、经验交流和处理其他事务的公务活动。这个过程也会产生许多与会议活动相关的文书，其作用一般表现为帮助会务人员更好地进行收集整理会议成果等。

  本章将详细介绍会议类文书的写作知识，主要包括讲话稿、演讲词、开幕词、闭幕词、会议记录、心得体会等内容。

5.1 » 讲话稿

讲话稿也称发言稿，是发言人在一定场合讲话的"蓝本"。讲话稿有广义和狭义之分。广义的讲话稿是指人们在特定场合发表讲话的文稿。狭义的讲话稿特指上级领导在各种会议上发表的带有宣传、指示、总结性质讲话的文稿。

5.1.1 讲话稿的特点

讲话稿不同于演讲稿，它具有以下特点。

◆ **内容的针对性**：讲话稿是领导在重要场合所作的发言，目的是贯彻上级的精神，提出有针对性的意见，体现领导的意图。

◆ **篇幅的规定性**：讲话是有时间限制的，因此讲话稿的篇幅应该根据不同的场合来决定长短。一般来说，会议发言可适当长些，而表彰、庆典等场合的发言则宜简短。

◆ **语言的通俗性**：讲话是具有现场性质的行为，讲话者面对听众进行交流，讲话的内容瞬息即逝，因此讲话稿的语言一般都要通俗易懂，易于现场听众理解和接受。

> 👤 **专家点拨**
>
> 演讲稿是一种宣传性、鼓动性文体，演讲者往往代表个人，一般在公开场合发表个人观点和主张，语言注重活泼、形象、生动。讲话稿通常代表的是整个单位或整个组织，内容着重于公务管理，语言要求庄重、朴实。

5.1.2 讲话稿的类型

根据场合和内容的不同，讲话稿可分为工作类讲话稿和活动类讲话稿两种类型。

◆ **工作类讲话稿**：这类讲话稿一般是领导发表的对工作情况的总结以及对未来工作的部署。内容要求层次分明，逻辑严密，针对性强，号召力强。

◆ **活动类讲话稿**：这类讲话稿为了活动的顺利开展，内容上首先需要表达感谢之情，然后可以简单介绍活动的内容，最后预祝活动成功。

5.1.3 讲话稿的模板与格式

讲话稿的内容由标题、称谓和正文组成，其写作模板如图5-1所示。

1．标题

讲话稿的标题常用的写法有以下两种。

◆ **简式标题**：由单位名称或讲话人（姓名、职务）、事项和文种构成，如《××企业董事长在安全工作会议上的讲话》，也可以直接由事项和文种组成，如《品牌大会讲话稿》。

◆ **复式标题**：由主标题和副标题组成。主标题一般用来概括讲话的主旨，副标题则与简式标题的构成形式相同，如《进一步学习和发扬××精神——××周年纪念大会讲话稿》。

[事项]讲话稿

[对与会人员的称呼]:

　　[说明讲话的缘由、背景、目的，或对与会人员表达感谢之情等]。

　　[重点说明此次讲话的具体内容]。

　　[适当进行总结、展望或号召]。

　　谢谢大家！

图 5-1　讲话稿的模板示例

2．称谓

讲话稿的称谓要庄重、严肃、得体。一般应根据与会人员的情况和会议性质来确定适当的称谓，如"同志们""各位专家学者""女士们，先生们""亲爱的朋友们"等。

3．正文

讲话稿的正文主要由开头、主体和结尾组成。

◆**开头**：讲话稿的开头要用精练生动的语言引起听众的注意，说明讲话的缘由，提示讲话的重点；或说明讲话背景，概述讲话内容；或提出问题，引起注意，接着转入正文；或表达对来宾的感谢之情等。

◆**主体**：讲话稿的主体部分是讲话内容的具体介绍，这部分要围绕一个主题有条理地展开，做到言之有物，言之有序；或分析问题、解决问题；或总结经验教训，安排新的工作项目。

◆**结尾**：结尾部分一般是对全文的总结概括，要简短有力，耐人寻味。如用概括式的写法对前面所讲的内容进行简要的回顾总结，或用希望式的写法在总结全篇的同时提出希望和要求，又或用展望式的写法展望前景，发出号召，振奋人心等。

扩展阅读　　**讲话稿的主体写法**

根据会议的内容和发表讲话的目的，讲话稿主体部分的写法也会有所不同。比如工作性质讲话稿的主体部分可以用并列式结构，可以分几个部分介绍工作情况或提出搞好工作的意见等。

扫一扫

讲话稿的主体写法

5.1.4　讲话稿的范文与点评

【**范文1——工作类讲话稿**】

工作动员会讲话稿

同志们：

　　为了推动我中队建设再上新台阶，大力营造政治文明、物质文明、精神文明的浓厚氛围，今天，我们专门召开精神文明单位创建动员大会，对下一步创建工作进行动员安排，作为消防官兵，我们将紧密围绕执勤保卫任务，从自身做起，不断加强学习，努力工作，为中队文明单位建设做出新的贡献（说明此次讲话的原因和目的）。

一是全面贯彻十九大会议精神，不断深化争创意识，严格按照政治过硬、业务优良、作风清正、纪律严明的要求，加强对新业务、新知识、新技能的学习，切实履行职责，促进各项工作的顺利开展。

二是与时俱进，开拓创新，加强灭火救援技能，推进各项工作再创新高。根据基层工作的特点，进一步树立发展观，不断更新知识，创新工作方法，增强工作的主动性、计划性、预见性，提高素质，做到遇难事举重若轻，遇急事张弛有度。同时搞好岗位练兵工作，做到人人积极参与，项项永争第一，确保岗位练兵各项工作得到落实。

三是加强信息报送，当好得力助手。积极围绕精神文明单位创建工作，关注热点、难点问题，反映基层工作中的新情况、新问题，总结工作经验和教训，发掘先进典型和事迹，为领导和上级了解动态、分析形势、发现问题、科学决策、指导工作提供依据。同时及时将上级布置的信息调研项目和重点予以传达落实，确保重要信息及时上报，服务领导决策。

四是强化服务意识，不断开拓创新。牢固树立服务上级、服务地方的全方位服务意识和奉献精神，根据职能调整的需要，积极创新工作模式，拓展工作思路，健全工作机制，提高工作效率，提高工作和服务质量。

五是提高创先争优意识，认真落实上级布置的各项工作任务，确保各项工作取得突出成绩（通过五个方面说明如何加强学习和努力工作）。

精神文明单位创建工作是我们各项工作取得新突破的基石，是进一步开创优良工作环境和取得更大成绩的源泉。我相信，在上级党组的正确领导，在全体人员的共同努力下，我们的文明单位创建工作必将硕果累累（通过对未来的展望结束正文内容）。

谢谢大家（使用习惯用语收尾）！

点评：工作类讲话稿的结构比较规范，如上述范文便首先说明讲话的原因和目的，然后重点说明本次讲话的核心内容，最后适当总结并展望未来。全文逻辑清晰，层级分明，语言朴实，态度诚恳，是非常典型的工作类讲话稿的写作范本。

【范文2——活动类讲话稿】

我奋斗·我快乐——创新力量·行动梦想讲话稿

亲爱的朋友们：

大家晚上好！

首先感谢各位嘉宾，百忙之中抽出时间，前来参加我们××眼镜新春晚会，谢谢！

感谢所有××员工一年来的辛勤付出，有你们，才有××××年取得的斐然成绩，同时感谢所有员工家属，在背后默默地支持我们的工作。

××取得了优越的成绩，也离不开各位供应商的支持，谢谢你们！

感谢本次晚会筹备组的工作人员、主持人，以及各位即将登台表演的演员，谢谢你们在筹备期间的付出（对与会人员一一进行了感谢）。

××××年，市场大环境复杂多变、竞争激烈，有挑战、有困难，××团队以坚定的信心和勇气，坚韧不拔、迎难而上，在××××年取得了非常好的成绩。今后，我们要继续保持××人积极进取、奋发向上的精神，拿出只争朝夕的干劲，为梦想奋斗（肯定成绩，期望未来）。

今天我们年会的主题是"我奋斗·我快乐——创新力量·行动梦想"。

生活从不眷顾因循守旧、满足现状的人，而将更多机遇留给勇于、敢于、善于创新的人们，××××年，公司战略机制创新、工作方式方法创新，我们必将产生无限的发展潜能，因此，我们必须积极探索适合自身发展需要的新模式，不断寻求企业新的增长点和驱动力。我们都在梦想墙上刻了自己的梦想，明天梦想能否成真，就在于今天我们是否行动，实现梦想需要行动，人生需要奋斗，行动力是最强盛的力量。有创新、有行动，我们一定离梦想越来越近。

××××年，挑战和压力必将是我们需要面对的市场常态，但新形势带来新希望，新挑战带来新机遇。我们将从以下几方面的工作，落实创新、落实行动（通过以下内容明确今后工作的方向）。

一、创新工作模式，打通晋升流转通道。明确各岗位职能，挖掘内部人才，加强骨干队伍建设，创新各项机制，鼓励岗位晋升流转，提升团队整体战斗力。

二、持续完善制度体系建设，重点是执行落实。规范的制度体系才能不断提高公司管理水平，抓执行抓落地，不能等。全体××人必须充满信心，行动起来，让制度体系在公司运行中发挥最大的作用。

三、钻研服务创新，优化业务流程。服务是以服务对象的需求和满意度为中心，定义所做的一切，作为传统零售服务行业的我们，要时刻保持对市场、对顾客的敏感度，市场在变化，客户在变化，我们必须突破、创新，创造更多机会为顾客提供超越价值的、专业优质的服务。

四、强化学习教育，打造学习型团队。××××年，我们即将开启××商学院，为学习教育强化硬件，更方便大家自主学习、外聘授课与内部培训。我们通过学习，提升自我素质，完善知识体系，提高服务水平，最终提高我们的竞争力。

五、作为企业的生力军，××俱乐部在××××年，将更广泛地吸纳会员，通过更多有声有色的活动，发挥更积极的作用，实现公司人才培养目标与人才储备的战略对接，为企业内部大学生们搭建交流分享、共同成长的平台，能够更好地规划职业生涯和培养自身综合素质。

期待××眼镜××俱乐部能够取得更好的成绩！

朋友们、伙伴们，努力面对今天，必然收获美好明天。奋斗者，是快乐的；远行者，能成长；艰苦与困难，我们共担；成功与收获，我们同庆。伙伴们，创新力量，行动梦想，让我们一同为自己喝彩，为××眼镜的明天更加辉煌而努力奋斗（再一次展望未来）！

值此辞旧迎新之际，我谨代表××眼镜向所有朋友、家人致以新春最美好的祝福，恭祝您和您的家人新年快乐、工作顺利、阖家安康、万事如意（表达对与会人员的新春致意）！

点评： 这篇活动类讲话稿感情充沛，语言充满激情，接近于演讲风格。全文首先

扫一扫

讲话稿的模板及范文

对与会人员表达了感谢之情，并在文末通过对与会人员的新春致意，再次表示了感谢。讲话稿借助新春晚会的契机，在愉快的氛围中为员工制订了以后的工作目标，用语并不严肃呆板，让员工能够更好地接受和认同。从结构上来看，这篇讲话稿稍显复杂，但也不失为一篇优秀的文书。

5.2 » 演讲词

演讲词是演讲者在会议、集会等其他公共场所上，就某一问题发表自己的主张和见解，表达自己的情感或阐述某种事理时所依据的讲话文稿，对宣传教育活动和交流工作经验有着重要的作用。

5.2.1 演讲词的特点

演讲词具有以下特点。

◆ **针对性：** 撰写演讲词要考虑听众的需要，讲话的题目应与现实紧密结合，所提出的问题应是听众所关注的事情，所讲内容的深浅也应符合听众的接受水平。

◆ **鼓动性：** 演讲的目的是带动听众情绪，依靠演讲词中丰富的内容、深刻的见解、精辟的论证，从而形象生动、富有感染力地达到演讲的目的。

◆ **条理性：** 演讲的目的是让听众听清、听懂演讲的内容，这就要求演讲词条理清楚、层次分明，否则，所讲内容虽然丰富、深刻，但散乱如麻，缺乏逻辑性，也会影响演讲的效果。

5.2.2 演讲词的类型

根据内容和性质的不同，演讲词可分为以下几种类型。

◆ **就职类：** 企业领导或高管上任后阐述自己的经营理念和其他主张或见解的演讲稿。各级领导的施政演讲、新当选的领导人的就职演讲等，都属于这一类型。

◆ **交流类：** 学术演讲稿是传播与交流科学知识、学术见解及研究成果的演讲文稿。随着科学事业的发展，社会建设的需要，国内外学术交流活动的日益增多，学术演讲或学术报告的活动也越来越多。不仅各类专业科学技术工作者要经常参加学术类活动，而且机关、企事业单位的领导也要经常参加。因此，学术交流类演讲稿具有广阔的应用范围。

◆ **鼓动类：** 这类演讲稿针对现实生活中人们的思想动态、思想倾向和思想问题，以真切的事实、有力的论证、充盈的感情来讴歌真善美、鞭挞假恶丑，引导听众树立正确的人生观、世界观，激励听众为崇高的理想、事业而奋斗。

5.2.3 演讲词的模板与格式

演讲词的内容由标题、称谓和正文组成，其写作模板如图5-2所示。

1. 标题

演讲词最常见的标题写法就是"事项+文种"格式，如"庆祝××公司成立10周年演讲词""××就职演讲词"等。有时演讲词的标题可以去掉文种，直接用富有感情的鼓动性语言表现，如"科学的春天"等。

[事项]演讲词

[对听众的称呼]:

　　[说明演讲的缘由、背景、目的]。

　　[说明演讲的核心内容]。

　　[总结演讲内容]。

　　谢谢大家!

图 5-2　演讲词的模板示例

2．称谓

演讲词的称谓即对听众的称呼语,一般根据听众的身份而定, 如"同志们、朋友们"等,称谓后加冒号,写法与讲话稿类似。

3．正文

演讲词的正文部分包括开头、主体和结尾3部分,具体写法如下。

（1）开头

演讲词的开头主要建立演讲者与听众的认同感,并打开演讲的场面,引入正题。因此,开头一般要开门见山提出全文的中心论点或主要内容,说明演讲意图。好的开头有以下几种写法。

◆**悬念式开头:** 演讲开始,或提问题,或引出故事,目的在于设置悬念,激发听众的兴趣。

◆**名言警句式开头:** 利用名言警句做开场白,能够让听众易于接受,振奋精神。

◆**提问式开头:** 开场设问,引导听众积极思考,以便让听众主动投入到演讲中。

◆**数字对比式开头:** 用数字、列表、画图等方式进行对比,吸引眼球,使听众的注意力集中。

◆**笑话谜语式开头:** 用笑话或谜语作开场白引路,吸引听众的兴趣,然后切入正题。

（2）主体

演讲词的主体要突出和强调演讲的中心话题,不可轻重不分,面面俱到。主体应当有突出的中心思想,有一致的观点和材料,有严密清晰的层次与段落关系。一般可采用以下几种写法。

◆**叙述式:** 向听众陈述自己的思想、经历、事迹,转述自己看到、听到的他人的事迹或事件,可夹用议论和抒情。

◆**议论式:** 摆事实、讲道理,既有事实材料,又有逻辑推断,立场坚定,旗帜鲜明。

◆**说明式:** 对听众说明事理,通过解说某个道理或某一问题来达到树立观点的目的。

（3）结尾

演讲词的结尾应当总结全文,给听众留下深刻的印象。常见的结尾方式有以下几种。

◆**启发式结尾:** 在演讲结束时,提出问题,可以给人以启示,使之留有思考的余地。

◆**赞美式结尾:** 通过对所述的人物或事件进行赞颂,激发听众的情绪。

◆**诗词式结尾:** 用诗词做结尾,典雅而富有魅力。

◆ **总结式结尾：** 在演讲的最后总结归纳自己的见解、主张，强调演讲的中心内容，给听众留下深刻的印象。

◆ **号召式结尾：** 提出充满激情、给人以鼓舞的奋斗口号，发出号召。

◆ **展望式结尾：** 用展示美好前景的语言鼓舞听众。

5.2.4 演讲词的范文与点评

【 范文1——就职类演讲词 】

总经理就职演讲词

亲爱的公司同人：

今天我被正式任命为公司总经理，当得知被任命时，我感觉到身上的担子和所承担的责任。我自知能力有限，这个职位给了我很大的压力，但迎难而上是我的个性，所以我站在这里给大家表个态，责任重大，勇于承担。担此重任，我的目标只有一个：和公司的同人们一起成长，在大家的支持、配合和努力下，共同开创公司一个新的未来（任职感想和目标）。

在过去的几年中，我先后担任公司研发中心主任、事业部经理、中心总监，得到了同人们的理解、支持和包容（简述工作经历）。大家的关爱和支持，让我对公司各中心的工作有了全面的了解，也正由于这些年的经历，让我对公司的工作能统筹兼顾、全盘操控，为今后总经理这一职位工作的开展打下了基础。

总经理，是公司上层和中下层各级岗位的衔接点，必须把为董事长分忧和服务员工作为出发点和落脚点，把"参与政务""管理事务""搞好服务"三大职能统筹兼顾，合理安排，做到"调研围绕市场转，服务围绕客户转，决策围绕信息转"，从而使产品研发、生产经营、公司管理、营销策略各项工作运转得更加顺畅（对总经理职位的认识）。

要做好总经理，我深知任重而道远。当下，我们面临着复杂的行业环境：无序的市场竞争、不稳定的价格供应链、高涨的人力资源成本等。但商机总是在危机中孕育，机遇在挑战中出现。我将和公司的同人们一起，风雨同舟、竭尽所能，力争获得更大的收获与成功（表决心）。

上任后我将从以下四个方面着手开展工作（任职的工作计划）。

第一，打造企业战略化思想，提升战略执行力。所谓战略就是指导战争全局的方法和策略，战略是有层次性的，不仅高层要有战略，而且部门要有战略，个人也要有战略，大家为了一个共同的企业战略而确定不同层次的对应战略才是团队共同成长和成功的根本。我希望大家都站在企业的队伍里，找到合适自己的位置来开展我们未来的工作。第二，推行企业职业化管理，完善全员职业素养。职业素养分为职业价值观、职场道德、职场礼仪、职场沟通、职场协作、时间管理六个模块，企业的每一个人都是企业"链条"中重要的一环，每一环的意义重于坚守岗位职责，勇于承担责任。第三，强化企业规范化建设，成为企业管理系统典范。公司在过去的几年中已经获得企业标准化的先进单位称号，未来我期望能在简化流程、更快速高效地管理公司的运营上群策群力。第四，聚焦市场差异化运营，实现企业价值最大化。大家都知道，中国的服装行业已经经过了20多年的产业积累，完全进入产能过剩的阶段，关键的问题在于缓解来自于设计、制造、销售、品牌、终端的全面压力，实现企业价值最大化。广告与销售的协同，不同媒体的传播效果的保证，销售模式的创新与通路利益协调，分销过程中的经销商选择、管理与服务，组织的配置与能力养成，市场秩序的控制，直营区域与加盟大客户的发展等，这些问题等着我们大家共同努力去解决，让我们顺利走出一条属于公司发展的独特道路。

谢谢大家！

点评：上文逻辑严密，先表达了自己被任命后的感想，然后谈到了职场经历和对职位的认识，最后详细阐述了任职后的工作计划，这些基本上就是就职类演讲词应当包含的内容。全文抓住了主要问题，简明有力，语言庄重、诚恳，决心坚定，工作计划实事求是。

【范文2——鼓动类演讲词】

激励员工演讲词

各位同人：

大家好！

一个企业的创立，离不开积极勤奋、风雨同路的每位优秀员工。企业的发展，更需要新鲜血液的不断加盟。不同背景、不同经历、不同层次的人才荟萃，思维冲击碰撞、互相激励，才能使我们的创新思维领先、科学管理领先、诚信经营领先，实现做全球第一汽车标准件的目标。我们的企业好像一个大家庭，以它广博的胸怀，接纳、包容了在场的每一位。你们的家境、品性不同，年龄、爱好不同，文化程度、社会历练、从业经验各异，但在企业中扮演着不同的角色，你们都是企业的骄傲，都是企业的主人公（通过企业的创立和发展来说明员工对企业的重要）！

企业的发展壮大，需要资金的积累和不断的投入。也许，你们的付出并不总是得到自己所满意的回报，但是，我们要相信，只有企业发展了，我们个人才能得到发展的空间。也许，你们从事的未必是自己最喜欢的工作，但是，我们要知道，企业是一个相互配合的有机整体。

企业需要你们的爱岗敬业、无私奉献！

为此，我再一次向为企业辛勤工作的全体同人表示衷心的感谢和敬意！正是你们在幕后的默默支持，使我们无后顾之忧，努力工作、勇往直前（认可员工对企业的付出）！由于大家的不断努力，我们预计今年的全年生产量要比去年翻一倍，销售量过亿，质量做到精益求精并确保没有退货，机械是人类的延续，品质是企业的生命，我衷心期待全体同人与企业共同成长，期待全体同人对企业继续予以大力支持（激励员工完成预定目标）。

作为大家庭中的一员，我想对你们说：企业的每一位同人都是企业最宝贵的财富，你们的健康和安全，不仅维系着企业的兴衰，更关系到你们家庭的幸福。我衷心希望每位同人在为企业努力工作的同时，都能关注健康，珍爱生命，一同创造我们企业明日的辉煌，共同分享奋斗的成果！

愿每一位同人在企业度过激情燃烧的岁月，在健康快乐中建功立业，与企业一道走向成功！

胜利的荣耀属于我们企业，属于企业的全体同人！

最后，我衷心祝愿全体同人及家属工作顺利、生活愉快、万事如意（对员工表示衷心感谢）！

点评： 鼓动类演讲词的目的是通过激动人心的语言激发和鼓动听众。上文便是激励员工完成未来预定的工作目标的案例。当然，演讲词中对员工的认可和感谢也是真情实意的。全文感情热烈，语言丰富，将冰冷的企业形容为一个和睦的大家庭，对员工有充分的认可，能够有效地达到激励员工的目的。

扫一扫

演讲词的模板及范文

5.3 » 开幕词

开幕词是企事业单位在举行活动或会议时，在开始阶段由主持人或领导人讲话的文稿。开幕词对活动或会议起着指示、介绍的作用，使与会者对活动有一个总体的认识。

5.3.1 开幕词的特点

开幕词具有宣告性、引导性、鼓动性等特点。

◆ **宣告性：** 开幕词是活动或会议开始的序曲和标志，它拉开了活动或会议的序幕。

◆ **引导性：** 开幕词一般要阐明活动或会议的宗旨、任务、目的、意义等，为活动或会议定下了基调，指导活动或会议按此基调进行。

◆ **鼓动性：** 开幕词带有期望开好活动或会议的良好祝愿，并通过向与会者介绍活动或会议的议程和宗旨，以期激励与会者的参与意识，调动其积极性。

5.3.2 开幕词的类型

开幕词按准备情况的不同，可分为口头演说开幕词和书面开幕词，通常比较隆重的大中型活动或会议应采取规范的书面开幕词。这里将其划分为侧重性开幕词和一般性开幕词。

◆ **侧重性开幕词：** 往往对活动或会议召开的历史背景、重大意义或会议的中心议题等做重点阐述，其他问题一带而过。

◆ **一般性开幕词：** 只对活动或会议的目的、议程、基本精神、来宾等做简要阐述。

5.3.3 开幕词的模板与格式

开幕词的内容由标题、称谓和正文组成，其写作模板如图5-3所示。

[事项]开幕词

[对听众的称呼]：

[表达祝贺，简述活动或会议的相关情况、意义等]。

[说明活动或会议的思想、宗旨，对活动或会议的看法，也可在前面简述背景、意义等内容]。

[利用具有号召性和鼓励性的语言结尾]。

图 5-3 开幕词的模板示例

1．标题

开幕词的标题形式比较多样，常见的有以下4种。

◆ 直接由文种构成，如"开幕词"。

◆ 由"事项+文种"构成，这是最常见的一种形式，如"××大会开幕词"等。

◆ 由"致词人+事项+文种"构成，如"××在××大会上的开幕词"等。

◆ 由双标题形式，即主标题和副标题的形式构成，主标题揭示活动或会议的宗旨、中心内容，副标题与前两种标题的构成形式相同，如"合作发展共创辉煌——××在××峰会上的开幕词"。

✍ **写作技巧**

开幕词的标题下方可以在居中位置用括号注明活动或会议召开的日期，有时还可在日期下写明致词人姓名。

2．称谓

开幕词的称谓应视活动或会议的性质和与会人员的身份选用泛称或类称，如"同志们""各位来宾""女士们、先生们、朋友们"等。

3．正文

开幕词的正文通常由开头、主体、结尾3部分构成。

◆ **开头：**开头应简洁、鲜明、热情，营造出热烈的气氛，通常可以表示对大会开幕的祝贺，对与会代表和来宾的欢迎，可以简述活动或会议的有关情况，如筹备情况、与会人员的构成、出席会议的领导和来宾等。也可以简述活动或会议的重大意义、会议议题等。

◆ **主体：**主体部分的写作要紧扣议题，态度鲜明，层次清晰，语言凝练，语气热烈。通常可以首先说明活动或会议召开的背景，回顾历史或概括形势，指明召开的意义。也可以直接提出活动或会议的指导思想或宗旨，然后交代议题议程或对活动或会议的某些看法等问题，最后提出对活动或会议预期的效果，也可提出要求和希望。

◆ **结尾：**结尾的写作应简洁有力，具有号召性和鼓励性，通常可以呼应开头，概述对活动或会议成功的企盼，也可以做预示性评价，如"这将是一次具有深远意义的大会""这次活动将成为××的里程碑"等，也可以直接用"预祝大会圆满成功"作为结语。

5.3.4　开幕词的范文与点评

【范文1——侧重性开幕词】

××集团商品交易洽谈会开幕词

（××××年×月×日）

董事长　×××

女士们、先生们，朋友们：

值此××集团商品交易洽谈会开幕之际，我谨代表本集团向远道而来的各国来宾表示热烈的欢迎和良好的问候（开头就对来宾表示感谢，体现出真挚热烈的感情）！

前年金秋，在庆祝本集团产品研发中心落成典礼时，我们曾在这里举办过一次商品交易洽谈会。今年这次洽谈会，比上一次洽谈会规模更大、内容更丰富。本次洽谈会，将进一步扩大本集团和有关国家的经济技术合作和贸易往来，增进了解和友谊（**简要介绍洽谈会情况**）。

本集团地处我国沿海经济发达的××省，对外经贸事业的发展有着广阔的前景。目前，本集团已同世界上近30个国家和地区建立了贸易往来和经济技术合作关系，这种合作关系正在日益巩固和发展（**说明集团规模，体现办好本次洽谈会的实力和信心**）。

本次洽谈会，本集团将推出包括轻工、机电、陶瓷、电子及食品等250余种商品，供各位来宾选择。所展出的商品不少是我国或我省的名牌产品和新开发的出口产品。欢迎各位来宾洽谈贸易，凭样订货（**说明洽谈会的商品情况**）。

今天在座的各位来宾中，有许多是我们的老朋友，我们之间已建立了长久的良好的合作关系。对于各位真诚合作的精神和良好的信誉，本集团表示由衷的赞赏和感谢。同时，我们也热情欢迎来自许多国家、地区的新朋友，我们为有幸结识新朋友而感到高兴。我们欢迎老朋友和新朋友发展相互间的友好合作关系（**通过新老朋友的介绍再次突出集团的实力**）。

最后，预祝本集团商品交易洽谈会圆满成功！

谢谢！

点评： 这篇开幕词的开头部分，讲话人借洽谈会开幕之机，代表本集团对来宾表示热烈的欢迎和良好的问候。主体部分为第二至第五段。第二段介绍本次洽谈会的背景、规模、宗旨和目的。第三段概括介绍省情、本集团贸易往来状况及前景。第四段说明本次洽谈会的任务。第五段点明来宾中有许多是有良好合作关系的老朋友，同时，对新老朋友发展相互合作关系表示欢迎。最后是祝愿性结语。全文内容符合开幕词的要求。文字精练，庄重而热烈。

【 **范文2——一般性开幕词** 】

××大学首届科技节开幕词

各位领导、各位来宾、老师们、同学们：

大家好！

在这南风送爽、夏意渐浓的美好季节里，我们迎来了××大学首届科技节。在这隆重的开幕式上，我代表我校全体师生对今天光临的领导、嘉宾表示最为热烈的欢迎！同时，对我校首届科技节的按时召开表示热烈的祝贺（**对活动的祝贺**）！

科技教育是新世纪的呼唤，是素质教育自身的要求体现。当前，世界局势风云变幻，竞争日益激烈，世界各国综合国力的竞争，归根到底是科学技术的竞争，是人才的竞争，是教育的竞争。只有创造有利于人才成长的良好环境和社会环境，使每一个受教育者都能充分发挥自身潜能，实现全面发展，才能培养出在新世纪激烈竞争中占有主动地位的科技人才。因此，我校举办本次科技节，把指导思想定位在营造出爱科学、学科学、用科学的氛围，让同学们置身于科学殿堂去验证科学理论，提炼科学方法，去体验和感悟科学态度和科学精神，培养创造精神和实践能力，从而进一步提高同学们的科学素养（**举办科技节的初衷、目的**）。

这些年，我校创设各种条件为学生提供创新的土壤，让他们的科技之花尽情绽放，我校学生的聪明才智得到了很好的呈现，在市、省及国家的各项科技创新大赛中，都取得了很好的成绩，获得了丰硕的成果。这些成果让我们确信，发明创造离我们并不遥远，过程比结果更为重要，学习的最高境界就是创造。我们更加深信，有了合适的阳光、土壤和气候，创造之花将开满我们的校园，先进的教育理念折射出来的光芒，将照耀着同学们的未来发展之路，也将给我校带来朝气蓬勃的生机和活力（说明科技节的成果）。

本届科技节经过两个月的精心策划和酝酿，已构建出了一套完整可行的方案，整个方案融知识性、趣味性、科学性于一体，内容丰富，形式多样，有科普知识讲座、趣味实验、科技作品评比。本届科技节，是我校科技教育得以顺利开展的新起点和新台阶，它将为我校学生搭建起一个大展科技才能和科技风采的舞台，也将为我校校园文化建设增添新的内涵（对此次科技节的概述）。

激情参与、尽情创造，放飞梦想。同学们，让我们热爱科学，勇于探索，创造未来，尽力展现自己的才智（说明对大家的期望）！

最后预祝××大学首届科技节圆满成功！

谢谢大家！

点评： 这篇开幕词开篇点出活动开幕，与结尾预祝活动成功首尾呼应，然后对来宾表示欢迎，叙述了组织活动的目的、条件和过程。内容简单，结构通顺，非常符合一般开幕词的写作要求，创作类似活动的开幕词时，可适当参考其写作格式和内容。

5.4 » 闭幕词

闭幕词是与开幕词相呼应的文种，它是由主持人或领导人在活动或会议结束前致词的文稿。闭幕词除了可以宣布活动或会议闭幕外，还能评价和总结活动或会议，肯定活动或会议的成果，也能激励与会者认真贯彻执行活动或会议精神。

扫一扫

开幕词的模板及范文

5.4.1 闭幕词的特点

闭幕词具有总结性、概括性、号召性等特点。

◆ **总结性：** 闭幕词可以对活动或会议的内容、精神和进程进行简要的总结，并做出恰当评价，肯定成果，强调主要意义和深远影响。

◆ **概括性：** 闭幕词可以对活动或会议的进展情况、完成情况、取得成果、精神意义等进行高度的语言概括。

◆ **号召性：** 闭幕词可以激励参与者，增强他们贯彻活动或会议精神的决心和信心。因此闭幕词一般行文都充满热情，语言坚定有力，富有号召性和鼓动性。

5.4.2 闭幕词的模板与格式

闭幕词与开幕词的写法基本相同，也由标题、称谓和正文构成，其写作模板如图5-4所示。

[事项]闭幕词

[对听众的称呼]：

　　[表达祝贺，简要评价活动或会议结果]。

　　[说明活动或会议取得的成绩、获得的成果等，论述成功的
意义、作用，也可适当提出意见等]。

　　[表示感谢，发起号召，宣布闭幕]。

图 5-4　闭幕词的模板示例

1．标题

闭幕词的标题与开幕词一样有多种形式，写作时只需将文种"开幕词"换为"闭幕词"即可。如"××在××大会上的闭幕词"等。

2．称谓

闭幕词的称谓即对参与者的称谓，也应当视活动或会议的性质和与会人员的身份而定。

3．正文

闭幕词的正文由开头、主体和结尾3部分构成。

◆**开头：**闭幕词的开头可以对活动或会议的圆满成功表示祝贺，可以概述活动或会议成功的意义、作用，也可以概括总结活动或会议的情况，并做简要的评价。总体而言，闭幕词的开头应以简练的语言概括，同时总结性地写明情况，有的闭幕词开头还要对活动会议进行基本的评价，以进一步加深与会者的印象。

◆**主体：**主体着重总结和评价活动或会议所取得的成就，如获得的成绩、通过的决议，获得的经验等，并应当论述活动或会议成功的意义及其作用。提出意见，指出重点和方向等。

◆**结尾：**结尾应当使用简明、富有号召力的语言发出号召，希望与会者贯彻执行活动或会议精神，同时向活动或会议承办的单位和人员以及各方面人士致谢。对与会代表、来宾表示良好的祝愿。最后宣布会议闭幕。

5.4.3 闭幕词的范文与点评

××职工羽毛球比赛闭幕词

各位领导、同志们：

　　××职工羽毛球比赛在局领导的亲切关怀下，在组委会的精心组织下，在各单位的大力支持下，在全体裁判员、运动员的共同努力下，圆满完成了全部赛程，即将闭幕（**即将闭幕，并没有闭幕，注意闭幕词一般都在最后才宣布闭幕**）。

　　在此，我代表活动组委会向为本次活动付出辛勤努力、做出重要贡献的裁判员、运动员、工作人员表示衷心的感谢！

　　向顽强拼搏，取得优异成绩的代表队和运动员表示热烈的祝贺（**对参与者表示感谢和祝贺**）！

　　这次职工羽毛球比赛是××今年举办的第一次大型群众性文体活动，也是××为弘扬企业文化，凝聚力量，鼓舞士气，振奋精神的一次体育盛会（**说明本次比赛的影响**）。

×月×日上午，我们在这里举行了××羽毛球比赛的开幕式，来自各单位的××支参赛队伍、××余职工参加，开幕式隆重、热烈，受到了大家的欢迎。

历时一周的职工羽毛球比赛，由××承办，他们为各代表队，全体参赛人员提供了安全舒适的比赛场地和细致周到的服务。让我们用掌声对××的辛勤工作表示感谢！比赛期间共进行了××场羽毛球团体比赛、××场羽毛球单打比赛。各单位之间、运动员之间通过赛场上的快乐比拼，通过挑战自己，挑战对手，展示了××人朝气蓬勃、昂扬向上的精神风貌，展示了勇争第一、勇于进取的不懈追求，取得了比赛成绩和精神文明双丰收。本次羽毛球比赛文明、热烈、精彩、圆满（**对比赛进行简单回顾**）。

同志们，本届羽毛球比赛是一次团结奋进的盛会、鼓舞人心的盛会。我相信，只要我们每位干部职工都能充分发扬运动会中所体现出来的那股拼劲、那种热情、那种精神，就一定能够推动××各项事业的大发展、大繁荣。因此，我希望全体干部职工继续保持和发扬在这届比赛上所体现出来的团队精神、拼搏精神、敬业精神和进取精神，为××而努力奋斗（**表明比赛的意义和对职工的希望**）！

现在，我宣布，××职工羽毛球比赛胜利闭幕（**正式闭幕**）！

点评：上述范文从结构上看是非常经典的闭幕词，依次说明比赛圆满结束，感谢参与者，祝贺运动员，回顾比赛，说明意义，表达希望和宣布闭幕，充分体现了闭幕词开头、主体和结尾的写作结构与要求，值得借鉴。

5.5 » 会议记录

会议记录是在会议过程中将会议情况和会议内容如实记录下来而形成的文书，是会议结束后回顾、检查、总结工作或分析、研究、部署下一步工作的重要依据。

扫一扫

闭幕词的模板及范文

5.5.1 会议记录的特点

会议记录具有原始性、完整性、及时性等特点。

◆ **原始性：**会议记录的内容必须忠实原意，不得添加记录者的观点、主张，不能断章取义，不能有丝毫出入。

◆ **完整性：**会议记录的所有内容必须完整，包括会议名称、会议情况、会议内容等。如有必要，为了保证完整性记载还需要记录会议动态，如掌声、临时插话等内容。

◆ **及时性：**会议记录要及时，短暂的迟疑、停顿，就有可能导致记录内容的遗漏、错乱。较长时间的间隔则容易造成记录的失真。

5.5.2 会议记录的类型

按记录内容的详略不同，可将会议记录分为详细记录和摘要记录两种类型。

◆ **详细记录：**对于非常重要的会议或发言，应尽可能地记录下会议的一切内容，尤其是对发言人的讲话和重要的决议，要尽量记录原话，这种记录一般采用速记的方法，会后还要进行整理。

◆ **摘要记录：**对于相对普通的会议，可以有重点地、扼要地记录会议中心内容及有关要点、决议，主要包括发言人的基本观点、主要事实和结论等内容。

5.5.3 **会议记录的模板与格式**

会议记录由标题和正文两部分组成，其写作模板如图5-5所示。

[事项]会议记录

会议名称：[写全本次会议的名称]

会议时间：[格式为：××××年×月×日星期×]

会议地点：[写明开会地点]

主持人：[姓名]

记录人：[姓名]

出席人：[姓名、姓名、姓名、姓名、姓名……（人数多时
可直接写出席人数或"××部门所有人员"）]

列席人：[姓名、姓名……]

缺席人：[姓名（说明原因）、姓名（说明原因）……]

会议议题：[概括本次会议要讨论的问题]

×××（主持人）：[主持人开场发言]

×××（[写明职务]）：[记录此发言人的发言内容]

×××（[写明职务]）：[记录此发言人的发言内容]

×××（主持人）：[归纳总结会议结果]

[写明是否一致通过，或记录存在的不同意见]

　　散会。

主持人：[签字]　记录人：[签字]

图 5-5　会议记录的模板示例

1．标题

会议记录的标题写法有以下几种。

◆ 直接由文种构成，如"会议记录"。

◆ 由"事项+文种"构成，这是最常见的一种形式，如"办公室会议记录"等。

◆ 由"单位组织+事项+文种"构成，如"××企业安全生产培训会议记录"等。

◆ 由"单位组织+文种"构成，如"党委会会议记录"等。

2．正文

会议记录的正文包括4大部分，分别是会议组织情况、会议进行情况、会议结尾和落款。

◆ **会议组织情况：** 包括会议名称、时间、地点、主持人、记录人、出席人、列席人、缺席人、议题等几个项目。每个项目分行独立排列，在会议正式宣布开始前就需要写好。

👤 **专家点拨**

如果是某些重要的会议，且出席对象来自不同的企业或单位，则出席人一栏还要写明各出席者的姓名、职务和所在单位。

◆ **会议进行情况：** 包括主持人开场白、讨论发言和决议几大部分的内容。其中，讨论发言的部分，应独立记录每个发言人的发言内容，且开头要写全发言人的姓名，并用括号标注其对应的职务，然后加"："号，再记录发言内容。决议部分应记录最终的结果，与会者无异议时，应写上"一致同意"或"一致通过"；有持异议者或弃权者，应详细记录不同的意见；没有决议时，应写明"暂不决议"字样。

◆ **会议结尾：** 另起一行，空两格写明"散会"并注明时间。

◆ **落款：** 在右下方写明主持人和记录人，并签上各自的姓名。

5.5.4 会议记录的范文与点评

××项目部会议记录

会议名称：××集团公司××项目部全体人员会议

会议时间：××××年×月×日星期×

会议地点：××会议室

主持人：×××

记录人：×××

出席人：项目部所有人员（**出席人数很多的情况下可采取这种写法**）

缺席人：无

会议议题：控制与保证××项目工程进度（**概括本次会议需要讨论的中心内容**）

×××（主持人）：××项目部以×××经理为领导核心，本项目部所有人员必须服从管理。所有人员职责分明，团结一致，互相关心，互相帮助。下面就××项目的问题，大家踊跃发表自己的意见和看法。

×××（××楼负责人）：不会出现任何问题，包括安全问题，尽职尽责。

×××（××楼负责人）：（1）主楼与车库垫层没有同一时间完成；（2）计划合理安排工人，合理安排工期，周一之前完成防水之前所有工作。

×××（××楼负责人）：（1）前期施工进度快，计划4月3日之前砌完砖模，抹灰完成，4~6日做完防水，准备预验；（2）按图施工，坚持保质保量，保证进度，完成自己的工作。

×××（××楼经理）：承诺××号楼不会出现任何问题。

×××（××楼管理人员）：保证工程质量，严格控制到位，建议制造砌块养护模型。

×××（××楼管理人员）：积极配合××完成任务，及时发现问题，多沟通配合。

×××（××楼员工）：按时上班，及时完成任务，加强自身学习，逐步提高自己。

×××（××楼员工）：与××积极配合，完成各项技术任务，加强学习。

×××（主持人）：大家一致承诺能保证工程进度，希望能在此基础上保证质量，保证安全，杜绝事故，顺利完工（会议总结一般都是由主持人进行归纳）！

散会。

主持人：×××　　记录人：××

点评： 会议记录的格式较为固定，关键之处就在于如实把会议的全过程记录下来。上述范文无论从格式还是内容上来看，都是很好的会议记录参考案例。需要强调两点，一是如果会议有缺席人员，一定要在姓名后面用括号说明缺席原因。二是如果决议时有不同的意见，则一定要将不同意见内容如实记录下来。

扫一扫

会议记录的模板及范文

5.6 » 心得体会

心得体会往往指的是在读书观影后所写的感受性文字，这里特指在工作、会议或学习等实践后的体会与领悟。

5.6.1 心得体会的特点

心得体会具有个人性、主观性、总结性等特点。

◆ **个人性：** 心得体会的发文对象往往都是个人，很少有组织撰写心得体会，如员工在参加某项工作或会议后的心得体会，在学习了某种知识后的心得体会等。

◆ **主观性：** 心得体会是对工作学习中的体验和领会的总结，往往是从自身角度出发来阐述感悟的，具有较强的主观性。

◆ **总结性：** 在撰写心得体会的体验和感悟时，也会对一段工作或学习的过程进行总结性的概述。

5.6.2 心得体会的模板与格式

心得体会的内容由标题、正文和落款组成，其写作模板如图5-6所示。

[事项]心得体会

[简单概述参加的会议、活动、工作等基本情况，可适当进行总结分析]。

[详细说明通过此事后的体会、感受]。

[书写人姓名]

[××××年×月×日]

图5-6　心得体会的模板示例

1. 标题

心得体会的标题最常用的写法就是"事项+文种"的结构，如"公司会议心得体会""在××活动中的心得体会"等。如果心得体会的内容比较丰富，篇幅较长，也可以采用双标题的形式，大标题用一句精练的语言概述心得，小标题则按照"事项+文种"的结构书写，如：从小处着眼，推陈出新——参加××大学科技创新大赛的心得体会。

2．正文

心得体会的正文包括开头和主体两个部分。开头可以简述所参加的工作（或会议、活动）的基本情况，包括参加活动的原因、时间、地点，所从事的具体工作的过程及结果等，相当于对其进行简要回顾和总结；主体部分则重点表达参加此次活动后的体验、感受。

3．落款

心得体会的落款包括书写人和成文日期，其中书写人可以在标题下方另起一行标注，成文日期则一般放在文末右下角。

5.6.3 心得体会的范文与点评

【范文1——学习心得体会】

关于学习公司会议精神的心得体会

××公司全体人员于××××年×月×日下午集中对公司会议文件进行了学习（简述会议概括）。通过这次会议，我有以下浅薄的体会。

一、发人深省，鼓舞士气

××经理在行政报告中对我们提出"强基固本，务实创新，提升管理，创造效益，为全面推进公司健康发展而努力奋斗"的口号。那是在教我们如何用心去学习、用心去工作、用心去生活，那是在教我们如何对我们的职业专一、对我们的公司专一、对我们的事业专一，那是在教我们如何为公司奉献自己的力量、如何体现自己的价值、如何执着地追求自己的梦想。

××经理的行政报告对公司状况进行了分析、比较，并制订了明确的发展计划，言语情真意切。这让人看到我们公司是一个在高速发展的公司，是一个不断进步的公司。经济收益的增长，管理标准化的实施，对人才的不断培养，让人看到××公司是一个有理念、有前途、有社会责任感的企业。××经理的报告给了我们年轻的员工莫大的鼓舞，也教会了我们，只有辛勤地投入工作并积极地思考，才能积淀和历练出丰富的智慧，从容地应对各种困难，也只有敬业的职业态度和富有激情的精神状态才能铺就出一条成才之路。

二、相互沟通，共同进步

学习××发言稿中浓缩的各个项目部的精华，每次技术或管理的改革创新都包含了奋战在一线的员工的辛勤汗水。技术管理、质量管理、工程管理和安全管理，几乎包含了我们的全部工作，而这些工作都直接影响着公司的发展。只有技术过硬、管理合理才能保证工程质量，只有良好的质量才能树立良好的企业形象；工程管理人性化、科学化能给公司带来显著的经济效益，保证公司持续发展；科学严谨的安全管理，体现了企业对生命的尊重，更是企业不可推卸的社会职责。

通过这次学习，公司每个人都能学到新的知识，有新的收获。这样的学习能达到最大的资源共享，公司所有项目部都可以相互借鉴学习，取长补短，从而达到共同进步的目的。就我个人前程而言，这次学习会议是成功的，对项目部管理水平提高来说，这次学习是举足轻重的。职工素养提升，管理人员水平提高，这样的企业哪有不成功的？

三、保持警惕，再接再厉

公司近年发展面临诸多困难，但从经济分析上看，公司规模在扩大、效益在不断上升，前途是光明的，道路是曲折的。

公司的发展离不开所有人员，公司是集体的公司，是团队的公司。说到团队，那么我们每个人都要做到"自主性、思考性、合作性"，不能什么事都要领导去安排、什么事都要领导去解决、什么事都要领导去承担责任。作为一名新员工，可能我对公司的影响力非常小，但我愿意为公司的进步奉献出自己的力量。

四、登山远眺（略）（**将自身体会总结为四个方面，并分别进行了详细阐述**）

作为××公司的一名员工，我切身感受到公司正在向着规范化、科学化、精细化方向发展，在产品管理、服务意识、安全责任方面进一步加强，相信公司其他同事和我有共同的感受。时光荏苒，回顾我作为××公司员工所经历的故事，由衷地感谢公司领导对自己的信任和培养，在此也希望在今后公司飞跃的发展中不断完善自己，以更高的标准要求自己，提高自己的职业素质，做好本职工作（**对自身进行简要总结和要求**）。

××××年是公司抓住机遇发展的一年，我们有理由相信，在公司稳健、优秀的领导团队带领下，公司所有员工齐心协力，将会创造出更加辉煌的业绩，成就一个朝气蓬勃、诚信富强的企业（**表达出对公司美好的期望**）。

×××

××××年×月×日

点评： 这篇心得体会只用一句话说明了公司会议的召开人员、时间和内容，然后浓墨重彩地阐述了学习此次会议精神后的心得体会。整个体会的主体分为了4大板块，分别从鼓舞士气、相互沟通、保持警惕、登山远眺等方面详细表达了自己的感受。同时，这篇心得体会还在最后对自己提出了更高的要求，并对公司表达了更高的期望，使得全文结构非常饱满。

【范文2——活动心得体会】

大讨论活动心得体会

大讨论活动开展以来，我们单位全体干部职工利用这次机会，共同讨论，时刻关注工作进展情况，并针对找出的"瓶颈"问题进行了积极的交流、讨论（**简述背景**）。这次"大讨论"活动，使我进一步提高了对当前单位各项工作的了解，进一步增强了抓好本职工作的紧迫感，明确了今后需要进一步努力的方向（**浅谈活动的收获，并过渡到下文**）。

第一，提高自身素质，增强参与大讨论活动的积极性，使自己长期保持清醒的头脑，把提高工作能力作为一种责任，作为一种生活习惯，作为一种提高政策水平、提高办事能力的途径。以"四情服务"为行动指南，自觉地加强思想改造，真正理解全心全意为业户服务的宗旨，扎扎实实地开展各项工作。

第二，脚踏实地地做好本职工作，模范地履行一个公务员的职责。对领导干部来讲，最重要的是通过自己的实践，体现在自己的日常工作和学习上。（略）

第三，善于学习，掌握工作的本领。我们的管理工作，面临许多新问题、新矛盾、新内容，没有雄厚的专业知识和管理知识，即使有再好的愿望，也只能是事倍功半。所以在任何时候都必须不断地更新知识，丰富自己的工作技能和实践本领，善于在工作中开拓创新，这样才能达到良好的工作效果。思路决定出路，眼界决定境界。（略）

实践是检验真理的唯一标准。确定正确的思路之后，关键是狠抓落实（**进一步谈自身体会**）。

一是要深入研究，查找发展的成绩与差距，寻找发展中存在的好的做法与存在的不足。对于发展好的方面，要及时总结，并有针对性地大力推广，达到以点带面的效果；对于发展差的方面，要进行重点帮扶，找出发展慢的原因，力求以面促点。

二是要深入到广大业户之中，同时加强内部管理。加大与同事们的沟通力度，同时做到从群众中来，到群众中去，重点抓好食品安全、服务、建议、技术管理等各项工作。

学习大讨论活动的精神也让我更进一步认识到，提高自身工作素质是当前实现"率先改革、率先发展"的必要条件，我们要不断提高自身的业务水平，从而有能力、最大限度地维护广大经营业户和企业的切身利益（**对此次心得体会进行总结**）。

这次大讨论活动让我收获颇多，我会将这次活动中的学习所获运用于工作当中，更会以这次活动为契机，强化学习，扎实工作，尽职尽责做好本职工作，为管理事业的发展不懈努力，做出自己应有的贡献（**对自己提出具体的要求，自然收尾**）。

×××

××××年×月×日

点评： 这篇心得体会着重从自身如何努力和如何落实工作两个方面进行了阐述，结构与上篇范文有所区别，但本质是相似的。首先简要概括了大讨论活动的情况，然后首先谈到未来如何努力的感想体会，紧接着谈起自己对如何落实工作的理解，最后也对全文做了简单的总结，并给自己提出了新的要求和目标。

心得体会的模板及范文

写作与提高

问： **讲话稿不就是发言稿吗？为什么我在接待分公司负责人会议上写的发言稿被领导认为不妥呢？**

答： 讲话稿和发言稿在不作为公务文书时，两者可以通用，一旦作为公务文书，应严格区别使用。讲话一般体现主办方或上级领导的意见，从整体出发，具有一定的原则性、政策性、权威性；发言一般体现参与方平级或下级领导的意见，从自身的实际出发，畅所欲言，具有一定的务实性、灵活性。如"在某个会议上的讲话"和"在某个会议上的发言"可能内容写法相同，但在实际使用时要注意发文主体的角色问题。

问： 感觉心得体会和总结很类似，写的时候也不知道应该注意哪些方面，应该怎样有效地区分它们呢？

答： 一般来说，总结是单位或个人在一项工作、一个问题结束以后对该工作、该问题所做的全面回顾、分析和研究，力求找出有关该工作的经验教训，引出规律性的认识，用以指导今后的工作，它注重认识的客观性、全面性、系统性和深刻性。在表现手法上，在简单叙述事实的基础上较多地采用分析、推理、议论的方式，注重语言的严谨和简洁。 心得体会相对来说比较注重在工作、学习、生活以及其他各个方面的主观认识和感受，往往紧抓一两点，充分调动和运用叙述、描写、议论、说明，甚至抒情的表达方式，在叙述工作经历的同时，着重介绍自己在工作中的体会和感受。它追求感受的生动性和独特性，而不追求其是否全面和严谨，甚至可以只论一点。

第6章

经济类文书

经济类文书是企事业单位用于经济活动领域里的各种文体的总称，它们担负着反映经济情报、分析经济现状、提供经济方案、规范经济交往、促进商业销售等任务，都是为了提高经济效益而服务的。

本章将详细介绍多种经济类文书的写作方法，主要包括市场调查报告、商业计划书、可行性分析报告、经济合同、广告文案、招标书、投标书、清算报告、破产申请书等内容。

6.1 » 市场调查报告

市场调查报告是以科学的方法对市场的供求关系、购销状况以及消费情况等进行深入细致的调查研究后所写成的书面报告，其作用在于帮助企业了解并掌握市场的现状和趋势，增强企业在市场经济浪潮中的应变能力和竞争能力，从而有效地提升经营管理水平。一份好的市场调查报告，能为企业的市场经营活动起到有效的导向作用，能为企业的决策提供客观依据。

6.1.1 市场调查报告的特点

市场调查报告最显著的特点就是具有针对性、真实性和时效性。

◆**针对性：**市场调查报告通常都是针对某一地区、某一商品或是对某个问题而撰写的，写作有明确的针对性和目的性。只有这样，才能为企业决策提供有利的依据。市场调查的针对性越强，写成的市场调查报告就越具有指导意义。

◆**真实性：**市场调查报告必须从实际出发，通过对真实材料的客观分析，才能得出正确的结论，否则就失去了它的指导意义，甚至有可能使企业做出错误的决策，影响企业的发展。

◆**时效性：**市场调查报告应当能够迅速捕捉市场新动态、新特点，及时加以分析研究，不仅要及时反映出目前存在的问题，而且要提出相应的政策、办法、措施等。所以时效性是市场调查报告的重要特点，准确及时的市场调查报告才有利于企业的发展。

6.1.2 市场调查报告的类型

按照不同的标准，市场调查报告可以有多种分类，根据调查内容的不同，市场调查报告可分为需求方面的市场调查报告、供给方面的市场调查报告和其他方面的市场调查报告。

◆**需求方面的市场调查报告：**这类市场调查报告主要是通过对消费者的广泛调查，了解消费者的数量、分布地区、经济状况、购买喜好等。只有充分了解消费者的各种需求，才能准确把握企业未来生产的方向和规模，获得更高的经济收益。

◆**供给方面的市场调查报告：**这类市场调查报告主要指市场供给情况的调查报告和企业产品供应情况的调查报告。前者是通过调查了解该种产品在市场上的供求比例、产品生产厂家的有关情况、产品供给前景等；后者是通过调查了解企业的生产情况和销售情况、企业产品的市场占有率以及影响销售的主要因素、产品销售的渠道与构成等。调查分析各种供给数据，才能控制企业生产成本，使企业利润最大化。

◆**其他方面的市场调查报告：**除了需求和供给外，市场调查报告还可以有关于价格的调查报告、关于市场竞争情况的调查报告等。产品价格调查报告主要调查的是产品成本、税金、市场价格变动、消费者对产品市场价格变动的反应等内容；市场竞争情况调查报告则主要调查的是市场竞争程度、竞争对手的基本情况、竞争产品等内容。

6.1.3 市场调查报告的模板与格式

市场调查报告没有固定不变的格式，不同的市场调查报告的写作方式，主要依据调查的目的、内容、结果以及主要用途来决定。但一般来说，各种市场调查报告在结构上都包括标题、导言、主体和结尾几个部分，其写作模板如图6-1所示。

[事项]调查报告

[介绍此调查报告的基本情况，如调查方式、对象等]。

[说明调查的数据结果，通过分析数据得出结论]。

[对调查进行总结，也可提供附录参考]。

图6-1　市场调查报告的模板示例

1．标题

市场调查报告的标题必须准确揭示调查报告的主题思想，要求简单明了、高度概括、题文相符。如《××市居民住宅消费需求调查报告》《关于化妆品市场的调查报告》等。

2．导言

导言一般说明市场调查的目的和意义，介绍市场调查工作的基本概况，如市场调查的时间、地点、内容和对象，以及采用的调查方法、方式等。

3．主体

主体是表现调查报告主题的重要部分，要求客观、全面阐述市场调查所获得的材料、数据，并用以说明有关问题，得出有关结论；对有些问题、现象要做深入分析、评论等。总体而言，主体部分就是运用市场调查的各种材料数据，分析研究出准确的结果。专业性较强的市场调查报告动辄几十页到几百页的篇幅，其中使用了大量的表格、图形、图表等工具来强化数据表现形式，使得调查结果非常专业和准确。

4．结尾

结尾主要是对市场调查结果的总结，也可以对研究结果提出对策措施，供有关决策者参考。有的市场调查报告还有附录，其内容一般是有关调查的统计图表、有关材料出处、参考文献等。

6.1.4　市场调查报告的范文与点评

××鞋业调查报告

导　言

××集团着眼于企业的发展方向，欲进军××市的鞋类市场，特委托××营销策划公司对××消费者鞋类需求状况，做了一次调研。该公司于××××年×月×日至×月×日做了关于××消费者鞋类需求状况的市场调查。本次调查的目的旨在深入了解××消费者对于鞋子的需求状况及消费偏好等方面的信息，进而为××集团进军××鞋业提供市场调研并编制调研投资，为××集团提供决策依据。本次调查旨在了解消费者的基本情况及信息，了解消费者购买鞋子的相关因素，了解消费者对于当前鞋子的创新要求及建议，并根据调查结果为××集团提供必要的市场依据。由于本次调查的消费群体具有广泛性，所以我们将本次调查对象设定为××市的小孩、青少年、中年人和老年人，通过随机抽样调查方式在××市各地区街道抽取被调查者进行实地调查，现场发放调查问卷并当场收回，此次调查问卷样本容量为××份，有效问卷××份，本次问卷填写质量较高，有效问卷占××%，我们将这××份问卷运用

××专业软件进行数据分析，并与二手资料相结合，根据调查结果提出针对××鞋类市场的分析和建议（概括本次市场调查的目的和调查得到的有效数据情况）。

正 文

一、调查结果的阐述（对得到的数据进行详细分析，包括单一变量分析和相关因素分析等，得到各种关于鞋子的真实数据，如鞋子风格、颜色、价格等）

（一）单一变量分析

1．受访者男女比例情况（略）

2．受访者年龄比例情况（略）

3．受访者月收入比例情况（略）

4．跟随潮流购买鞋子的比例情况（略）

5．受访者喜爱不同风格鞋子的比例情况（略）

6．受访者喜爱鞋子颜色的情况（略）

7．消费者购买鞋子地点的情况（略）

8．关于消费者对鞋子售后重视程度的情况（略）

9．消费者能接受鞋子价格的情况（略）

10．消费者了解鞋子的渠道分布情况（略）

11．引起消费者购买鞋子的因素的比例情况（略）

12．受访者喜爱不同材质鞋子的比例情况（略）

13．受访者购买鞋子所考虑的因素情况（略）

14．关于消费者倾向不同功能鞋子的情况（略）

15．消费者对于当前鞋子的建议情况（略）

（二）相关因素分析

1．关于影响男女购买行为的相关因素分析（图略）

女生在特价促销和穿着搭配需要上远远高于男生，所占比例为80%，男生在特价促销和穿着搭配上分别只有64.29%和57.14%。而男生在鞋子损坏这一因素上的数据为64.29%，明显高于女生的43.3%，在新款上市这一因素上女生所占份额为43.3%，而男生则为28.57%，其他因素男生所占比例为3.57%。产生这样的结果可能是因为男女性别的天性。××集团在进军××制鞋业时要注重男女性别的特点去生产相关功能的产品或者按照消费者不同的侧重点去生产相应的鞋子，或者按照男女不同的消费特点去做广告宣传。

2．关于不同年龄阶段喜爱鞋子颜色的相关因素分析（图略）

在不同的年龄阶段人们对鞋子颜色的喜好不同，其中经典色（黑白灰）是最受广大人群喜爱的，占了其总数的58.62%，远远高于了其他颜色，无论在哪个年龄阶段人们对这类颜色的鞋都是很喜欢的，其中46岁以上的人最喜欢经典色，特别是61岁以上的人群只喜欢经典色，对于其他颜色都不喜欢。其次就是喜欢两色及以上的占了总数的24.14%，喜欢这类颜色的人们一般集中在60岁以下，其中主要是19~30

岁这个年龄阶段的人群。（略）

由此可见××集团在进军××制鞋业时，无论生产哪个年龄阶段的鞋子，经典色（黑白灰）的鞋子都应多生产，特别是针对46岁及以上的消费者时应该大量生产，针对18岁以下这一年龄阶段的消费者时，应多生产一些经典色（黑白灰）和鲜艳的颜色，两色及以上的适中。（略）

3．关于男女喜欢不同材质鞋子的相关因素分析（略）

二、营销建议及对策（**根据得出的结论进行综合分析并提出营销建议和对策**）

对于拥有××多万人口的××市而言，鞋类需求的市场前景是巨大的，××集团进入××鞋业市场是非常具有发展前景的。但是通过对各方面相关因素的分析，我们得出××市民对于鞋类存在许多特殊化需求。对此，我们针对这一现象提出以下建议及对策。

（一）××市是一个充满活力的城市，年轻人对于时尚的追求也是无止境的。对此，在鞋子的设计方面应注重偏向于年轻化、时尚化、多彩化、个性化，使之更符合年轻人的性格，体现出年轻化的特点。打开青少年市场将是尤为重要的一步。

（二）××人消费都比较理性化，很少有人会跟风买鞋。所以，我们应坚持自己的特色和个性，不可盲目跟风改变自己的风格，以免得不偿失。

（三）经典的黑色、白色和灰色仍然是市场需求的主导，而不管是上班族、学生族，或平时休闲娱乐的人群，都更偏向于这一风格的鞋子。但是，多色系列的鞋子以及经典、大方、优雅、时尚鞋子的需求比例也逐渐上升。所以，在延续各种经典款式色彩的同时，也应适度开发一些多色的鞋子，以满足不同人群对于鞋子的不同需求。

（四）尽管如今网络已经十分普及了，但是××市民在购买鞋子时还是只有很小一部分人选择在网上购买，而选择在商场、品牌店，甚至普通鞋店购买的人却很多。形成这一现象的主要原因是消费者认为在实体店能得到更好的售后服务。对此，在销售鞋子时还是应以实体店为主，建设自己的品牌专卖店，扩展自身的品牌实力。同时，注重售后服务，让消费者的购买欲望更强烈，保证回头客的数量。

（五）伴随着生活水平的提高，市民对于消费的热情也不断高涨，对鞋子的消费需求表现得更加积极。但是，绝大多数的消费者仍然偏向于选择101～350元这一价格段的鞋子，这说明鞋类市场还是以中低端为主。对此，我们应该更加重视这一价位段的鞋子市场，及时更新换代产品。加强在这一消费人群的广告宣传，提高产品知名度。

（略）

结 束 语

中国公民目前平均每人每年消费鞋为××双，远远低于×国公民每人每年平均××双的消费水平，这也是中国鞋子市场巨大的潜力所在。"毫无疑问，5年到10年内，中国将成为世界最大的鞋消费市场。中国国内市场增加一半，就将达到年消费鞋子70亿双，而××市常住人口为××万人，这就意味着××市制鞋的市场空间非常巨大，××集团也一定可以在××鞋业市场乃至中国鞋业行业分得一杯羹，我们也由衷地祝福××集团在未来的日子里如日中天，在制鞋行业独占鳌头（**总结该地区鞋业的情况，并适当展望未来**）。

点评： 这是一篇较为简单的市场调查报告，但也能体现市场调查报告的基本写法。该报告首先说明了为什么进行市场调查，以何种方式调查，接着说明如何处理调查得到的数据，如何进行结果分析，如何给出建议和对策，以及如何根据分析结果进行总结，这一系列内容均是市场调查报告中应当包含的内容，也是一篇基础性市场调查报告的必备内容。

扫一扫

市场调查报告
的模板及范文

6.2 » 商业计划书

商业计划书是全方位的项目计划，其主要意图是递交给投资商，使企业获得融资。商业计划书有相对固定的格式，它几乎包括投资商所有感兴趣的内容，如企业成长经历、产品服务、市场营销、管理团队、股权结构、组织人事、财务、融资方案等。

6.2.1 商业计划书的模板与格式

商业计划书虽然篇幅较长，但格式却较为固定，主要包括封面、保密协议、目录和正文几个部分，其部分写作模板如图6-2所示。

[公司名称+项目全称]项目

商业计划书

[公司全称]

[　　年　月]

图6-2　商业计划书的模板示例

保密承诺

本商业计划书内容涉及本公司商业秘密，仅对有投资意向的投资者公开。本公司要求投资公司项目经理收到本商业计划书时做出以下承诺：

妥善保管本商业计划书，未经本公司同意，不得向第三方公开本商业计划书涉及的本公司的商业秘密。

项目经理签字：×××

接收日期：××××年××月××日

摘　要

1. 公司概述[公司名称、成立时间、注册资本，股权结构，主营业务，过去三年的销售收入、毛利润、纯利润，公司地点、电话、传真、联系人]

2. 研究与开发[已有的技术成果及技术水平，研发队伍技术水平、竞争力及对外合作情况，已经投入的研发经费及今后投入计划，对研发人员的激励机制]

3. 产品与服务[产品/服务介绍，产品技术水平、新颖性、先进性和独特性，产品的竞争优势]

4. 管理团队和管理组织情况[姓名、性别、年龄、学历、毕业院校，主要经历和经营业绩]

5. 行业及市场[行业历史与前景，市场规模及增长趋势，行业竞争对手及本公司竞争优势，未来3年市场销售预测]

6. 营销策略[在价格、促销、建立销售网络等各方面拟采取的措施]

7. 融资说明[资金需求量、使用计划，拟出让股份，投资者权利，可接受的退出方式]

8. 财务计划与分析[未来3年的销售收入、利润、资产回报率等]

9. 风险因素[可能出现的风险，如何应对]

10. 退出机制[项目成功实施后投资者的退出方式]

图6-2　商业计划书的模板示例（续）

1．公司概述

公司名称：

成立时间：

注册资本：

实收资本：[说明其中现金到位数和无形资产]

注册地点：

公司性质：

公司沿革：[说明自公司成立以来主营业务、股权、注册资本等公司基本情形的变动，并说明这些变动的原因]

主要股东：[列表说明目前股东的名称、出资、单位和联系电话]

组织机构：[用图来表示]

主要业务：[公司曾经经营过的业务和目前经营的业务及主营业务]

员工人数及文化结构：[员工人数和文化程度及所占相关比例，请列表说明]

财务历史数据：[列表说明本年度及前3年的销售收入、毛利润、纯利润、总资产、总负债、净资产等]

对外投资：[独资、控股、参股的公司情况并以图形方式表示]

未来3年的发展战略和经营目标：[行业地位、销售收入、市场占有率、产品品牌以及上市计划等]

图6-2　商业计划书的模板示例（续）

1．封面

商业计划书封面包含的项目可多可少，但标题、公司名称、项目名称和成文日期这几个要素是必不可少的。标题格式一般为"商业计划书"或"××（项目简称）商业计划书"，公司名称和项目名称一般都需要准确写明全称，成文日期格式为"××××年××月"。

2．保密协议

保密协议不是必需的内容，但为了保证公司数据的安全，可以在封面后第一页编排这个部分，内容大致是要求投资方负责人保守公司商业秘密，并需要预留对方签字的区域。

3．目录

商业计划书由于篇幅较长，因此需要另起一页编排目录，使投资方可以更快捷地了解和阅读商业计划书的内容。

4．正文

商业计划书的正文由许多部分组成，归纳起来如下所示。

◆**商业计划书摘要：**这一部分是商业计划书的精华，反映商业计划书的所有内容，可以方便投资人快速了解商业计划的内容，它主要包括公司概述、研究与开发、产品或服务、管理团队和管理组织情况、行业及市场、营销策略、融资说明、财务计划与分析、风险因素、退出机制等内容。

◆ **公司概述**：介绍公司过去、现在以及未来的规划，包括公司名称、地址、联系方法、业务情况等。

◆ **研究与开发**：介绍投入研究开发的人员、资金计划及所要实现的目标，主要包括研究资金投入、研发人员情况、研发设备、研发的产品、技术先进性及发展趋势等。

◆ **产品或服务**：介绍产品或服务的内容，包括产品的名称、特征及性能用途，产品的开发过程，产品的市场前景和竞争力等。

◆ **管理团队**：介绍公司管理团队情况，包括公司的管理机构、核心成员、重要员工、薪金、股票期权、劳工协议、奖惩制度等。

◆ **市场与竞争分析**：介绍产品的销售金额、增长率和产品或服务的总需求等，需要做出有充分依据的判断。除此以外，还需要介绍细分市场、目标客户、生产计划、收入、利润、市场份额、营销策略、发展趋势、竞争对手等内容。

◆ **生产经营计划**：介绍产品的生产制造及经营过程，包括产品的原料、供应商、劳动力、厂房、土地等。说明产品的生产经营计划、生产技术能力、品质控制和质量改进能力、生产设备、工艺流程等内容。

◆ **财务分析和融资需求**：介绍过去几年和今后几年（一般是三年）的历史数据和发展预测，提供想要的资产负债表、利润表、现金流量表以及年度财务总结报告。另外还需要说明投资计划和融资需求等内容。

◆ **风险因素**：说明项目实施过程中可能遇到的风险，提出有效的风险控制和防范手段。

◆ **投资者退出方式**：介绍商业计划付诸实施且公司上市后投资者的各种退出方式，如股票上市、股权转让、股权回购、利润分红等。

6.2.2 商业计划书的范文与点评

××全球物流资讯网项目

商业计划书

××信息技术有限公司

××××年××月

（**以上4行是封面内容**）

保密承诺

本商业计划书内容涉及本公司商业秘密，仅对有投资意向的投资者公开。本公司要求投资公司项目经理收到本商业计划书时做出以下承诺：

妥善保管本商业计划书，未经本公司同意，不得向第三方公开本商业计划书涉及的本公司的商业秘密。

项目经理签字：×××

接收日期：××××年××月××日（**保密承诺需要投资方签字并写明日期**）

目　录

摘　要

1．公司基本情况（**概述商业计划书各个部分的总体内容**）

××信息技术有限公司成立于×××年×月×日，注册地点：××市××区××路中段××号××室，注册资金××万元，主要股东：××（60%）、××（10%）、×××（30%），主营全球物流资讯网。兼营网络产品、域名注册、网页制作、虚拟主机、服务器出租，以及GPS设备。

联系人：×××135×××××××

　　　　×××150××××××××

传真：0××-8328××××

2．主要管理者情况

×××，男，××岁，毕业于××大学物流管理专业，团员，从事互联网××年，从事物流行业××年。

×××，男，××岁，毕业于××工程学院市场营销专业，团员。

×××，男，××岁，毕业于××交大网络学院，党员，从事金融行业××年。

××，男，××岁，毕业于××交大工商管理学院，党员，从事物流、电子商务××年。

3．研究与开发

合作团队：××软件有限公司。

4．行业及市场

电子商务物流在我国具有广阔的发展空间。国家和企业都十分重视发展电子商务，并在电子商务方面取得了巨大的成绩，但还有待发展。

5．营销策略

主要收入来源：会员年费、广告收益、中介收益、物流项目策划收益、物流传媒收益。

6．产品制造

目标市场：全球生产制造企业、全球物资流通企业。

公司优势：具备优秀的经营管理才能的高素质团队。

7．管理

公司与每位员工签订劳动用工合同。

公司为每位员工购买医疗、失业、工伤、养老、生育保险，缴纳住房公积金。

8．融资说明

融资金额：投入100万～500万元用于项目启动以及市场宣传，让出20%股份，投资方不参与管理，只限于项目监督。

退出方式：管理层收回股权。

9．财务预测

未来三年销售收入预计2000万元，200%～300%的利润回报。

（略）

第一部分　公司基本情况（**依次向投资方展示公司及项目的相关情况**）

公司名称：××信息技术有限公司

成立时间：××××年×月×日

注册资本：××万元

实际到位资本：××万元

其中现金到位：××万元

无形资产占股份比例：××%

注册地点：××市××区××路中段××号

公司性质：有限公司

（略）

第二部分　公司管理层

董事长

姓名：××；性别：男；年龄：××；籍贯：××××；

联系电话：135×××××××××；

学历：大专；所学专业：物流管理；职称：物流师；

毕业院校：××广播电视大学；户口所在地：××

（略）

第三部分　产品/服务

目标市场：全球生产制造企业、全球物资流通企业。

公司优势：具备优秀的经营管理才能的高素质团队。

平台服务：物流书籍、全球GPS运营中心、短信通服务、物流软件、企业形象展示、虚拟网、WAP、地图、在线书库、论文和试题、二手物流车货交易平台、品牌管理和营销管理，市场预测报告和推广策略、物流传媒。

（略）

第四部分　研究与开发

到目前为止，公司在技术开发方面的资金总投入100万元，计划再投入的开发资金100万～500万元，计划分三期完成项目的实施和完善。

公司现有技术开发资源以及技术储备情况：××软件技术有限公司。

公司寻求技术开发依托××大学物流工程研究所。

基本原则：在定编定岗的前提下，针对不同阶层、不同部门、不同个人采用不同的激励措施。

（略）

第五部分　行业及市场情况

行业情况：

1．电子商务物流在我国具有广阔的发展空间。国家和企业都十分重视发展电子商务，并在电子商务方面也取得了巨大的成绩，可在电子商务物流方面却还有待发展。

2．发展大规模数字化定制业务，必须发展电子商务物流。

3．信息技术与物流技术的发展为电子商务物流提供了基础。

（略）

第六部分　营销策略

主要收入来源：

1．会员年费；

2．广告收益；

3．中介收益；

4．物流项目策划收益；

5．物流传媒收益。

（略）

第七部分　管　理

公司与每位员工签订劳动用工合同。

公司为每位员工购买医疗、失业、工伤、养老、生育保险，缴纳住房公积金。

（略）

第八部分　融资说明

新增投资中，需投资方投入100万元，公司自身投入5万元。

投资方只享有监督权利及其行政管理权利，不参与高层管理以及财务管理。

（略）

第九部分　财务计划

产品形成规模销售时，毛利润率为300%，纯利润率为200%。

（略）

第十部分　项目实施进度

一期建设：××××年××月××日至××××年××月××日

二期建设：××××年××月××日至××××年××月××日

三期建设：××××年××月××日至××××年××月××日

点评： 商业计划书的终极目标就是让投资者将资金投入到申请的项目上来，为了实现这一目标，就需要吸引投资者，让投资者看好这个项目的前景。若要吸引投资者，就需要将与项目相关的所有情况和数据向投资者透露，这就使商业计划书的内容过多，篇幅过长。但无论有多少内容，需要向投资者展示的内容却相对固定。上述范文中第一部分至第九部分基本上就是商业计划书应当包含的内容，但具体写法也需要根据不同行业的情况来决定。总而言之，商业计划书的写作难度是很大的，需要不断设计、讨论、修改才有可能得到相对满意的内容，若想得到投资者青睐，还需要进一步提高商业计划书的质量才行。

扫一扫

商业计划书
的模板及范文

6.3 » 可行性分析报告

可行性分析报告是依据一定时期内国民经济长期规划、地区规划、行业规划的要求，对拟建或拟改造工程及科研项目，在技术上、经济上、效益上通过周密的调查、分析，并通过多种方案的比较，论证其是否合理及可行的一种书面报告。撰写可行性分析报告是投资决策前必不可少的关键环节。

6.3.1　可行性分析报告的特点

可行性分析报告能够全面深入地进行市场分析、预测，为项目是否可行提供强有力的数据支撑，它具有以下几种特点。

◆**科学性：** 可行性研究报告必须依据科学的理论和大量准确的文献、资料来论证拟建项目在技术、经济上的可行性、合理性，所以科学是其基本依据。

◆**系统性：** 可行性研究报告是一个全面的系统工程，必须对影响拟建项目的各种因素进行综合分析，包括动态和静态的分析、定性和定量的分析、宏观和微观的分析、技术角度和效益角度的分析等。

◆**论证性：** 可行性研究报告在项目正式开始前，要从技术、经济、社会效益等角度对项目进行综合分析，论证必须有说服力，逻辑严密。论证的充分与否，直接关系到项目能否通过。

6.3.2 可行性分析报告的类型

按不同分类标准，可行性分析报告可分为不同的类型。

◆ **按经济活动对象的不同：** 将其划分为科技类（包括高科技开发项目、技术引进项目等）可行性分析报告、生产类（包括开发新产品、建设项目等）可行性分析报告、经营类（包括合资经营等）可行性分析报告。

◆ **按内容不同：** 将其划分为政策可行性研究报告、建设项目可行性研究报告等。

◆ **按规模不同：** 将其划分为可行性研究报告、大中型项目可行性研究报告等。

6.3.3 可行性分析报告的模板与格式

可行性分析报告一般由标题、正文和结论几部分构成，其写作模板如图6-3所示。

[事项]可行性分析报告

[说明与项目相关的各方面内容，如市场分析、发展预测、
实施计划、投资效益等]。

[说明项目是否可行等内容]。

图 6-3　可行性分析报告的模板示例

1. 标题

可行性分析报告的标题一般由事项和文种组成，有时也可由项目主办单位名称、事项和文种组成，如《地块项目可行性分析报告》《××市火力发电厂进口机组项目建设可行性研究报告》等。

2. 正文

可行性分析报告的正文篇幅较长，包含与项目相关的各个方面的内容，如项目总论、现状评价、项目市场分析、项目规划方案、发展预测及项目规模、建设条件与协议条件、建设方案、实施计划、投资与效益、生产管理与人员培训等。

3. 结论

不同可行性分析报告由于项目的不同，侧重的内容也不相同，但最终正文都应当全面且系统地体现与该项目相关的各方面数据说明、分析和结果，最后才能提出是否可行，或者选择投资少、周期短、成本低、利润大的项目可行性方案。

6.3.4 可行性分析报告的范文与点评

餐饮可行性分析报告

一、引言

随着生活水平的不断提高，现在人们在日常饮食方面不仅仅满足于"吃得饱"，更追求"营养美味、独具特色"，同时希望享受到干净雅致的环境和真诚周到的服务。

二、项目概况

1．项目名称：建立绿色餐厅。

2．项目建设地点：××街。

3．项目联系人：×××　联系电话：13×××××××××。

4．项目建设类型：新建创新。

5．项目建设规模与内容：小规模。

6．项目投资估算：项目总投资为350万元。

7．效益分析：项目建成后，年创利税50万元。

三、餐厅主营业务及特色

主营美食

（一）主菜

糖醋排骨、宫保鸡丁、红烧肉、回锅肉、麻辣豆腐、木须肉、鱼香茄子、水煮肉片、鱼香肉丝。

（二）风味小食

鸭血粉丝汤、小馄饨、小煮面、小笼包、煮干丝、如意回卤干、状元豆/五香蛋、蒸饺、糕团小点。

四、建立餐厅的必要性和可行性

（一）必要性

经考察及问卷调查，我们认为在自己所熟悉的家乡开一家餐厅是很有发展前景的，以下几点可以充分解释开店的必要性。

1．有大部分的市场需求，国以民为本，民以食为天，一家高雅的绿色餐厅可以给消费者提供良好的用餐环境。

……

（二）可行性

随着人们消费水平的提高，健康的饮食享受越来越受到人们的青睐，根据调查，周边存在着大量的潜在消费者，市场竞争小，还存在着市场缝隙……

五、位置选择因素分析

选址时我们必须对以下几个细节问题进行调查。

1．可见度：是餐饮店被往来行人或乘车者所能看到的程度。场所可见度越高，餐厅越容易引起客人的重视，他们来店吃饭的可能性越大。

……

六、建设餐厅的基础条件（在自身条件限制范围内）

1．资金：自身一部分的资金，加上合作伙伴的投资资金。

……

七、经费预算

初始投资及装修费20万元。

......

八、环境保护与安全措施

1．环境保护：既然餐厅是以绿色高雅为主题，不仅菜是绿色健康的，装潢更要能够体现绿色，能够给人带来一种清新、舒适、大自然的感觉。同样，菜也必须色香味俱全，看得顺心，吃得放心。

......

九、项目组织管理与保障措施

1．组织机构：组织机构很明确，由于是合营制，由总决策人、一个经理、一个副经理、两个领班（两班制的）组成，领班直接领导两个厨师，八个服务员。

......

十、效益分析与风险评价

（一）效益分析……

（二）风险评价……

十一、总结

根据合同协议，合作单位与我们一同承担风险，可以降低我们的经营风险……从财务上来说，该方案可行。

点评： 这篇可行性分析报告较为简单，只是对该项目的可行性进行了初步的分析，但是从写法和结构来看，却是较为典型的可行性分析报告的写法。从开篇的引言，到项目概况、业务和特色、必要性和可行性、位置选择、基础条件、经费预算、环境保护和安全措施、组织管理和保障措施、效益分析与风险评价等方面，简单但全面地进行了说明、分析和总结。整体来看，这篇可行性分析报告的分析力度还有所欠缺，论据与论证还不够彻底，但在写法和结构上值得借鉴。

扫一扫

可行性分析报告
的模板及范文

6.4 » 经济合同

合同又称为契约、协议，是平等的当事人之间设立、变更、终止民事权利义务关系的协议。经济合同是合同的一个大类，指平等民事主体的法人、其他经济组织，个体工商户、农村承包经营户相互之间，为实现一定的经济目的，明确相互之间的权利义务关系而订立的合同。

扩展阅读 **经济合同的种类**

《中华人民共和国合同法》第二篇"分则"部分就将合同按业务性质和内容分成了15类，它们或多或少都与经济活动挂钩，因此在一定程度上也可以视其为经济合同的种类。这15类经济合同分别是：买卖合同，供用电、水、气、热力合同，赠予合同，借款合同，租赁合同，融资租赁合同，承揽合同，建设工程合同，运输合同，技术合同，保管合同，仓储合同，委托合同，行纪合同，居间合同。

扫一扫

经济合同的种类

6.4.1 经济合同的主要内容

从合同当事人确定相互权利义务关系的角度来看，经济合同的各项条款主要包括：（1）当事人的名称或姓名和住所；（2）标的；（3）数量；（4）质量；（5）价款或酬金；（6）履行期限、地点和方式；（7）争议解决方式；（8）违约责任。

6.4.2 经济合同的模板与格式

经济合同主要由标题、正文和落款等要素组成，其中正文主要包括开头、引言和主体3个部分，其写作模板如图6-4所示。

1．标题

经济合同标题最常见的写法就是"事项+文种"的格式，如房屋租赁合同、借款合同等。

2．正文

经济合同正文应首先写明合同双方当事人姓名及住所，当事人指订立合同的双方单位或当事人姓名。名称可以简称甲、乙，出租方、承租方，委托人、受托人等，以便在叙述合同条款时行文方便。比较重要的合同还要在当事人名称上方或右上方注明合同编号、签订时间、签订地点等。

引言部分应写明订立合同的目的、根据、是否经过双方平等协商等，如利用"根据……为了……经双方协商一致，签订本合同"等惯用语过渡到正文主体部分。

[事项]合同

[合同编号]

甲方：[甲方全称]　　　　乙方：[乙方全称]

地址：[甲方详细地址]　　　地址：[乙方详细地址]

为了[说明目的]，根据[说明依据]法律的规定，[合同签订双方名称]双方经过充分协商，特订立本合同，以便共同遵守。

第一条　名称、品种、规格和质量

[按条款说明详细内容]

第二条　数量和计量单位、计量方法

[按条款说明详细内容]

……

第[条款编号]条　[条款标题]

[按条款说明详细内容]

本合同一式[合同份数]份，双方各执[合同份数]份。

甲方：[甲方全称]　　　　乙方：[乙方全称]

法定代表人：[签订者姓名]　法定代表人：[签订者姓名]

[签订日期]　　　　　　[签订日期]

图6-4　经济合同的模板示例

主体部分需要说明经济合同的主要内容，一般采用条文式的结构，各主要内容的具体写法如下。

◆**标的：** 标的是合同当事人双方权利和义务的共同指向对象。签订合同时，标的必须明确，否则合同无法顺利执行。标的可以是实物，也可以是非实物，可以是货物、劳务，也可以是工程项目。

◆ **数量和质量：** 标的的数量是标的的具体量化指标，是以数字和计量单位来衡量的标的的尺度，是计算标的价款的直接依据，一定要明确、具体；质量是标的内在特征和品质的规定，如成分、品种、等级、保质期等，同样必须有明确的说明。

◆ **价款或酬金：** 价款或酬金是合同中一方用货币数量形式付给另一方标的的代价，体现标的的价值。以货物或工程为标的的经济合同，其代价体现为价款；以劳务为标的的合同，其代价体现为酬金。无论是货物或工程涉及的单位价格与总价款，还是劳务涉及的酬金的单价标准和计算方法，都需要在合同中明确、具体。

◆ **履行期限、地点和方式：** 履行期限是指合同当事人各方权利义务执行的时间界限。如购销合同的期限表现为供方的交货时间、需方的付款时间；履行地点是指完成经济合同内容、具体履行义务的地点，如交货、运货、承建等地点；履行方式是当事人履行义务的方式，如购销合同中，供方是分批交货还是一次性交货，是提货还是送货，用什么方式运输等，都需要说明。

◆ **争议解决方式：** 争议解决方式是指在合同履行过程中出现争议或纠纷时如何解决问题，比如由双方当事人友好协商，还是提请仲裁，还是向人民法院上诉等，需要说明清楚。

◆ **违约责任：** 违约责任是对不按合同规定履行义务的制裁措施，是维护合同各方合法权益的保证。

◆ **合同附则：** 主要包括与合同相关的生效时间、有效期限、合同份数、保管方式等，有的合同还附有表格、图纸、实样等附件，也可以在这部分加以说明和体现。

3．落款

合同的落款要说明合同双方单位名称、法定代表人及委托代理人签名，双方当事人加盖印章，双方当事人的地址、电话、邮政编码、传真号码、开户银行名称、账号等。若有签证或公证单位，要写明签证、公证单位的名称、代表人姓名、加盖公章或私章。最后再写明合同的签订日期即可。

6.4.3 经济合同的范文与点评

【范文1——购销合同】

产品购销合同

供方：××××××××   需方：××××××××

根据需方提出的需求，本着平等互利的原则，供方与需方经友好协商，就购买供方提供的商品达成如下合同，以共同遵守，内容详见以下各项：

一、货名、规格、数量、金额（单位：元）（以表格形式显示销货数据，效果更好）

产品名称	规格型号	单位	数量	单价（元）	金额（元）
×××	×××	××	××	×××	×××××
大写金额合计（元）	×××××××××××整			小写金额合计（元）	×××××整
注：					

二、交货时间、地点

由需方指定，运费由供方承担。供方将货物运输至需方指定地点后，经需方书面验收合格，货物毁损灭失风险转移至需方。

三、验收

1．需方应在产品到货后3天内完成验收并出具验收报告。

2．需方在验收中如发现产品品种、型号、规格、数量、质量与本合同规定条件不符，须在产品到货后3日内提出书面异议和处理意见，供货时间不顺延。如需方未按规定期限提出书面异议的，视为所供产品验收合格，该验收合格并不代表免除供方承担货物瑕疵担保责任。

四、质保

发生任何硬件故障，供方提供一年免费上门维修服务，一年以后硬件更换只收取成本费，软件故障供方提供长期电话技术支持，需方也可另签补充服务协议。质保期为货物验收合格后一年。

五、付款方式及期限

1．供方作为需方长期供应商，供方将提供产品调试完毕并经需方验收合格后，支付合同金额，金额即为人民币￥×××××元（大写：￥×××××××××××整）。

供方全称：×××××××××

开 户 行：×××××××××

账　　号：×××××××××

2．支付上述款项前，供方须向需方提供真实、合法、足额完税的发票，款项以转账支票的形式支付，需方在收到真实、合法、足额的发票后30个工作日内支付（**以上详细说明了商品交货、验收、质保以及付款的签订内容**）。

六、违约责任

1．任何一方违反本合同的约定，应向对方支付合同总金额5%的违约金。

2．逾期交货或逾期付款的每逾期一日应支付合同总金额千分之三的延迟履行违约金。逾期超过7日，需方有权单方面解除本合同，且供方应承担由此给需方造成的一切损失。

七、解决纠纷方式

因本合同或与本合同有关的一切争议，双方首先友好协商解决，协商不成，双方同意将争议提交需方所在地人民法院（**以上重点说明违约及纠纷的解决**）。

八、其他约定事项

1．在需方未付清全款前，本合同所列设备的所有权归供方所有。

2．本合同附件及补充协议是本合同不可分割的，并具有同等法律效力。

3．本合同一式4份，需方3份，供方1份。

4．本合同自双方签字盖章之日起生效。

供方代表：×××　　　　　　　　　　需方代表：×××

部门负责人：×××　　　　　　　　　部门负责人：×××

经办人：×××	经办人：×××
单位盖章：	单位盖章：
××××年×月×日	××××年×月×日

点评： 这篇产品购销合同篇幅很短但内容完整到位，基本上交代了经济合同中包含的所有主要内容，如当事人的名称，货物的名称、规格、数量和金额，交货的时间和地点，验收方式，质保方式，付款方式及期限，违约责任，争议解决方式，以及其他约定事项等。对于购销合同而言，交货时间、地点，验收方式等是非常重要的，是风险转移的分界点，因此必须准确明白地反映到合同中。不过，产品交货数量的正负尾差、合理磅差和在途自然损耗量等，并没有在合同中明确注明，或许是双方达成共识，按实际收货量结算，也可能是该货物一般不存在这类误差。总体而言，这篇购销合同简单且完整，语言准确到位，内容系统全面，不失为一篇典型的范文。

【 **范文2——借款合同** 】

借款合同

甲方（出借人）：×××××××

住所：××××××××××

乙方（借款人）：×××××××

住所：××××××××××

甲乙双方本着平等自愿、诚实信用的原则，经协商一致，达成本合同，并保证共同遵守执行。

一、借款金额：乙方向甲方借款人民币（大写）××××××元整（小写：××××××元）。

二、借款用途为××××（**借款用途需说明清楚，不得用于非法途径**）。

三、借款利息：借款利率为月利息×%，按月收息，利随本清。

四、借款期限：借款期限为××年，从××××年×月×日起至××××年×月×日止。如实际放款日与该日期不符，以实际借款日期为准。乙方收到借款后应当出具收据，乙方所出具的借据为本合同的附件，与本合同具有同等法律效力。

五、甲方以转账的方式将所借款项打入乙方账户。

借款人用户名：××××××××

账号：×××××××××××××

开户银行：×××××××××××

六、保证条款

1．借款方必须按照借款合同规定的用途使用借款，不得挪作他用，不得用借款进行违法活动。否则，甲方有权要求乙方立即还本付息，所产生的法律后果由乙方自负。

2．借款方必须按合同规定的期限还本付息。逾期不还的部分，借款方有权限期追回借款。

3．乙方还款保证人（丙方）××××公司，为确保本契约的履行，愿与乙方负连带返还借款本息的责任（**借款在有保证人的前提下可以降低风险**）。

七、违约责任

1．乙方如未按合同规定归还借款，乙方应当承担违约金以及因诉讼发生的律师费、诉讼费、差旅费等费用。

2．乙方如不按合同规定的用途使用借款，甲方有权随时收回该借款，并要求乙方承担借款总金额百分之五的违约责任。

3．当甲方认为借款人发生或可能发生影响偿还能力之情形时，甲方有权提前收回借款，借款人应及时返还，借款人及保证人不得以任何理由抗辩。

八、合同争议的解决方式：本合同在履行过程中发生的争议，由当事人双方友好协商解决，也可由第三人调解。协商或调解不成的，可依法向甲方所在地人民法院提起诉讼。

九、本合同自各方签字之日起生效。本合同一式两份，双方各执一份，合同文本具有同等法律效力。

甲方（签字、盖章）：×××××××　　　乙方（签字、盖章）：×××××××

法定代表人：×××　　　　　　　　　　法定代表人：×××

签订日期：××××年×月×日　　　　　签订日期：××××年×月×日

点评： 这篇借款合同的编制十分严谨，涉及了最为核心的几点内容，避免了后期引起纠纷的可能性。这些核心内容分别是借款金额和期限、利息约定、还款方式和担保方式。同时还声明了借款必须按规定用途使用，不得挪作他用。这些都是借款合同中非常重要的问题，这篇合同都涉及了，因此有一定的参考价值。

扫一扫

经济合同的模板及范文

6.5 » 广告文案

广告文案是一种通过文字表现广告信息内容的文书，也就是广告内容的文字化表现。在广告中，文案与图案、图形同等重要，图形具有前期的冲击力，广告文案则具有较深的影响力，要想让文案出彩，就要求广告文案的写作者有较强的应用写作能力。

6.5.1 广告文案的写作原则

广告文案写作具有3大基本原则，即真实性原则、原创性原则和有效传播原则。

1．真实性原则

广告文案的真实性在很大程度上决定着受众是否能得到真实、准确的信息，能否产生符合真实状态的对应情绪，能否产生正确的消费意向。只有符合真实性原则的广告文案才符合"以人为本"的广告理念。广告文案人员诚实地表现真实的广告信息，是对受众最好的服务形式。

广告文案经由不同的媒体传播，传播范围具有相当的广泛性。如果是真实有效的广告，自然可以引导或带动消费者产生物质与文化的双重消费，对社会经济发展产生强有力的推动。但如果是基于虚假信息前提下的广告文案所造成的消费热潮，将会对消费者和社会经济环境的稳定产生不良后果，甚至引起消费者对不良生活方式的盲目追求。

真实性是广告文案的生命所在、力量所在。如果违背了真实性原则，其广告文案会因为失真而丧失自己的可信度。丧失了可信度的广告文案将毫无生命力，毫无价值。目前受众对广告怀疑、不信任的心态的存在，就是许多虚假广告造成的恶果。

在广告文案写作中，坚持真实性原则，就是坚持广告科学、真正为社会服务的原则，坚持正向发展我国广告业的原则。因此，真实性原则应该是广告文案写作行为的首要原则。

2．原创性原则

原创性能赋予广告独特的吸引力和生命力，广告如果没有原创性，就吸引不了注意力，不能造成震撼力，印象不会持久。由于现代社会同类产品越来越多，同质化倾向愈演愈烈，社会的信息铺天盖地地发布，一般的表现方式很难引起目标受众注意，因此原创性更应该作为广告文案的一个重要原则来遵循。

原创的意义并不仅仅在于形式上的"想人所未想，发人所未发"，还主要应当体现在表现手法上的原创和信息内容上的原创。表现手法上的原创可以是创造新的表现形式，可以是发掘前人创造的有意味的形式，而后运用现代的形式、现代的理解去重新组合成一种新的形式，赋予新的含义；信息内容上的原创，通常是指广告文案寻找到独特的信息内容进行表现，寻找到能让产品在同类中脱颖而出吸引人的新信息。

3．有效传播原则

广告文案的好坏，决定了广告是否能够更有效地传播。所谓有效传播，是指通过沟通，建立与目标消费者之间的独特关系，给品牌生命和灵魂，让消费者能够轻易将其与竞争品牌区别开来，能够给消费者亲切的感觉。广告作为一种有目的、有责任、以说服和诱导目标消费者产生消费行为的信息传播活动，以销售作为自己的最终目的。要想更好地达到这一目的，就更应当重视有效传播原则，使产品真正与消费者之间产生良性的联系。

6.5.2　广告文案的模板与格式

广告文案是由广告标题、广告正文和广告口号组成的，其写作模板如图6-5所示。

[用引人注目的内容作为标题]

[实事求是地说明广告的内容]。

[用简洁明了、有趣易记的内容作为广告口号]。

图6-5　广告文案的模板示例

1．广告标题

标题是广告文案的主题，往往也是广告内容的诉求重点。它的作用在于吸引人们对广告的注目，留下印象，引起人们对广告的兴趣。只有当受众对标题产生兴趣时，才会阅读正文。撰写广告标题时要简明扼要、易懂易记、传递清楚、新颖个性。比如某广告文案的标题"我的朋友乔·霍姆斯，他现在是一匹马了"就相当容易引起人们的兴趣，而实际上，它是箭牌衬衫的一则广告，内容是朋友死后变成一匹马，主人翁看到马后便和它攀谈起来，而后得知朋友死亡的原因是生前衬衣领子经常收缩，最后让他窒息而死。主人翁惊讶地告诉他，如果早点对他说，就可以向他推荐箭牌衬衫，它们永远合身不会收缩。

2．广告正文

广告正文是以客观的事实、具体的说明来描述产品及服务，增加消费者的了解与认识的。撰写广告正文时内容要实事求是、通俗易懂。不论采用何种题材式样，都要抓住主要的信息来叙述，言简意赅。如下为通过叙述加说明的方式，对产品"美肌精"所做的平面广告文案的正文叙述。

如果，你是一位追求魅力的女性，那么，肌肤之美，将成就你的梦想。名门闺秀美肌精，蕴涵神奇的大自然能量，银杏、珍珠、灵芝、红景天……精华凝聚，为肌肤注入鲜活能量源，每一滴，都蕴藏着肌肤的至爱。肌肤细胞从此变得鲜活、充盈，富有青春生命力！让肌肤远离衰老、晦暗、细纹、松弛等问题的困扰，在一天天的改变中，肌肤日臻完美。你，越来越美！

3．广告口号

口号是战略性的语言，目的是经过反复和相同的表现，以区别于其他企业精神，使消费者掌握产品或服务的个性。口号已经成为推广产品不可或缺的要素。撰写广告口号同样要注意简洁明了、语言明确、独创有趣、便于记忆、易读上口。如上面的"美肌精"平面广告文案的口号就是"名门闺秀 充满魅力的女人"，不仅对应广告内容，而且也直接说明了产品的核心功能。

6.5.3 广告文案的范文与点评

希望在明天

甲：刚打球就下雨，难道连老天爷都不喜欢我？

乙：我们明天再打吧！明天天气一定会好的！

甲：你怎么知道明天一定会是好天气？

乙：不知道啦！希望在明天啊！

甲：说得对！既然我们都来了，其实下雨又有什么好害怕的呢？

乙：对呀！下雨也可以打球啊！

口号（画外音）：生命满希望 前路由我创。

点评： 这是一则公益广告，主题很明显，就是要告诉公众要对生活抱有希望。这则广告是电视广告，因此广告文案在写作时要考虑后期拍摄的场景和对话语气等。仅就广告文案而言，这篇文案做到了通俗易懂、言简意赅，更重要的是能引发大家的深思，能够让公众乐观地对待工作、学习和生活，这才是这则公益广告最成功的地方。

6.6 » 招标书

招标书是招标人为择优选定项目承包人或合作者而对外公布有关招标项目、范围、内容、条件、要求的文书。招标书是一种告示性文书，它提供全面情况，便于投标方根据招标书所提供的情况做好准备工作，同时指导招标工作的开展。

扫一扫

广告文案的模板及范文

6.6.1 招标书的特点

招标书作为招标人选择最理想合作伙伴的重要文书，具有其自身独有的特点，主要体现在公开性、竞争性和时间性3个方面。

◆ **公开性：** 招标书是一种告知性文种，它需要借助大众传播手段进行公开，从而吸引众多投标人进行投标，以便从更大的范围中找到最理想的合作伙伴。

◆ **竞争性：** 招标书充分利用了竞争机制，以竞标的方式吸引投标人加入，通过激烈的竞争优胜劣汰，从而实现择优选择的目的。

◆ **时间性：** 招标书要求在短时间内获得结果，因此具有时间的紧迫性。

6.6.2 招标书的模板与格式

招标书主要由标题、正文、结尾3部分组成，其写作模板如图6-6所示。

[事项]招标书

[详细说明招标原因、招标方式、招标范围、招标程序、招标内容等]。

[说明招标方信息、联系方式等]。

图 6-6 招标书的模板示例

1．标题

招标书常见的标题格式直接由文种构成，如《招标书》《招标文件》《招标通告》《招标公告》《招标启事》等。完整一点的标题为"招标单位+招标内容+文种"，或"招标单位+文种"，或"招标内容+文种"等构成，如《××单位办公自动化设备采购项目招标文件》《××系统软件开发项目招标文件》等。

2．正文

招标书的正文由引言、主体构成。引言部分要求写清楚招标依据、原因；主体部分要翔实交代招标方式、招标范围、招标程序、招标内容的具体要求，双方签订合同的原则、招标过程中的权利和义务、组织领导、其他注意事项等。

3．结尾

招标书的结尾应签具招标单位的名称、地址、联系人、电话、传真等，以便投标人参与。

6.6.3 招标书的范文与点评

办公楼维修工程招标书

根据《中华人民共和国招标投标法》和××学院有关规定，我学院办公楼维修工程计划进行公开招标（**首先说明招标原因**），现将有关情况介绍如下：

一、招标内容

办公楼屋面、走道吊顶、门窗整修油漆、走道楼梯地板整修油漆、管线整理、所有照明灯具更换等。

二、报名要求（**详细说明报名时间、要求和所需资料**）

1．报名时间：××××年×月×日—××××年×月×日　09:00—18:00

报名地点：××学院基建维修管理科

联系人：×××

电话：××××××××

2．报名要求：有房屋建筑施工专业三级以上（含三级）施工资质、有类似工程经历、有一定的经济实力。

3．报名资料：加盖公章的公司营业执照、资质等级复印件，公司介绍信。

三、投标文件中必须包括的内容（投标文件必须密封加盖公司公章）

1．加盖公章的公司营业执照、资质等级复印件以及项目经理和有关技术人员的资质证书复印件。

2．单项工程单价及工程总价。

3．有满足工程施工工期、质量、安全、文明施工现场要求的技术措施。

4．有简单可行的施工方案。

5．有满足国家规定的保修承诺。

四、投标、评标、中标

1．评标方式采用综合评标法，β 值取1。经我院组成的评标小组对投标人的技术措施、企业的综合实力等综合评议后，合格的投标人报价得分最高的单位为中标单位。

2．我院无须向未中标单位解释未中标原因，也不退还投标文件。

五、合同的签订和付款方式

中标单位须在接到甲方通知后立即到××学院基建维修管理科办理工程开工手续并签订项目施工合同。

整个工程完工验收合格后付合同造价的80%工程款，办理完工程结算审计后付款至总造价的95%，余款5%一年后付清。

六、工期和上限值

工期为30天；上限值50万元。

七、相关事宜

1．投标单位领取招标文件时须交投标保证金1000元，递交投标文件时退还。

2．招标文件发放时间地点：××××年×月×日，基建维修管理科。

3．投标文件递交时间地点：××××年×月×日上午8:30，基建维修管理科。

4．开标及评标时间地点：××××年×月×日，第一会议室。

××学院招标小组

××××年×月×日

点评：这篇维修工程招标书详细且准确地说明了招标内容，报名要求，投标文件中必须包括的内容，投标、评标、中标的方法，合同的签订和付款方式，工期和费用上限值，以及其他相关事宜。投标单位可以清楚明白招标书的各种要求，语言表达严谨且到位，不会产生歧义，提高了招投标效率。如果在文末加上"如有任何疑问，可致电……"可显得更加人性化，不过这并不影响这篇招标书的质量和内容。

6.7 » 投标书

投标书是指投标单位按照招标书的条件和要求，向招标单位提交报价并填具标单的文书，它要求密封后邮寄或派专人送到招标单位，因此又叫作标函。

6.7.1 投标书的特点

投标书具有规范性、可行性、限定性等特点。

◆ **规范性：** 投标书的制作既要遵守国家对招投标工作的有关规定和具体办法，又要执行国家颁布的技术规范和质量标准，不能随心所欲，任意制作。

◆ **可行性：** 对投标书中承诺的各项条件，如项目标价、规格、数量、质量及进度要求等，投标人应当保证其可行性，一旦中标，就必须严格履行承诺。

◆ **限定性：** 招投标活动一般都有严格的时间限定，必须在限期内将投标书递交招标单位，过期将视同自动放弃。

6.7.2 投标书的模板与格式

投标书主要由标题、正文、落款3部分组成，其写作模板如图6-7所示。

[事项]投标书

[详细说明投标依据、投标数量、报价等内容]。

[说明投标人信息、联系方式等内容]。

图 6-7　投标书的模板示例

1．标题

投标书常见的标题格式直接由文种构成，如《招标书》《投标申请书》《投标答辩书》等，完整一点的标题为"投标内容+文种"这种格式，一般不会出现投标单位，如《××项目投标书》等。

2．正文

投标书的正文由引言、主体构成。引言部分应写明投标依据、原因等内容；主体部分应具体写明本次投标的项目名称、数量、规格、技术要求、报价、交货（或完成）日期、质量保证等，内容应该真实、详细，注意突出自己的优势，但不得夸大其词，虚构或瞒报基本情况。

3．落款

投标书的落款应写明投标人的基本信息，如名称、联系方式、投标日期等。

6.7.3 投标书的范文与点评

投标书

××物业招投标有限公司（**称谓并不是投标书必备的要素，按需使用即可**）：

根据贵公司关于××住宅小区（三、四期）前期物业管理的邀请，我公司正式投标，并提交下述文件正本一份，副本五份。据此函，签字代表宣布同意如下：

1．在所附投标报价中规定提供相应的物业管理服务的基础上，物业管理服务费标准为每月每平方米建筑面积2.6元。

2．我公司已详细阅读招标文件、参考资料及有关附件，我们完全理解并同意放弃对任何方面有不明白及误解的权利。

3．如果在规定的开标日期内投标文件撤回，保证金将被贵方没收。

4．同意按照贵方要求提供与投标有关的一切数据或资料。

5．如在投标过程中有任何不正当的商业行为，或采取任何方式向招标人施加压力与干扰，同意被取消投标资格。

6．我公司严格按照《投标须知》履行应尽的义务，遵守招投标过程的纪律。

7．未尽事宜依照《中华人民共和国招标投标法》及《前期物业管理招投标管理暂行办法》等相关法规执行。

××物业管理有限公司

××××年×月×日

投标人资格证明文件

一、公司简介

××物业管理有限公司是于××××年×月注册成立的专业化物业管理公司，具有乙级管理资质等级，注册资金200万元。（略）

二、××小区的物业概况

1．基本情况

××定位为中高档项目，位于××中路与××街交口166号，规划用地面积12万平方米，总建筑面积27.23万平方米，绿地率高达61.9%。项目规划有14栋18层高层板楼，28套联排别墅（1套独栋别墅），居住总户数1397户，可居住人口4470人。小区实行人车分流，规划有高标准地下车库，地下车位高达1034个，住户可由地下车库刷卡直接进入电梯入户。小区总停车率高达81.6%，停车位高达1140个，属××市少有的高停车率住宅小区。

2．物业管理服务范围

小区红线内所有公共区域及共用设施设备管理，小区供暖（包括西侧4栋6层住宅），业户服务、治安消防、保洁绿化、应急事件处理、停车场管理、档案管理、更新改造、账务管理、公共事务，受业主委托的和法律法规规定的其他服务事项。

三、管理方案

1．管理目的（略）

2．管理原则（略）

3．管理优势（略）

4．拟采取的管理方式（略）

四、结束语

以上是我司郑重提交的投标书。感谢招标人给予我司如此珍贵的合作机会，同时也非常感谢物业专家评委提出的宝贵建议和意见。如中标，我司将严格践行各项承诺，积极与招标人密切合作，不断完善管理细节，持续提高服务水平，努力让业主满意。请相信：通过我司精心致的人性化服务、专业周到的规范化管理、积极的策划经营，××的物业形象和市场价值不仅不会因时间长久而降低，反而会得到不断提高。我公司相信双方的精诚合作和广大业主的通力支持，一定会使××小区更加祥和、洁净、美好（对全文的总结，包括感谢招标方、对中标后的自我要求，以及对未来合作的期待）！

点评： 这是一篇比较简单的投标书，并没有涉及法定代表人授权委托书、开标报价书等内容。标题直接采用"文种"的形式，简洁明确。正文首先表明了对招标人公布的招标书内容的态度和看法，如放弃某权利、同意某要求等。然后将重点内容放在投标人资格证明等内容上，详细说明了投标单位的情况，需要管理物业的基本情况、管理范围、管理方法等。最后表达了希望中标的意愿，并做出如若中标的承诺，态度诚恳、真诚，让招标人能够全方位了解投标人的情况，提高中标的概率。

6.8 » 清算报告

清算报告是指清算组织完成清算后对申请注销登记单位的资产、负债情况进行全面计算后提出的书面报告。

6.8.1 清算报告的特点

清算报告具有有效性和规范性的特点。

◆**有效性：** 公司的清算报告一旦经相关机构确认后便即刻生效，是公司注销登记的重要文件之一。

◆**规范性：** 公司清算报告应按规定的写作格式规范写作，行文要求规范得体。

6.8.2 清算报告的模板与格式

清算报告主要由标题、正文、落款3部分组成，其写作模板如图6-8所示。

1．标题

清算报告的标题格式为"清算单位+文种"，如《××公司清算报告》。

扫一扫

投标书的模板及范文

[清算单位]清算报告

公司股东会：

[介绍公司基本情况，如由谁组建、何时注册、营业执照注册号、注册资本、经营期限、经营范围等]。根据[股东会日期]公司股东会决议，本清算组自[成立日期]正式成立，现将本清算组成立后开展的清算工作报告如下：

一、清算工作的步骤

[说明清算组的构成、清算期日期以及清算工作的内容]。

二、公告情况

公司清算组根据《公司法》规定，于[登报日期]在《[报刊名称]》上刊登了清算公告。

三、资产及负债清理情况

[说明公司清算日的资产、负债、净资产、资产清理、债务偿还、清算费用、剩余财产等情况]。

四、清算剩余财产分配（或公司亏损承担）情况

[说明公司清算后的剩余财产及分配情况]。

五、其他事项说明

[说明其他与清算相关的事项，如档案由谁保管等]。

特此报告。

公司清算组

[清算完成的日期]

清算组全体成员签名：

图6-8　清算报告的模板示例

✍ **写作技巧**

清算报告的称谓并不是必须存在的要素，它可以根据实际情况来选择使用。需要使用时，对象多是公司股东会。

2．正文

清算报告的正文首先可以介绍公司的基本情况，然后用"根据……股东会决议，……，现将本清算组成立后开展的清算工作报告如下"这个固定格式过渡到下文，接着需要依次说明清算工作的步骤、公告情况、资产及负债清理情况、清算剩余财产分配情况等内容。最后以"特此报告"收尾。

3．落款

清算报告的落款包含3个部分，首先是在右下方编排署名，即"公司清算组"，然后在下方编排清算完成的日期。最后还需要标注"清算组全体成员签名"的内容。

6.8.3 清算报告的范文与点评

公司清算报告

公司股东会：

××公司系有限责任公司，由××、×××和××共同出资组建，于××××年×月×日登记注

册，企业法人营业执照注册号×××××，注册资本人民币×××万元，经营期限××年，经营范围：×××××，×××，×××（**详细说明公司概况**）。根据×××年×月×日公司股东会决议，本清算组自×××年×月×日正式成立，现将本清算组成立后开展的清算工作报告如下（**以条款方式逐一说明清算工作的相关内容**）：

一、清算工作的步骤

1．本清算组自×××年×月×日正式成立，由×××担任组长，×××担任副组长。清算期自×××年×月×日开始，至×××年×月×日结束。

2．聘请××会计师事务所对经营终止日资产、负债及所有者权益账面情况进行了审计并出具了专项审计报告。

3．公司在清算期内已妥善补偿（安置）公司员工，无拖欠职工工资及养老金情况。

二、公告情况

公司清算组根据《公司法》的规定，于×××年×月×日在《×××报》上刊登了清算公告。

三、资产及负债清理情况

1．截至清算基准日×××年×月×日，公司共有资产××元，其中货币资金××元，应收账款××元，固定资产净值××元，无形资产××元；负债××元，其中：其他应付款××元，应付福利费××元，应交税金××元，预提费用余额为××元；净资产××元。

2．资产清理情况：（略）

3．债务偿还情况：（略）

4．清算期发生清算费用共计××元。

5．清算净损失（或净收益）××元；抵减清算开始日的所有者权益××元后，剩余财产（或公司亏损）为××元。

四、清算剩余财产分配（或公司亏损承担）情况

公司对剩余财产（或亏损）××元，经股东协商同意，将按各自实际出资比例分配（或分担）。其中：股东×××分得××元，股东×××分得××元。

五、其他事项说明

1．公司已办理了国税与地税的税务注销登记。

2．公司档案已由股东会决议委托××公司代为管理。

特此报告。

公司清算组

×××年×月×日

清算组全体成员签名：

点评： 这篇清算报告非常标准，涉及了标题、称谓、正文和落款等所有要素。正文涉及了公司概括、清算步骤、公告情况、资产与负债情况、剩余财产等与清算相关的内容。全文结构完善、内容全面、逻辑清晰，将需要报告的内容通过精确的语句清晰地表达了出来，毫无其他多余词汇，是一篇典型的清算报告范文。

扫一扫

清算报告的模板及范文

6.9 » 破产申请书

破产申请书是指当企业法人的全部财产不能清偿债务或明显缺乏清偿能力时，当事人或利害关系人为请求法院宣告债务人破产还债而向法院递交的文书。

6.9.1 破产申请书的特点

破产申请书具有突出性和规范性的特点。

◆**突出性：**破产申请书的突出性体现在"破产"二字，首先是提出申请破产的要求，然后说明申请破产的理由，最后请求法院裁定破产。

◆**规范性：**破产申请书应按规定的写作格式规范写作，将要求表达的内容完全表达出来，才能增加法院裁定破产的概率。

6.9.2 破产申请书的模板与格式

破产申请书主要由标题、正文、落款3部分组成，其写作模板如图6-9所示。

破产申请书

申请人：[写明公司名称、住所地]。

法定代表人：[姓名，职位]。

委托代理人：[姓名，职业]。

请求事项：申请[公司名称]破产。

事实与理由：[说明申请人的基本情况，如成立日期、注册资本、经营范围，然后重点说明申请破产的理由]。

[说明上述事实是否真实，最后请求法院裁定破产还债]。

此致

[法院名称]

申请人 [公司名称]

（加盖公章）

[成文日期]

图6-9 破产申请书的模板示例

1．标题

破产申请书的标题格式一般就是《破产申请书》这几个字，也可以将标题编排为《企业法人破产还债申请书》。

2．正文

破产申请书的正文一般应包含以下几个部分。

◆**当事人的基本情况：**写明申请人的全称和所在地址，法定代表人姓名和职务，有委托代理人的还需写明委托代理人的姓名和职业。

◆**请求事项：**一般写明"申请××公司破产"或"请裁定宣告申请人破产还债"。

◆**事实与理由：**写明企业基本情况、经营情况、欠债情况、申请破产已征得上级同意、列举欠债证据等，最后请求法院裁定破产。然后用"此致+法院名称"的格式收尾。

3．落款

落款包含申请人签名和成文日期两个要素，依次在正文末尾的右下方编排。

6.9.3 **破产申请书的范文与点评**

破产申请书

申请人：××市××有限公司，住所地为××市××区××路××号。

法定代表人：×××，总经理。

委托代理人：×××，律师。

请求事项：申请××市××有限公司破产。

事实与理由：申请人系一家民营有限公司，××××年×月在××市工商局登记注册，注册资本为50万元人民币，主要经营范围是服装、针织内衣的加工（简单说明企业概况，内容不宜过多）。

申请人因经营不善，到目前为止，已严重资不抵债。截至××××年×月×日，申请人账面资产总额为××元，负债总额为××元。在公司的应付账款或借款中，绝大部分为到期债务，包括××银行××分行的贷款××元，公司已连续很长时间无法偿还（详细说明申请理由和事实）。

以上情况有申请人公司财务审计报告、债务清册、债权清册、资产清册可以证明。根据《××法》××条之规定，特向贵院提出破产申请，请求依法裁定申请人破产还债。

此致

××市人民法院

申请人
（加盖公章）
××××年×月×日

点评： 这篇破产申请书依次说明了请求事项、事实和理由，并保证了所述情况真实。从结构上看是非常简单和典型的破产申请书格式，从内容上来说文字精简、语气合理、有理有据、态度诚恳，法院裁定破产的可能性较高。

扫一扫

破产申请书的模板及范文

写作与提高

问： **商业计划书动辄几十页，对于新手来说，应该怎样规划内容，才能更好地吸引投资者呢？**

答： 商业计划书的篇幅长，内容丰富，涉及面广，是写作难度较大的一种文书。对于新手而言，为了更好地理解和掌握商业计划书，这里将其重点内容归纳为以下五要素。

第一，详细介绍产品。即提供所有与企业的产品或服务有关的细节，这些问题包括：产品正处于什么样的发展阶段？它的独特性怎样？企业分销产品的方法是什么？谁会使用企业的产品，为什么？产品的生产成本是多少，售价是多少？企业发展新的现代化产品的计划是什么？把出资者拉到企业的产品或服务中来，这样出资者就会和你一样对产品有兴趣。特别要注意，对于商品属性等专业性较强的术语，应尽量用简单的词语来描述，使对方能够轻易看懂。

第二，竞争企业的说明。细致分析竞争对手的情况。竞争对手都是谁？他们的产品是如何工作的？竞争对手的产品与本企业的产品相比，有哪些相同点和不同点？竞争对手所采用的营销策略是什么？要明确每个竞争者的销售额、毛利润、收入以及市场份额，然后再讨论你相对于每个竞争者所具有的竞争优势，要使投资者相信，你不仅是行业中的有力竞争者，而且将来还会是确定行业标准的领先者。

第三，营销计划方案。向投资者介绍企业对目标市场的深入分析和理解。要细致分析经济、地理、职业以及心理等因素对消费者选择购买本企业产品这一行为的影响，以及各个因素所起的作用。计划中应列出你打算开展广告、促销以及公共关系活动的地区，明确每一项活动的预算和收益。另外还应当说明销售战略，是使用销售代表还是使用内部职员？是使用转卖商、分销商还是特许商？将提供何种类型的销售培训等。

第四，制定执行方案。即需要明确，如何把产品推向市场？如何设计生产线，如何组装产品？生产需要哪些原料？拥有哪些生产资源，还需要什么生产资源？生产和设备的成本是多少？企业是买设备还是租设备？解释清楚与产品组装、储存以及发送有关的固定成本和变动成本的情况等。

第五，精练的计划摘要。即让投资者有兴趣得到更多的信息，给投资者留下长久的印象。计划摘要是出资者首先要看的内容，它将从计划中摘录出与筹集资金最相关的细节，包括对公司内部的基本情况、公司的能力以及局限性、公司的竞争对手、营销和财务战略、公司的管理队伍等情况。

问： 《中华人民共和国合同法》第二条规定：合同是平等主体之间设立、变更、终止民事权利义务关系的协议。这表明合同就是协议吗？

答： 协议是指有关国家、政党、企业、事业单位、社会团体或者个人，在平等协商的基础上订立的具有政治、经济或其他关系的契约。经济合同和以经济为内容的协议，都可以称为契约，两者都是确立当事人双方法律关系的法律文书。但是合同和协议二者也是有明显区别的，经济合同有《中华人民共和国合同法》作为依据，协议书暂时没有具体法规规定。协议书比合同应用范围广，项目往往比合同项目要大，内容不如合同具体。因此，协议书签订以后，往往还要分项签订一些专门合同。归根结底，我们可以说，所有的合同都是协议，但并非所有的协议都是合同。合同只是具有特定内容的协议。

问： 对新手来说，写广告文案有没有什么"速成"的方法？

答： 广告文案的写作没有捷径可取，撰写者需要通过不断的积累和总结，不厌其烦地学习与修炼，才能学有所成。不过这里可以总结几点方法让新手参考。第一，消化产品与市场调查报告的资料，用20多个字将产品描述下来，内容要涉及产品的特点、功能、目标消费群、精神享受等内容；第二，向消费者承诺什么？没有承诺，商品就无人问津。承诺越具体，效果越好；第三，确定一个核心创意；第四，写好标题。

问： **如果企业自己没有申请破产，但与其相关的债权人希望法院裁定该企业破产还债怎么办呢？债权人可以提交破产申请书吗？**

答： 可以。但在写作时需要注意几点，第一，要分别写明债权人（申请人）和债务人（被申请人）各自的基本情况。如果债权人是法人或其他组织的，需写明单位全称和所在地址、法定代表人的姓名和职务；如果债权人是公民的，需写明其姓名、性别、年龄、民族、籍贯、职业、工作单位、职务、住址。第二，在事实与理由部分除了写明被申请人的基本情况、经营情况、欠债情况、列举欠债证据等，还需要说明债权债务形成情况和讨债情况等内容。

第7章

贸易类文书

　　贸易类文书是指企业在经营运作、贸易往来、开拓发展等一系列商务活动中所使用的各种文书的总称，是企业专门用于市场经济活动中，处理企业商贸关系的一种文书，是企业实现由生产环节向交换和消费环节转换的重要手段。

　　本章将介绍几种最常见的贸易类文书的写作方法，主要包括合作意向书、询价函、订购函、报价函、催款函、索赔函、理赔函等内容。

7.1 » 合作意向书

合作意向书是商务活动中贸易双方或多方在进行贸易或合作之前，通过初步谈判，就合作事宜表明基本态度、提出初步设想的协约性文书，一般简称为"意向书"。合作意向书主要表达贸易或合作各方共同的目的和责任，是签订协议、合同前的意向性、原则性达成的一致意见，也是后期实现实质性合作的基础。

7.1.1　合作意向书的特点

合作意向书具有意向性、临时性、信誉性等特点。

◆ **意向性：** 合作意向书的内容是各方原则性的意向，并非具体的目标和实施方法，它的具体内容是经过协商双方或多方一致同意的，能表达双方的共同意愿。

◆ **临时性：** 合作意向书是双方或多方共同协商的产物，只是表达谈判的初步成果，为今后谈判做铺垫。一旦谈判深入，最终确定了合作双方的权利和义务后，合作意向书的使命即告结束。

◆ **信誉性：** 合作意向书是建立在商业信誉上的，虽然有一定的约束力，但并不具有法律效力。

👤 **专家点拨**

有的合作意向书具备了签约主体之间法律权利义务关系的内容，因此对签约主体具备法律约束力，实际上已经属于合同了，只是名称不同而已。也就是说，如果涉及了合同层面的内容，那么合作意向书也是具备法律效力的。

7.1.2　合作意向书的模板与格式

合作意向书的内容由标题、正文和落款等部分组成，其中正文因合作项目不同而写法不同，但涉及的核心内容却是大致相似的，其写作模板如图7-1所示。

[项目名称]合作意向书

[简要说明签订合作意向书的原因、目的、依据等内容]，就[项目名称]进行了友好协商，达成如下合作意向：

[详细说明合作项目的内容和事项、双方的权利和义务、保密协议、违约责任和其他相关事项]。

甲方：[代表人姓名]　　　　　　　乙方：[代表人姓名]

[甲方公司全称]　　　　　　　　　[乙方公司全称]

[意向书签订日期]

图 7-1　合作意向书的模板示例

1．标题

合作意向书标题最常见的写作格式有以下两种。

◆ 直接写明"合作意向书"或"意向书"。

◆ 以"项目名称+文种"的结构编写，如《合资建立××农场意向书》等。

2．正文

合作意向书的正文可以分为引言和主体两大部分。

◆**引言：**写明签订合作意向书的依据、缘由、目的，一般以"就××项目，达成如下合作意向："等固定格式的语句过渡到主体内容。

◆**主体：**以条文的形式说明合作达成的具体意向，以及涉及合作意向书的补充说明等内容。主要包括合作事项、双方的责任和义务、保密协议、违约责任以及其他事项等。

3．落款

合作意向书的落款需要有签订双方或多方的法定名称和代表签字，然后还需要编排意向书的签订日期。有的合作意向书还需要在日期上方编排签订地点。

7.1.3 合作意向书的范文与点评

合作意向书

××公司（以下简称甲方）与××集团有限公司（以下简称乙方）就在××建立××项目（以下简称项目）的实施事宜进行了友好协商，达成如下合作意向（这是最简单的一种引言写法，交代合作双方和合作项目）：

一、总则概要（对合作情况做简要说明）

甲乙双方在互惠互利、优势互补的基础上就上述市场的开发及签约后的实施进行排他性合作。任何一方（包括各自的分公司、子公司、股份公司以及隶属单位）不得以其他任何方式就该项目与其他任何第三方进行合作。

双方的共同目标是：长期合作、持续改进产品，使之符合当地的标准，能够在××和周边国家销售。

甲方主要负责与本国政府部门、银行、商会等相关单位的总体协调和联系工作并对项目开发进行总体管理；乙方主要负责技术文件编制、供货、技术服务和技术支持等工作，并提供周边国家的市场支持。

本意向书所涉及的产品为乙方生产的××、××和××。

二、双方工作（说明正式协议签订前后合作双方的责任与义务）

（一）在正式的合作协议签订前

1．甲方的责任和义务

（1）编制该项目在××的可行性报告，及时就技术和商务问题与乙方进行澄清；

（2）负责项目融资事宜并承担相应工作，在必要时与乙方协作为该项目争取优惠的信贷条件；

（3）审核乙方编制的商务、技术文件并汇总，提出修改意见、组织谈判；

（4）负责组织乙方以及相关人员在××的考察工作；

（5）负责在合作过程中及时向当地的商会和政府部门汇报项目情况，并获得有关政府部门的支持。

2．乙方的责任和义务

（1）在充分考虑甲方要求的前提下编写目标产品的技术文件，保证技术的完整性、可靠性和先进性；

（2）充分考虑甲方要求与乙方习惯的差异，并针对差异项尽可能提出备选方案以供甲方选择；

（3）负责考察人员的接待，并负责安排参观生产工厂、会谈，组织技术交流；

（4）及时安排有关人员参加国内外的考察和谈判工作，并根据甲方的意见对有关技术文件、商务文件进行补充和修改。

（二）在正式的合作协议签订后

1．甲乙双方将根据合作协议的规定和要求，另行签订具体的采购合同，明确各自在合同执行过程中的责任和义务。

2．乙方根据自身的业务特点，特授权其全资子公司——"××贸易有限公司"作为乙方的全权代表，与甲方签订采购合同、技术协议及服务协议等各种文件，并负责整个项目的操作过程。

三、费用分担

1．在正式协议签订前，甲乙双方分别承担各自为获得该项目所发生的所有费用。

2．在正式协议生效后的执行过程中，双方根据签订的合同或意向书支付相关货款或费用。

四、保密原则

在本意向书有效期内，甲乙双方对有关合作信息及资料负有保密责任。未经双方书面同意，任何一方不得将合作有关信息及资料向第三方泄露或用于其他非双方合作的项目。

五、违约责任

甲乙双方中的一方违反本意向书明确的责任和义务而使对方蒙受损失，受损方有权向责任方提出索赔要求，责任方应予以经济赔偿，赔偿的额度以造成直接或间接经济损失为据进行计算。

六、意向书的补充修改（**对补充内容的协议**）

1．此意向书为双方合作的依据，未尽事宜甲乙双方另行协商解决。

2．任何修改、变更和补充的条款和内容，一方应提前两个月向另一方以书面形式提出，经双方确认签字盖章后，将被视为本意向书不可分割的组成部分，与本意向书具有同等法律效力。

七、意向书的生效及期限

1．本意向书自甲乙双方代表签字盖章之日起生效，有效期一年。

2．双方在此前签订的供货合同不受本意向书的约束。

3．若任何一方不履行或未按本意向书约定履行任何权利义务的，则守约方要求违约方的赔偿权利或要求违约方承担违约责任的权利不以本意向书的终止而终止。

八、其他

本意向书一式二份，双方各持一份，具有同等法律效力。

甲方：×××　　　　　　　　　乙方：×××

××有限公司　　　　　　　　　××有限公司

　　　　　　　　　　　　　　　××××年×月×日

点评：这篇范文内容全面，对合作事项、双方责任和义务、产生费用的分担、保

扫一扫

合作意向书的模板及范文

密协议、违约责任、意向书补充内容、意向书时效期限等都做了清晰的规定，使之不仅能保障合作双方在合作意向期间的权益，更能够推进双方达成正式合作的步伐。

7.2 » 询价函

询价函是买方向卖方就某项商品交易条件提出询问的信函，目的是请对方报出商品价格（一般是报出最低价格），以参考进行购买。

7.2.1 询价函的模板与格式

询价函由标题、称谓、正文和落款组成，格式固定，结构简单，其写作模板如图7-2所示。

询 价 函

［对方公司、部门或个人］：

　　［说明需要采购的商品情况］。

　　［说明要求对方提供的基本信息］。

　　［写明联系方式］。

　　希速见复。

［公司名称］

［发函日期］

图 7-2　询价函的模板示例

1．标题

询价函的标题一般直接写明"询价函"几个字即可。采购规模大或较正式的询价函，其标题结构为"发文单位+事项+文种"，如《××公司采购石墨询价函》等。

2．称谓

询价函的称谓有两种格式，一是直接用敬语写明对方公司、部门名称或个人职位与姓名，如"××公司××部""尊敬的××女士"等。另一种格式是用"致："开头，如"致供应商：××公司""致：××先生"等。

3．正文

询价函的正文内容依次包含以下几个部分。

◆ 说明需要采购的商品对象。

◆ 说明希望和要求。

◆ 告知联系方式。

◆ 以"希速见复""敬请函复""特此函告"等习惯用语收尾。

4．落款

正文结束后，依次在右下方编排发文单位或个人姓名以及发文日期。

7.2.2　询价函的范文与点评

询价函

××国际贸易有限公司：

　　×总，你好！

　　我公司因业务需要，需对外采购××400～500吨。

　　交货期：××××年×月×日—×日。

　　交货地：供方仓库交货。

　　付款方式：电汇。

　　请给予报价。

　　联系人：×××

　　电话：×××××××××××

　　传真：×××××××（传真前请电话联系，以便及时收件）

　　希速见复。

××国际原料有限公司
××××年×月×日

点评： 这篇范文非常简单，但却体现了询价函最基本的内容。如果不是重大项目，企业之间采购询价基本上就是按这种结构来编排询价函的。如果是政府部门或大宗采购等非常正式的询价函，则结构要复杂一些，比如正文开始处会介绍项目情况，然后用类似"特邀请你单位参加报价，现将本项目情况告知如下"的结构详细说明采购情况，其中又会涉及对供应商的资质要求、复函要求和报价要求等内容。

7.3 » 报价函

　　报价函是商务活动中作为卖方在接到买方的询价函后发出的回复性信函，以此准确告知买方本商品的价格等具体情况，为后续销售做好准备。

扫一扫

询价函的模板及范文

7.3.1　报价函的模板与格式

　　报价函由标题、称谓、正文和落款组成，格式固定，结构简单，其写作模板如图7-3所示。

1．标题

　　报价函的标题一般就是"报价函"3字。有时也可使用"关于××的报价函"这种结构说明报价的对象，如《关于××厂全自动流水生产线报价函》等。

2．称谓

　　报价函的称谓可以直接用敬语写明对方公司、部门名称或个人职位与姓名，如"××公司""尊敬的××主任"等，也可按询价函的方式用"致："开头，如"致：××学院""致：××企业"等。

3．正文

　　报价函正文的一开始往往会简要说感谢对方询价的话语，然后具体答复价格及相关信息，如产品的质量、规格、包装、交货方式、优惠政策等，最后用"此致敬礼""顺祝商祺"等习惯用语收尾。

报 价 函

［对方公司、部门或个人］：

　　［简单表示对对方询价的感谢］。

　　［具体说明报价情况，包括商品的质量、规格、价格、包装等全方位
信息］。

　　顺祝

商祺

　　　　　　　　　　　　　　　　　　　　　　　　　　［公司名称］

　　　　　　　　　　　　　　　　　　　　　　　　　　［发函日期］

图 7-3　报价函的模板示例

4. 落款

正文结束后，依次在右下方编排发文单位或个人姓名以及发文日期。

7.3.2　报价函的范文与点评

报 价 函

××制造公司：

　　贵方×月×日询价函收悉，由衷感谢贵公司来函询价。

　　兹就贵方要求，报价详述如下：

　　商品：×××

　　品质：特级

　　规格：每箱100支

　　单价：××元/支（含包装费）

　　结算方式：汇票

　　交货日期：收到订单10日内发货

　　我方报价极具竞争力，如果贵方订货量在××箱以上，我方可按90%的折扣收款。

　　如贵方认为我们的报价符合贵公司的要求，请早日订购。

　　顺祝

商祺

　　　　　　　　　　　　　　　　　　　　　　　　　　××公司

　　　　　　　　　　　　　　　　　　　　　　　　××××年×月×日

点评：报价函是询价函的回复性信函，为了提高成交概率，不仅可以在报价上体现优惠，而且可以通过一定的优惠政策进一步提高吸引力。另外，报价函用语要谦逊但不卑微。上述范文在这些方面都有很好的体现，可以借鉴参考。

扫一扫

报价函的模板及范文

7.4 » 订购函

订购函是一种买方向卖方发出的以订购某种商品或服务为目的的信函，它可以是买方对卖方报价

函的接受和认可，也可以是买方主动寄发的订购。

7.4.1 订购函的模板与格式

订购函由标题、称谓、正文和落款组成，其写作模板如图7-4所示。

<h1 style="text-align:center">订 购 函</h1>

[对方公司、部门或个人]：

　　[说明对报价函和价格的接受或对商品的认可等]。

　　[具体说明订购情况，包括商品名称、数量、价格、结算方式、交货日期、交货地点、运输等]。

　　请即予办理为盼。

[公司名称]
[发函日期]

图7-4 订购函的模板示例

1．标题

订购函的标题即"订购函"，很少使用"关于××的订购函"这种结构。

2．称谓

订购函的称谓为对方公司、部门名称或个人职位与姓名，如"××公司""尊敬的××经理""××部××女士"等。

3．正文

订购函正文的开头需要说明对对方报价函的感谢和对价格的认可。如果是主动订货，可以描述对对方商品的正面感观。然后重点说明订购商品或服务的内容，包括商品名称、规格、数量、价格、结算方式、包装、交货日期、交货地点、运输方式、运输保险等。最后可以适当提出一定的要求，如"请即予办理为荷""请即予办理为盼"等。

4．落款

正文结束后，依次在右下方编排发文单位或个人姓名以及发文日期。

7.4.2 订购函的范文与点评

订购函

×××先生：

　　贵厂×月×日的报价单收悉，谢谢。贵方报价较合理，特订购下列货物：

　　×××电子制冷片：数量1000个，单价12元，总计12000元。

　　×××单晶硅料：数量100块，单价130元，总计13000元。

　　××电池片：数量1100块，单价10元，总计11000元。

　　交货日期：××××年×月底之前。

　　交货地点：××市××区××路××公司仓储部。

　　结算方式：转账支票

烦请准时运达货物，以利我地市场需要（**提出发货要求**）。我方接到贵方装运函后立即开具转账支票（**说明付款条件**）。

请即予办理为荷。

××公司

××××年×月×日

点评： 上文清晰、语言准确，写明了交易所涉及的所有条件，确保对方能够做出正确的反应。特别是对交货和结算条件做了说明，使对方能够顺利交货。这两方面的内容也是订购函的核心。

扫一扫

订购函的模板及范文

7.5 » 催款函

催款函是在商务活动中针对到期应付而未付的欠款，以书面形式提醒并催促对方付款结账的信函。

7.5.1 催款函的模板与格式

催款函由标题、称谓、正文和落款组成，其写作模板如图7-5所示。

催 款 函

[对方公司、部门或个人]：

[说明欠款情况]。

[说明我方催款的原因]。

[促对方付款并说明处理办法]。

[提供我方账户信息]。

特此函告！

[公司名称]

[发函日期]

图 7-5　催款函的模板示例

1．标题

催款函的标题即"催款函"。

2．称谓

催款函的称谓为对方公司、部门名称或个人职位与姓名，如"××公司""尊敬的××公司负责人""尊敬的××公司研发部"等。

3．正文

催款函的内容结构较为固定，具体包含以下几个部分。

◆准确说明对方欠款的事项、时间、金额、发票号码等信息。

◆适当说明欠款对我方的影响和催款的原因。

◆说明催款单位的处理意见，如提醒对方及时付款、商议其他付款方式、最后的付款期限等。

◆给出我方的开户信息，包括户名、开户行、账号等内容。

◆以"恭祝生意兴隆""顺祝商祺""特此函告"等习惯用语收尾。

✍ **写作技巧**

出于保持友好合作关系的考虑，催款函可以分阶段发出：第一阶段在款项快要到期前，主要予以提醒；第二阶段为款项已经到期，应当直接催款；第三阶段为逾期一段时间后，可适当进行严重警告。但不论哪个催款阶段，催款函的语气、措辞都要保持理性，礼貌得体，不要尖酸刻薄，讽刺挖苦。

4．落款

正文结束后，依次在右下方编排发文单位或个人姓名及发文日期。

7.5.2 **催款函的范文与点评**

催款函

××公司：

贵公司自××××年×月×日至××××年×月×日，尚欠我公司货款共计人民币×××元（大写：×××××××）（**说明货款情况**），根据贵我双方签署的合同，贵公司应在××××年×月×日付清该款。现贵公司已逾期××天仍未支付（**说明欠款情况**），严重影响了我公司的资金安全与正常经营。请贵公司收到此通知书后××天内将上述逾期未付的货款汇付我公司账户（**说明付款要求**）。否则，本公司将循法律途径或委托相关追收人员上门催收解决，届时可能对贵公司造成不良影响并将有损贵公司的诚信形象（**说明解决方法**）。

我公司账户名称：×××××××

开户银行：×××××××

开户账号：×××××××××××

特此函告！

××公司
××××年×月×日

点评：写催款函除了达到催收欠款的目的外，尽量不要因为催款而影响双方的友好关系和继续合作。上文所述情形属于逾期过久的催款，但所用语气也比较理性委婉，没有因催款伤害双方感情，形成敌意，这是催款函写作时应注意的。

扫一扫

催款函的模板及范文

7.6 » 索赔函

索赔函是指合同双方中的一方，根据法律法规和双方签订的合同，以对方违反合同约定，造成当事人经济损失或精神损失为理由，向另一方提出赔偿或维护其他权利的书面材料。

7.6.1 **索赔函的模板与格式**

索赔函由标题、称谓、正文和落款组成，其写作模板如图7-6所示。

索 赔 函

[对方公司、部门或个人]：

　　[说明具体的损失情况]。

　　[说明损失对公司的影响]。

　　[提出索赔并说明索赔细节]。

　　[向对方提出要求并给出无法赔偿的处理方法等]。

　　顺祝

商祺

　　　　　　　　　　　　　　　　　　　　　[公司名称]

　　　　　　　　　　　　　　　　　　　　　[发函日期]

图 7-6　索赔函的模板示例

1．标题

索赔函的标题格式为"索赔函"或"关于××的索赔函"。

2．称谓

索赔函的称谓为对方公司、部门名称或个人职位与姓名，如"××公司""××公司×××总经理"等。

3．正文

索赔函的正文应首先说明提出索赔的原因，包括具体的损失情况以及对公司造成的不良影响。然后正式提出索赔并给出具体的索赔方案，最后还需要向对方提出要求并给出不能索赔的解决方法，并以"顺祝商祺"等习惯用语结尾。

4．落款

正文结束后，依次在右下方编排发文单位或个人姓名以及发文日期。

7.6.2　索赔函的范文与点评

索赔函

××分公司：

　　我公司现承担××广场市政设施的恢复工程，近日接"××热线"投诉，××广场东侧新近完工的人行道，出现大面积碎裂、沉陷破坏现象。经××区警方协助我公司调查后，发现是由于贵公司在××××年×月×日至×月×日期间，在人行道上进行设备吊装施工，重型吊机和叉车等机械设备多次上下人行道造成的（说明事件是经过警方调查后的结果，更有权威性）。

　　此次事件，不但使我公司设施损坏，遭受二次返工的损失，而且使我公司不能按时完成××广场整体工程的施工进度，工期延误（说明事件对公司造成的不良影响，这是索赔的直接原因）。现我公司向贵公司郑重要求赔偿以下修复费用损失：

破损部位及程度	面积（m²）	合计费用（元）
1．人行道碎裂	25×3=75m²	×××××
2．人行道沉陷	12×4=48m²	×××××

合计：×××××元。

以上是我公司的要求，××地区属于××市窗口地区，为防止不必要的纠纷和市民投诉，减少我单位工期滞后产生的额外赔偿费用，请贵公司于××日内支付上述赔偿金额，以保证我公司完成材料预定、加工和恢复工作；或贵公司自行安排有相应技术能力和资质的企业，在××日内完成修复，由我单位验收合格后，贵公司承担全部修理费用。如果贵公司××日内不支付赔偿金，××日内又不将损坏设施进行修复，我公司将自行修复处理，并通过法律途径追偿全部损失，不再通知（说明对方不进行赔付或修复的解决方案，态度坚决，不容置疑）。

顺祝

商祺

××公司

××××年×月×日

点评： 上述范文在结构、内容、用语和态度上都属于非常典型的索赔函，首先说明工程损坏情况，为索赔提供依据，然后说明对公司的影响，为索赔提供直接理由。接着正式提出索赔方案和无法索赔的解决办法。全文结构紧凑、有理有据，态度坚决但不强势，给对方处理问题留有充分的余地。

扫一扫

索赔函的模板及范文

7.7 » 理赔函

理赔函是商务活动中针对对方索赔函中所提出的索赔意愿和要求而回复的申诉处理的信函。从树立良好形象及未来的业务拓展角度而言，无论企业还是个人，在收到索赔函后都应当认真对待，以诚恳友好的态度处理问题。

7.7.1 理赔函的模板与格式

理赔函由标题、称谓、正文和落款组成，其写作模板如图7-7所示。

1．标题

理赔函的标题可以直接书写"理赔函""理赔信"等字样，也可以采用"关于××索赔问题的复函（或答复）"的结构，使对方能够清楚大致内容。

2．称谓

理赔函的称谓为对方公司、部门名称或个人职位与姓名，如"××集团""××公司""尊敬的××总经理"等。

3．正文

理赔函的正文一般先引述对方来函及事由，然后提出对争议纠纷的看法，再写明解决索赔的意见和处理办法，最后表达继续促进友谊的愿望。经过调查，如果责任确实在己方，应当真诚地表达歉意，解释原委；如果责任不在己方，应当友好地帮助对方分析原委，提出改善建议（此时标题就不应该写理赔函，而是关于××的复函），让友好合作的态度贯穿始终。最后利用"恭祝财源亨通""敬祝生意兴隆"等习惯用语收尾。

4. 落款

正文结束后，依次在右下方编排发文单位或个人姓名以及发文日期。

理 赔 函

[对方公司、部门或个人]：

[说明收到来函的情况]。

[确认函件中的问题，决定理赔并给出方案]。

[表明态度并提出继续合作等希望]。

恭祝

财源亨通

[公司名称]

[发函日期]

图 7-7　理赔函的模板示例

7.7.2 理赔函的范文与点评

理赔函

尊敬的业务部××经理：

您好！

贵公司×月×日来函及货样收悉，十分感激（态度谦逊）。

信中提到我公司发出的××与订货样品不符一事，我公司立即进行了调查，发现装箱时误装了部分二等品。这确实是我方工作上的差错，对给贵方带来困扰和不便，我们深表歉意（确认事实）。为此，我方愿意接受贵公司提出的要求，将质量不符合要求的部分产品按照降低原成交价30％的折扣价处理（提出处理方法）。

若对此事的处理还有疑义，欢迎继续来函商洽。产品的质量和客户的满意是我公司努力争取的目标，请相信今后将不会出现类似失误。

希望继续与贵公司友好合作，并得到贵公司的指点及帮助。

特此函复，谢谢！

恭祝

财源亨通

××公司

××××年×月×日

点评： 上文内容简洁，态度诚恳，理赔方案果断有效，对造成的影响表达了深深的歉意，同时也表达了继续合作的期望。整篇范文基本上采用了理赔函的标准写法，值得借鉴。

扫一扫

理赔函的模板及范文

189

写作与提高

问： **报价函是不是询价回复函？**

答： 不是。报价函需正式给出报价，而询价回复函仅仅是决定是否参与报价。询价回复函往往针对的是政府采购或大宗采购的询价函，这类询价函一般都明确要求受邀企业在指定的时间内回复询价函。如"被邀请单位收到询价函后按本询价函附件格式在24小时内回复询价函，予以确认是否参加报价。"此时询价回复函的内容应该按以下格式编排：

询价回复函

××农业科技示范园管理委员会：

　　贵单位的询价函已收悉，我单位愿意参与××年农业综合开发现代农业园区建设项目土壤深耕工程采购活动，按照要求按时到指定地点领取询价文件，并按时参加报价会议。

××公司
法定代表人：×××
××××年×月×日

问： **招标与询价有什么不同？投标与报价又有什么区别？**

答： 招标是指招标人事先发出招标通告或招标单，邀请投标人参加投标的行为；询价是指买方向卖方询问商品价格的行为，报价则是对询价行为的回复。但投标不仅包含报价，还有其他招标人要求说明的情况和内容。总体而言，招标和投标看中的不仅仅是价格优势，还有其他包括资质、经验、品牌、技术、设备等全方位的能力，而询价报价则往往考虑能否以最低价格成交。

问： **确认订购函是什么文书，有必要存在吗？**

答： 确认订购函是卖方发出的，对买方订购所需商品及相关事宜进行确认的信函。需要明确向买方承诺商品会在对方要求的日期、地点运抵，也向对方提出如何支付货款，并表示愿意继续保持良好的合作关系。要写明收到对方的订购函的时间，并告知对方货物即将发出，希望对方查收。确认订购函可以及时让买方了解卖方的决定，是卖方及时回复买方的函件，是有必要存在的。如下就是确认订购函的示例，表明了确认订购函的基本写法。

确认订购函

×××先生：

　　非常高兴收到贵方×月×日××商品的订单。我方即速予以办理，货物将在贵方要求日期内运抵指定地点。根据商业汇票的规定，我方通过××银行开出以贵方为付款人的银行承兑汇票，面额为××元，承兑期限为3个月。我们相信此汇票必得承兑。

　　贵方对此商品还有何要求，请即函告。

　　感谢贵方的惠顾，希望我们能保持经常的贸易联系。

××公司
××××年×月×日

第8章

法律类文书

　　法律类文书是司法行政机关及当事人、律师等在解决诉讼和非诉讼案件时使用的文书，当企事业单位涉及行政、民事等纠纷或因委托、协议、担保等牵涉进纠纷时，就会用到这类文书。

　　本章将介绍几种常见的法律类文书的写作方法，主要包括起诉状、上诉状、申诉状、答辩状、委托书、担保书等内容。

8.1 » 起诉状

起诉状是指公民或法人因自身合法权益遭受侵害而向人民法院提起诉讼请求的文书。公民、法人或其他组织向人民法院起诉，应当递交起诉状。

👤 专家点拨

根据诉讼的性质和目的不同，起诉状有民事起诉状、行政起诉状和刑事自诉状之分，对于企业来说，由于经常进行经济活动，因此经济纠纷起诉状是出现概率最高的一种，它属于民事起诉状的范围。

8.1.1 起诉状的模板与格式

起诉状的内容由标题、正文和落款组成，其写作模板如图8-1所示。

[类别]起诉状

原告：[姓名、单位、地址、电话等基本信息]。

被告：[姓名、单位、地址、电话等基本信息]。

诉讼请求：

[按条款方式逐条列出诉讼请求的内容]。

事实与理由：

[分别说明发生的事实和起诉的理由]。

[总结说明，并给出依据请求法院判决]。

证据和证据来源：

[罗列具体的证据及来源情况]。

此致

[人民法院全称]

附：本诉状副本[数量]份

[依次罗列其他附件及份数]

起诉人：[姓名]

[起诉日期]

图 8-1 起诉状的模板示例

1. 标题

起诉状的标题一般由"类型+文种"的结构组成，如"民事起诉状""行政起诉状"等，也可由"具体纠纷+文种"组成，如"经济纠纷起诉状"。

2．正文

起诉状的正文由当事人基本情况、诉讼请求、事实与理由、总结说明、证据和证据来源、习惯用语、附件说明等多个部分组成。

◆ **当事人基本情况：** 交代原告和被告的基本情况。如果是个人，需说明姓名、单位、地址、电话等基本信息；如果是企业，则需说明法人、住所地、法人代表人姓名职务、委托代理人姓名、单位职务、地址等信息。

◆ **诉讼请求：** 清晰且具体地写出诉讼请求。如果请求内容不止一项，则需按条款方式逐一罗列出来。

◆ **事实与理由：** 详细说明与起诉相关的事实与理由。

◆ **总结说明：** 归纳说明请求起诉的依据和愿望。

◆ **证据和证据来源：** 如提供证据，应说明证据及其来源情况。

◆ **习惯用语：** 一般以"此致××人民法院"作为习惯用语。

◆ **附件说明：** 说明此起诉状的附件情况，一般包括起诉状副本、合同副本（企业纠纷）和各种证明文件等。

3．落款

在正文结束后的右下方依次编排起诉人姓名和起诉日期。

8.1.2 起诉状的范文与点评

经济纠纷起诉状

原告人：××市××区××公司；地址：××市××区××街×号；法人代表：××，系公司经理

被告人：××市××区××商店；地址：××市××区××路×号；法人代表：××，系商店经理

诉讼请求：

1．责令被告偿还原告货款××万元。

2．责令被告赔偿拖欠原告货款××个月的利息损失。

3．责令被告赔偿原告提起诉讼而产生的一切损失，包括诉讼费、律师费等。

诉讼事实和理由：

原告和被告于××××年×月×日商定，被告从原告处购进××商品，价值人民币××万元。原告于当年×月×日将××商品用车送至被告处，被告立即开出××万元的转账支票交付原告，原告在收到支票的第二天去银行转账时，被告开户银行告知原告，被告账户上存款只有××万余元，不足清偿货款。由于被告透支，支票被银行退回。当原告再次找被告索要货款时，被告无理拒付。后来原告多次找被告交涉，均被被告以经理不在为由拒之门外（详细说明事件经过，但不重复啰唆）。

根据《中华人民共和国民法通则》的规定（准确说明依据，能极大增加起诉成功率），被告应当承担民事责任，原告有权要求被告偿付货款，并赔偿由于被告拖欠贷款而给原告带来的一切经济损失。

证据和证据来源：

1．被告收到货后签收的收条××份

2．银行退回的被告方开的支票××张

3．法院和律师事务所的收费收据××张

此致

××区人民法院

附：

1．本状副本×份；

2．书证×份。

起诉人：××公司

（加盖公章）

××××年×月×日

点评： 这篇起诉状的状头介绍了双方当事人名称、地址和法人代表的信息，案由明确，诉讼请求具体，事实简洁清楚，陈述理由合情合理，并准确引用了法规，人称前后一致。整篇诉状有理有据，起诉成功概率很大。

8.2 » 上诉状

上诉状指的是诉讼当事人或其法定代理人不服人民法院一审判决或裁定，向上一级人民法院提起上诉，请求撤销、变更原审裁判，或重新审判而提出的诉状。上诉状是二审法院受理案件并进行审理的依据，二审法院可以通过上诉状了解上诉人不服一审判决的理由，对二审法院全面了解案情、审理案件、保护当事人的合法权益、提高办案质量，具有重要的作用。

8.2.1 上诉状的模板与格式

上诉状的写作格式包括标题、正文和落款等要素，其写作模板如图8-2所示。

1．标题

上诉状的标题一般由"类型+文种"的结构组成，如"民事上诉状"等，也可由"具体纠纷+文种"组成，如"经济纠纷上诉状"，或直接写明"上诉状"3字。

2．正文

上诉状的正文包括当事人基本情况、案由、上诉请求、事实与理由、习惯用语、附加说明等要素。

◆**当事人基本情况：** 写明当事人的基本情况，内容与起诉状相同。

◆**案由：** 写明不服一审判决或裁定的缘由，需要具体说明是哪起案件，不服人民法院于何时、以何字号（×字第×号）发出的判决或裁定而提出的上诉。

◆**上诉请求：** 写明请求二审法院撤销或变更原审判决或裁定，或请求重新审理。

◆**事实与理由：** 这是上诉状的核心内容，指出并说明原审判决和裁定对事实的认定有错误、出入和遗漏，或证据不足，或定性不当，或引用的法律条文不准确，或判决不合法定程序等。

◆**习惯用语：** 一般以"此致××人民法院"作为习惯用语。

◆ **附件说明：**说明此上诉状的附件情况，写法与起诉状相同。

[类别]上诉状

上诉人：[姓名、单位、地址、电话等基本信息]。

被上诉人：[公司名称、住所地、法定代表人及职务等基本信息]。

上诉人不服[法院名称]人民法院[判决时间]的[判决书字号][诉讼类型]判决，特提出上诉。

上述请求：

[罗列希望二审判决的内容]。

事实与理由：

[重点说明原审判决和裁定对事实的认定有误等，为二审判决提供有利支持]。

此致

[人民法院全称]

附：本诉状副本[数量]份

[依次罗列其他附件及份数]

上诉人：[姓名]

[上诉日期]

图 8-2　上诉状的模板示例

3．落款

在正文结束后的右下方依次编排上诉人姓名和上诉日期。

8.2.2　上诉状的范文与点评

经济纠纷上诉状

上诉人：××××有限公司；地址：××市××区××街××号；法定代表人：×××；职务：总经理

被上诉人：××××公司；地址：××市××区××路××号；法定代表人：×××；职务：总经理

上诉人因×××一案，不服××市××区人民法院××××年×月×日（××）初字第××号判决，现提出上诉。

上诉请求：

1．依法撤销原审判决，予以改判；

2．判决被上诉人给付因其违约所欠款项人民币××万元整；

3．本案一、二审诉讼费用由被上诉人全部承担。

上诉理由：

1．原审判决认定事实错误

××××年×月×日，上诉人与被上诉人签订广告代理合同。合同约定：上诉人自××××年×月×日起至×月×日止在××区××大街两侧为被上诉人粘挂印有被上诉人标志的广告吊旗，被上诉人支付广告代理费××万元。

合同订立后，上诉人获得相关主管部门批准，于××××年×月×日起开始在指定路段粘挂由被上诉人总经理×××审定认可的广告吊旗。自×月×日起天气状况恶化，连日刮风下雨，使粘挂的广告吊旗破损较多，虽然上诉人一再补挂，仍不能保证持久。为此，有关部门下令自×月×日停挂该广告吊旗，并摘除已挂的吊旗。

以上事实，由有关主管部门出具的证明为证。然而，原审判决却认定上诉人悬挂广告吊旗未经有关部门批准，属非法悬挂，且未能按约定的期限悬挂。这一认定违背了事实真相，是错误的（说明在事实认定上，一审判决出现了错误）。

2．原审判决适用法律错误

原审判决在对事实认定错误的基础上，将上诉人与被上诉人之间订立的广告代理合同认定为无效合同，并适用《中华人民共和国合同法》中关于无效合同处理的规定判决上诉人承担责任，返还被上诉人交付的××万元广告代理费。这在适用法律上亦属错误（说明一审判决引用了错误的法律依据）。

而事实上，上诉人与被上诉人依据各自真实的意思表示订立的广告代理合同符合《中华人民共和国合同法》基本原则，属合法、有效合同，合同订立后，上诉人又依据广告代理的规定向有关部门办理了相应的手续，并实际履行了该合同确定的义务，应当适用有关法律予以保护。

根据上述事实和有关法律，特请求依法撤销原审判决，予以改判。

此致

××市中级人民法院

附：

1．本状副本××份

2．证据材料××份

上诉人：×××公司

（加盖公章）

××××年×月×日

点评： 这篇经济纠纷上诉状的上诉请求共有3条，写得很明确。上诉理由包括事实的认定和法律的适用两个方面，阐述原审判决的错误，理由写得很充分。最后又以总括性语言重申改判请求。结构标准，简单有效，是较为典型的一篇上诉状范文。

扫一扫

上诉状的模板及范文

8.3 » 申诉状

申诉状指的是当事人认为已经产生法律效力的判决、裁定有错误而向原审人民法院提出申诉，请求复查纠正或重新审理的书面状纸，因此也叫作再审申请书。

8.3.1 申诉状的模板与格式

申诉状的写作格式包括标题、正文和落款等要素，其写作模板如图8-3所示。

[类别]申诉状

申诉人：[姓名、单位、地址、电话等基本信息]。

被申诉人：[公司名称、住所地、法定代表人及职务等基本信息]。

申诉人不服[法院名称]人民法院[判决时间]的[判决书字号][诉讼类型]判决，特提出申诉。

申述请求：

[罗列希望重新判决的内容]。

事实与理由：

[重点说明原审判决和裁定对事实的认定有误等内容，为重新判决提供支持]。

此致

[人民法院全称]

附：本诉状副本[数量]份

[依次罗列其他附件及份数]

申诉人：[姓名]

[申诉日期]

图 8-3　申诉状的模板示例

1．标题

申诉状的标题与起诉状、上诉状的写法相同，可以由"类型+文种"或"具体纠纷+文种"组成，也可以直接写明"申诉状"。

2．正文

申诉状的正文包括当事人基本情况、案由、申诉请求、事实与理由、习惯用语、附加说明等要素。

◆ **当事人基本情况：**写明申诉人和被申诉人的基本情况，有时也可以省略被申请人的信息。

◆ **案由：**写明申诉的案件名称，做出生效判决、裁定的人民法院的名称，判决、裁定编号及制作日期，并表明对该裁判不服，提出申诉的态度。

◆ **申诉请求**：写明请求人民法院解决什么问题，从原则上说明要求达到的目的。

◆ **事实与理由**：明确而具体地写出生效判决或裁定的错误，然后针对指出的错误，全面、客观、准确地陈述案件的有关事实，具体列出有关人证、物证、书证以及要害的证据线索，从而推出合理合法的请求事项。

◆ **习惯用语**：一般以"此致××人民法院"作为习惯用语。

◆ **附件说明**：说明此申诉状的附件情况，写法与起诉状、上诉状相同。

3．落款

在正文结束后的右下方依次编排申诉人姓名和申诉日期。

8.3.2 申诉状的范文与点评

合同纠纷申诉状

申诉人：××建筑安装公司；地址：××市××路××号；法定代表人：××　职务：经理

被申诉人：××工贸公司；地址：××市××路××号；法定代表人：×××　职务：经理

申诉人对××市××区人民法院××××年×月×日（××）×字×号判决不服，将向人民法院提起申诉。

申诉请求：

1．撤销××市××区人民法院（××）×字×号判决；

2．退还货款××万元人民币并支付违约金××万元人民币。

申诉理由：

申诉人与被申诉人××工贸公司于××××年×月×日签订购销合同一份。合同约定：××工贸公司供给申诉人"××钢铁厂"生产的盘条××吨，每吨价格××元，总货款××万元人民币。同年×月×日，申诉人将一张××万元汇票交给××工贸公司，并用车拉走盘条××吨。经检验，该××吨盘条不是"××钢铁厂"生产的，且规格、质量不符合建筑要求。××××年×月×日，申诉人向××市××区人民法院起诉，要求××工贸公司退还货款并支付违约金（陈述事件发生的事实）。

××区人民法院经审理判决：××工贸公司在××××年×月前将剩余××吨"××钢铁厂"生产盘条全部交付，并保证质量、规格符合合同要求；申诉人已拉走的××吨盘条，每吨降价××元由申诉人处理。但判决书生效后，××工贸公司根本无货可供，既不执行判决，也不退还货款，致使申诉人不得不向其他公司购买钢材（说明原判决的情况和判决后果）。

原判决认定事实不清，没有调查清楚工贸公司是否有能力供货，就判决其继续履行，导致生效判决无法执行，申诉人的合法权益长期不能实现（这是申诉的原因）。

基于上述事实，特向人民法院提起申诉，请求人民法院重新审理本案，撤销原判决，判令××工贸公司退还货款××万元人民币并支付违约金××万元人民币，以维护申诉人合法权益。

此致

××省高级人民法院

附：

1. 原审判决书一份

2. 申诉人与被申诉人钢材购销合同一份

申诉人：××建筑安装公司

（加盖公章）

××××年×月×日

点评：这是一篇关于钢材购销合同纠纷的申诉状，全篇内容简单明了，要素齐全，结构正确。但对于申诉理由的阐述而言，前面部分较为详细，逻辑性也不错，不过后面部分对原判决的举证力度还稍有欠缺，没有其他事实和证据加持，不利于申诉成功。因此在撰写申诉状时，一定要结合各种真实有利的事实和数据，或举证，或引用，通过各种方式来增加申诉的理由，这样才能提高申诉成功的概率。

扫一扫

申诉状的模板及范文

8.4 » 答辩状

答辩状是被告人、被上诉人或被申诉人针对起诉状、上诉状或申诉状的内容，根据事实和法律依据进行回答和辩驳的文书，是法律赋予处于被告地位的当事人的一种权利。不仅如此，答辩状也有利于人民法院在全面了解案情的基础上，判明是非，做出正确的判决。

8.4.1 答辩状的模板与格式

答辩状由标题、正文和落款等要素组成，其写作模板如图8-4所示。

[类别]答辩状

答辩人：[写明公司名称、住所地、营业执照注册号等]。

法定代表人：[写明姓名、性别、职务]。

委托代理人：[写明姓名、性别、职务、联系电话等]。

被答辩人：[写明姓名、性别、住址、联系电话等]。

[法院名称写明答辩原因]，现依法做出如下答辩意见。

[详细说明答辩的具体内容]。

[总结全文，并提出最终的请求]。

此致

[人民法院全称]

附：本状副本[数量]份

[依次罗列其他附件及份数]

答辩人：[姓名]

[答辩日期]

图 8-4　答辩状的模板示例

1．标题

答辩状的标题一般由"类型+文种"组成，如"民事答辩状""刑事答辩状"等，也可直接书写"答辩状"。

2．正文

答辩状的正文包括当事人基本情况、答辩内容、答辩请求、习惯用语、附加说明等要素。

- ◆ **当事人基本情况：** 写明答辩人、法定代表人、委托代理人、被答辩人等相关当事人的基本情况，有时也可以省略被答辩人的信息。
- ◆ **答辩内容：** 明确而具体地写出答辩的具体内容，包括事实和理由等具体情况。
- ◆ **答辩请求：** 清晰地向人民法院提出最终的答辩请求。
- ◆ **习惯用语：** 一般以"此致××人民法院"作为习惯用语。
- ◆ **附件说明：** 说明此答辩状的附件情况。

3．落款

在正文结束后的右下方依次编排答辩人姓名和答辩日期。

8.4.2 答辩状的范文与点评

答辩状

答辩人：××食品工业有限责任公司（原××工贸有限公司），地址：××市××区××街道××路××工业区××号，营业执照注册号：××××××××××。

法定代表人：×××，男，任公司总经理

委托代理人：××，男，任公司体系部经理，电话：××××××××

委托代理人：×××，男，任公司法务专员，电话：××××××××

被答辩人：×××，男，地址：××市××区××路××号，电话：××××××××

因原告起诉我公司买卖合同纠纷一案（说明答辩案件），现依法做出如下答辩意见：

一、针对原告的第1、2项诉讼请求，我方认为其陈述的理由与事实、法律不符（说明答辩的具体对象和答辩内容，及理由与事实和法律不符），理由如下：

（一）我方委托××省××食品有限责任公司（以下简称××食品）生产的××牌玉米渣产品经合法取得相关第三方权威机构出具的检测合格报告和认证证书，无食品安全质量问题，符合国家相关食品安全质量标准，且在保质期内，并不会对人体健康造成任何损害。有××市质量技术监督检验检测中心于×××年×月×日出具的《检验报告》（×质检食××号）；××有机产品认证中心出具的《有机产品认证证书》（编号：××××××）；××食品出具的涉案产品当批次的《产品出厂检验报告》（编号：×××）予以证明。

以上事实均可证明我方该批次的××牌玉米渣产品符合国家相关法律、法规及食品安全标准的规定，且在保质期内，可以安全食用，不会对人体健康造成任何损害。

（二）《食品安全法》第九十六条规定："违反本法规定，造成人身、财产或者其他损害的，依法承担赔偿责任。生产不符合食品安全标准的食品或者销售明知是不符合食品安全标准的食品，消费者除要求赔偿损失外，还可以向生产者或者销售者要求支付价款十倍的赔偿金。"我方认为，从法律体系解释的原则出发，本条第一款、第二款应当作为整体来理解，而不能割裂理解，第二款是对第一款的补充，第二款的适用应以第一款为前提。（略）

综上所述，我方涉案××牌玉米渣产品并无产品质量问题，不会对消费者人身、财产造成任何损害，原告也并未举证证明自己因食用涉案产品而遭受了人身、财产方面的损害事实，而我方涉案产品预包装标签缺少单一配料表仅属于标注不规范的情形，依法属于市场监督管理部门的管辖范围，原告作为消费者可以向有关行政部门反映情况，其单以标签标注不规范为由要求退货及十倍赔偿，混淆了行政责任与民事责任的界限范畴。所以，原告第1、2项主张无法律、事实依据，系对法律条文的误读，请求人民法院依法判令驳回原告的此两项诉讼请求。

二、针对原告第3项诉讼请求，我方认为其主张无事实、法律依据（**说明答辩的对象无事实和法律依据**），理由如下：

原告提交的购物清单表明其于××××年×月×日于××百货有限公司一次性购买了××种不同厂家生产的商品，其并未举证证明其主张的交通费、误工费损失系因购买、食用我方涉案产品所致，因此，无证据表明其主张的损失与我方涉案产品有法律上的因果关系。因为我方承担原告第3项诉讼请求中主张的损失是以其因购买、食用我方涉案产品受到人身、财产损害事实为前提的，既然原告不能证明其主张的损失与我方涉案产品有法律上的因果关系，故我方也就无赔偿其任何费用损失的法律义务，请求人民法院依法判令驳回原告的此项诉讼请求。

基于上述理由，请求人民法院判令驳回原告的全部诉讼请求（**总结并提答辩请求**）。

此致

××市××区人民法院

附件：1．证据复印件×份共×页

2．答辩状副本×份

答辩人：××食品工业有限责任公司

××××年×月×日

点评：答辩状的写法类似申诉状，都是由发文者对既定结果不同意而发起的文书，因此核心内容同样是聚焦在答辩内容上。撰写时要指明不同意哪个既定事实或结果，并通过给出有利的依据和证据完成答辩。从这一点来看，该范文的写法是非常值得借鉴的。不仅指明针对原告的哪项诉讼请求，而且说明为什么答辩，接着给出非常有利的事实、依据和证据，最后再向人民法院提出请求。整个答辩过程有理有据，逻辑缜密，无懈可击。

扫一扫

答辩状的模板及范文

8.5 » 委托书

委托书是委托他人代表自己行使自己的合法权益的文书。在委托人的委托书上注明的合法权益内，被委托人行使的全部职责和责任都将由委托人承担，被委托人不承担任何法律责任。

8.5.1 委托书的模板与格式

委托书的内容由标题、称谓、正文和落款组成，其写作模板如图8-5所示。

[类别]委托书

致[对方单位名称或个人姓名，用尊称]：

我司委托本司员工[姓名]，性别：[性别]，身份证号：[具体号码]，

到贵单位办理以下事宜，对受托人在办理下述事项过程中所签署的有关文

件，我司均予以认可，并承担相应的法律责任。请贵单位给予协助，谢谢！

[准确说明委托的具体适宜，内容较多时可逐条描述]。

委托期限：[写明委托期限：××××年×月×日—××××年×月×日]

委托人：[公司全称并加盖公章]

[成文日期]

图 8-5　委托书的模板示例

1．标题

委托书的标题一般由"类型+文种"组成，如"单位授权委托书""个人授权委托书"等，也可直接书写"授权委托书"或"委托书"作为标题。

2．称谓

委托书称谓的一般写法为"致××公司："或"致尊敬的××先生"等。如果是个人授权委托书，则可以忽略称谓。

3．正文

委托书的正文一般由受托人情况、委托事宜，责任承担等内容构成。需要准确写明正式委托的情况，委托办理何事的情况，以及法律责任由谁承担、委托期限等内容。

4．落款

单位授权委托书的落款一般只有成文日期，署名则编排在正文末尾，如图8-5所示；个人授权委托书则主要用标准写法，将署名和成文日期依次放在正文结束后的右下方。

8.5.2 委托书的范文与点评

单位授权委托书

致××公司：

我司委托本司员工××，性别：男，身份证号：×××××××××××××××××，到贵单位办理以下事宜，对受托人在办理下述事项过程中所签署的有关文件，我司均予以认可，并承担相应的法律责任。请贵单位给予协助，谢谢（最后一句话并不是必须出现的，但可以表现对对方单位的尊重）！

1．代为接受《××违法行为通知书》《×行政处罚决定书》等行政处罚文书的送达，代为签署《××行政处罚文书送达回证》等相关法律文书；

2．代为行使陈述申辩权利，提出要求或表明放弃；

3．代为发表对案件的意见；

4．代缴罚款。

委托期限：××××年×月×日—××××年×月×日

委托人：××有限责任公司

××××年×月×日

扫一扫

点评： 此委托书为单位委托并授权个人办理相关事宜。无论从内容还是结构上来看，都属于非常经典的一种写法。全文开门见山，一气呵成，交代了授权委托的所有事宜，如受托人情况、正式委托的语句、委托的具体事宜、责任承担情况、委托期限等内容，值得借鉴。

委托书的模板及范文

8.6 » 担保书

担保书是指单位或个人开立的一种书面信用担保文书，它可以是单位为单位担保，单位为个人担保，也可以是个人为单位担保，个人为个人担保等。担保书可以使担保人承担相应的经济和法律责任，使协议双方可以更密切地达成合作。

8.6.1 担保书的模板与格式

担保书由标题、称谓、正文和落款等要素组成，其写作模板如图8-6所示。

1．标题

担保书的标题一般由"类型+文种"组成，如"企业担保书""个人担保书"等，也可直接用"担保书"作为标题。

2．称谓

担保书的称谓不是必要的要素，写法为"××公司"或"××先生""××女士"等，有时也可加上尊称以示尊重。

3．正文

担保书的正文内容比较固定，首先应表态担保人愿意为谁担保。然后具体说明担保范围、担保人概括、担保期限、担保人声明等内容。

4．落款

担保书的落款为担保人署名和成文日期，依次编排在正文结束后的右下方即可。有的落款还可以涉及被担保人的署名，增加担保力度。

[类别]担保书

[公司名称或个人姓名]：

[首先说明谁愿意为谁担保]。

[具体担保哪些内容]。

[写明担保期限]。

[将担保人信息概括罗列出来]。

[担保人声明内容真实有效]。

担保人：[姓名]

被担保人：[姓名]

[成文日期]

图 8-6　担保书的模板示例

8.6.2　担保书的范文与点评

企业担保书

担保人：××有限责任公司；企业组织机构代码证：××××××××××

被担保人：×××；身份证号码：×××××××××××××××××

一、担保人××有限责任公司愿意为×××做经济担保（首先便做出担保承诺）。

二、被担保人在××公司出资参与施工工程期间，若因出现违法、违纪、贪污、盗窃、挪用公款或欠债不还，违反劳动合同，严重违反公司规章制度等问题，而发生法律诉讼等行为给××公司所造成经济损失的，被担保人无能力偿还或恶意拖欠的部分由担保人承担连带责任担保（具体按我国担保法有关规定承担责任）并负责偿还，担保人为第一偿还人（说明担保范围并承诺结果）。

三、担保人概况：

1．企业名称：××有限责任公司

2．法定代表人：×××

3．企业地址：××市××区××街××号

4．联系电话：××××××××

四、担保人具备以下条件：

1．经工商行政管理部门批准登记注册。

2．独立核算，自负盈亏，具有独立法人资格。

3．在国家有关商业银行或其他依法设立的金融机构开立银行存款账户。

4．具有符合法定要求的注册资金和必需的经营资金。

5．合法经营，资信程度良好，经营管理水平和经济效益良好。

五、担保人声明：担保人提供的资料均真实有效，如果担保人提供的资料有虚假情况，担保人愿承担由此发生的所有法律责任。

六、担保人如因故退保或其他原因丧失担保资格时，应立即以书面形式通知××公司，并取得××建设集团有限公司同意后，由被担保人另寻找新的担保人并办妥相关新的担保手续，退还原担保书后方可解除担保责任（说明发生退保或丧失担保资格的解决方法）。

担保人：××有限责任公司

被担保人：×××

××××年×月×日

点评：这篇担保书的内容非常全面，不仅涉及了最基本的担保承诺、担保范围、担保人概况、担保声明等内容，还对担保人自身的条件和退保或丧失担保资格的解决方法有明确说明，使这篇担保书的可信度和担保力度大幅提升，增加了协议双方达成协议的可能。

扫一扫

担保书的模板及范文

写作与提高

问： **申诉状和上诉状感觉很相似，它们在用法上应该如何区分呢？**

答： 申诉状与上诉状都是对原审法院的判决或裁定不服，要求纠正错误而出具的书面状纸，因此看上去是很相似的，但二者的用法有着明显的区别。首先，申诉状是针对已经发生法律效力的判决、裁定不服而提出申诉，且申诉时，判决、裁定不能停止执行。只有当申诉成功，人民法院改判后才能根据改判来撤销或更换判决、裁定；上诉状则是对未发生法律效力的判决、裁定进行上诉；其次，申诉没有时间限制；上诉有时间限制，过期则失效；另外，申诉状是向原审判的法院提出；上诉状只能向原审判法院的上一级人民法院提出。

问： **能提供个人授权委托书的模板吗？它与单位授权时在格式写法上到底有什么区别？**

答： 从写法上来看，二者的区别不大。格式上，个人授权委托书一般会省略称谓，但需写明委托人和受托人的基本情况，以及委托承诺、委托事项、责任承担等内容，如图8-7所示。

个人授权委托书

委托人：［姓名、性别、年龄、身份证号码］

受托人：［姓名、性别、年龄、身份证号码］

　　兹委托受托人［姓名］为我的代理人，全权代表我办理下列事项：

　　［详细说明委托事项］。

　　代理人在其权限范围内签署的一切有关文件，我均予承认，由此在法律上产生的权利、义务均由委托人享有和承担。

委托人：［姓名］

［成文日期］

图 8-7　个人授权委托书的模板示例

第9章

书信类文书

　　企事业单位之间会因为各种事务而经常往来沟通，此时除了使用通知、函等党政公文外，还可使用另一类在公务往来中使用非常密切的书信类文书，这类文书可以加强各单位之间的沟通联系，是企业单位之间必不可少的往来公文。

　　本章将介绍多种书信类文书的写作方法，主要包括证明信、介绍信、推荐信、感谢信、公开信、慰问信、表扬信、批评信、倡议书等内容。

9.1 » 证明信

证明信也称"证明"或"证明书"，是单位或个人凭借确凿的证据来证明一个人的身份、经历或一件事情的真实情况时所用的文书。

9.1.1　证明信的特点

证明信具有凭证和书信的双重特点。

◆ **凭证的特点：**证明信的主要作用就是证明，是持有者用以证明身份、经历或某事情的真实性的一种凭证，这是证明信最明显且最重要的特点。

◆ **书信的特点：**证明信的写作形式较为灵活，但无论哪种形式，其写法同书信的写法基本一致，因此具备书信的特点。

9.1.2　证明信的类型

证明信可以有很多分类标准，这里根据开据证明信的对象不同，将其分为以单位的名义所发的证明信和以个人名义所发的证明信两种。

◆ **以单位名义所发的证明信：**多用于证明身份、经历、职务，以及同该单位的所属关系等真实情况。可采用普通书信形式，也可事先设置格式并进行打印，在印刷出的信件上书写。这类证明信的篇幅可长可短，视具体情况而定。

◆ **以个人名义所发的证明信：**这类证明信由个人书写，内容格式更为灵活，一般采用书信的写作方法撰写。

9.1.3　证明信的模板与格式

证明信的内容由标题、称谓、正文和落款等要素组成，其写作模板如图9-1所示。

证　明　信

　　[对方单位名称或个人姓名，用尊称]：

　　　　[直接说明需要证明的内容即可]。

　　　　特此证明。

[发文署名]

[成文日期]

图 9-1　证明信的模板示例

1. 标题

证明信的标题一般就是"证明信""证明书"或"证明"几个字。有时也可以写成"证明事由+文种"的形式，如"学历证明""关于××问题的证明"等。

2．称谓

证明信的称谓一般就是单位名称或个人姓名，如"××公司""尊敬的××先生""××公司张总"等。如果证明信没有固定的受信者，则可以省去称谓。

3．正文

根据出具证明的主动与否，证明信的正文写法有所区别。

◆**被动发文的证明信：** 根据受信者要求写清所要证明的事项。如要求证明人物经历，就要写清楚被证明人的主要经历的时间、地点和所担任的职务等；要求证明某一事件，就要写清被证明事件发生的时间、地点、参与者以及事件的前因后果等。

◆**主动发文的证明信：** 这种证明信多是作为证件之用，如派遣本单位人员外出活动时开具证明作为机动证件使用，以保证其工作、生活、食宿等事项的正常进行。

另外，正文最后一般都以"特此证明""此证"等习惯用语收尾。

4．落款

在正文结束后的右下方依次编排发文单位名称和成文日期即可。

9.1.4 证明信的范文与点评

【**范文1——被动发文的证明信**】

证　明　信

××电机有限公司：

　　张××同学系我校××级数控专业（1）班学生，已完成在校各门课程的学习，现在××公司顶岗实习，毕业证书待发。

　　特此证明。

××职业技术学院

（加盖公章）

××××年×月×日

　　点评： 这篇证明信是应××电机有限公司要求而写的，目的是为了证明张××同学的身份。全文一句话便达到了证明的目的，简洁明了。

【**范文2——主动发文的证明信**】

证　明

　　我委副主任刘××、办公室主任张××和办事人员陈××三位同志前往云南、广西、贵州、四川考察和联系旅游开发的有关事宜，诚望沿途有关单位协助解决食宿及交通问题。

　　有效期限：××××年×月×日至××××年×月×日。

　　特此证明。

××市旅游开发委员会

（加盖公章）

××××年×月×日

点评： 这篇证明信由××市旅游开发委员会发文，目的是为了解决几位考察人员沿途的食宿和交通问题，因此省去了称谓，其作用等同于身份凭证。特别之处在于说明了有效期限，以保证业务开展的效率。

扫一扫

证明信的模板及范文

9.2 » 介绍信

介绍信是用来介绍联系接洽事宜的一种文书，是单位派人到其他单位联系工作、了解情况或参加各种社会活动时会用到的，它具有介绍、证明的双重作用，可以使对方单位了解来人的身份和目的，以便得到对方的信任和支持。

9.2.1 介绍信的特点

介绍信具有证明和时效的特点。

◆ **证明的特性：** 介绍信是连接双方的一个桥梁，其目的旨在证明来人的身份，以便防止假冒。

◆ **时效的特性：** 介绍信在一定时间内才有效，是一种在限期内才具备有用性的文书。

9.2.2 介绍信的类型

介绍信有手写式介绍信和印刷式介绍信之分。

◆ **手写式介绍信：** 采用公文信纸书写或书写在单位自制的信笺上，这是一种比较便捷的介绍信，但因其用纸、书写没有什么严格的要求，所以容易被人伪造。

◆ **印刷式介绍信：** 这是一种正式的介绍信，印刷成文，内容格式等已事先印刷出来，使用者只需填写相应的内容即可。

> **专家点拨**
>
> 印刷式介绍信又可以细分为存根式介绍信和无存根式介绍信。存根式介绍信通常一式两联，存根联由开具一方留档备查，正式联由被介绍人随身携带；无存根式介绍信的内容格式与存根式介绍信没有区别，也是随用随填，只是未留存根而已。

9.2.3 介绍信的模板与格式

介绍信由标题、称谓、正文和落款等要素组成，存根式介绍信的结构稍微复杂一点，其写作模板如图9-2所示。

1. 存根部分

介绍信的存根部分由标题、编号、正文、有效期限和落款几个部分组成。

◆ **标题：** 写明"介绍信存根"字样。

◆ **编号：** 标题右下方写明编号，结构为"第××号"。也可以省略此要素。

◆ **正文：** 交代清楚姓名、人数、事由。

◆ **有效期限：** 正文最后用"（）"号写明此介绍信的有效期限，结构为"（有效期间××天）"。

◆ **落款：** 在有效期限右下方依次编排发文单位和发文日期。

2．文书部分

介绍信文书部分是给对方单位的，其结构由标题、称谓、正文、有效期限和落款组成。

◆ **标题：** 写明"介绍信"字样。

◆ **称谓：** 写明对方公司名称。

◆ **正文：** 交代清楚姓名、人数、事由。一般以"请予以接洽并协助为荷"等习惯用语和"此致敬礼"收尾，以示尊敬。

◆ **有效期限：** 正文最后用"（）"号写明此介绍信的有效期限，结构为"（有效期间××天）"。

◆ **落款：** 在有效期限右下方依次编排发文单位和发文日期。

介 绍 信 存 根

第[编号]号

　　兹介绍我单位[姓名]同志等[人数]人前往[公司名称]公司联

系有关[写明业务交流等事宜]的事宜。

　　（有效期间[天数]天）

[发文单位署名]

[成文日期]

介 绍 信

[公司全称]公司：

　　兹介绍我单位[姓名]同志等[人数]人前来你处联系以下事宜：

　　[写明业务交流等事宜]。

　　请予以接洽并协助为荷。

　　此致

敬礼

　　（有效期间[天数]天）

[发文单位署名]

[成文日期]

图 9-2　介绍信的模板示例

扩展阅读　介绍信写作注意

介绍信是介绍来人身份的文件，起到介绍和证明的作用，写作时应注意许多问题。比如被介绍人的姓名、身份等信息必须如实填写，不得虚假编造，冒名顶替。篇幅不宜过长，字迹要工整等。这样才便于发挥介绍信的作用，促进双方沟通交流。

介绍信写作注意

9.2.4　介绍信的范文与点评

介 绍 信 存 根

第××号

兹介绍我单位×××、××同志2人前往××公司××部门联系有关学习财务软件操作技术的事宜。

（有效期间3天）

××单位办公室
××××年×月×日

介 绍 信

××公司：

兹介绍我单位×××、××同志2人前来你处联系以下事宜：

学习财务软件操作技术。

请予以接洽并协助为荷。

此致

敬礼

（有效期间3天）

××单位办公室
××××年×月×日

点评： 这篇存根式介绍信描述的内容是让某单位的两位员工到××公司学习财务软件的操作技术。全文结构合理、内容简洁、用词得当，是标准的介绍信写法。需要注意的是，存根式介绍信的间缝处需要加盖公章，且印章需覆盖存根和文书两个区域，以保证在介绍信被裁剪后，两部分都有公章，从而证明此介绍信的真实性。

介绍信的模板及范文

9.3 » 推荐信

推荐信是知情者向有关部门、单位推荐人员（也可以是物品），期望对方接受或采纳的信件，常作为向用人单位举荐人才，或者向自己的朋友介绍某个人去做某件事。

9.3.1　推荐信的特点

推荐信具有以下特点。

◆ **举荐贤能：** 推荐信是向用人单位介绍、举荐自己了解的优秀人才，使有才能的人可以为用人单位所用，为社会造福。

◆ **公私兼顾：** 推荐信无论是以单位名义发文，向有关单位推荐人才，或是以个人名义向组织推荐或向个人推荐人才，这其中均有举荐人才、公私兼顾的特点。凡是写推荐信的人都希望自己的举荐可以成功，得到承认。

9.3.2　推荐信的类型

从推荐信的投发对象来分，可分为目标明确的推荐信和广泛性的推荐信。

◆ **目标明确的推荐信：** 指写信人明确自己推荐信的投发对象，能够根据对象的情况目标明确地推荐。

◆ **广泛性的推荐信：** 指写信人只是推荐被推荐人的才能而暂时并无明确的推荐单位。这种推荐信，往往可以同一内容一式多份，而向同类性质的单位广泛投寄。

9.3.3　推荐信的模板与格式

推荐信由标题、称谓、正文和落款等要素组成，其写作模板如图9-3所示。

推 荐 信

　　［对方单位名称或个人姓名，用尊称］：

　　　　［直接说明写此推荐信的用意］。

　　　　［介绍被推荐人的基本信息，重点说明其优点情况］。

　　　　［表达美好祝愿，如被推荐人能够胜任工作，对方公司能够发展壮大

　　等］。

　　　　　　　　　　　　　　　　　　　　推荐人：［姓名］

　　　　　　　　　　　　　　　　　　　　　　　［成文日期］

图 9-3　推荐信的模板示例

1．标题

推荐信的标题一般都直接由文种构成，即"推荐信"3字，有时也可以写为"个人推荐信""单位推荐信"等形式。

2．称谓

写明对方公司名称，如果是个人，则用敬语写明其姓名或职位，如"尊敬的××公司××总经理""××女士"等。

3．正文

推荐信的核心就是表达为什么要推荐这个人，我为什么了解他、他有什么优势等。正文内容可以分成3部分，首先说明写信意图，接着介绍被推荐人情况，最后表达美好意愿。

4．落款

在正文结束后的右下方依次编排发文单位名称或个人姓名，成文日期放于最后。

9.3.4 推荐信的范文与点评

推 荐 信

尊敬的××先生：

您好！我是×××，××公司的总经理（说明自己身份）。得知我公司优秀员工××想要出国深造，我感到非常高兴和无比欣慰。这样一个上进的年轻人应该接受良好的教育，拥有更辉煌的未来。因此，我很荣幸向贵校强烈推荐这位优秀青年（直接说明意图）。

××曾在大四的时候来我公司报告实习。他利用闲暇时间大量阅读参考有关业务的书籍，虚心向其他员工请教。渐渐地，他开始精通各项业务，并取得一定成绩。对此他并没有满足，更没有骄傲自大。相反，遇到难题，他仍然虚心与同事交流讨论，直到找出解决方案为止。

鉴于他在实习期的出色表现，我公司招收他为正式员工（通常我公司不予考虑应届毕业生）。

现在，作为我公司的一名业务精英，××工作更加认真、负责、努力，为所有同事树立了榜样。付出就有收获，他因此被评为本公司优秀员工，并享有高额奖金（用3段内容详细说明被推荐人在公司实习期间和成为正式员工的不同阶段，都有不凡的表现）。

虽然从某种程度上来说，如此优秀的员工即将踏上留学之途是我公司的损失，但是考虑到他的前途，我依然毫不犹豫地支持他远赴贵校深造。真诚期望贵校能同样支持他，给他一个提升自己，实现梦想的机会（说明期望）。谢谢。

××公司总经理：×××

××××年×月×日

点评： 推荐信并不难写，如上文所示，首先表明身份和意图，然后重点说明被推荐人的优秀品质，接着用礼貌的语言表达期望，其核心是被推荐人为什么值得被推荐。全文逻辑清晰、内容简洁、语言充满感情，是较为优秀的一篇推荐信写作范文。

扫一扫

推荐信的模板及范文

9.4 » 感谢信

感谢信是向帮助、关心和支持过自己的单位或个人表示感谢的专业书信，它有着感谢和表扬的双重意思，在公私事务及日常生活中使用较为广泛。

9.4.1 感谢信的特点

感谢信具有确指性、事实性和感激性等特点。

◆ **确指性：** 被感谢者是特定的单位或个人。

◆ **事实性：** 写感谢信的缘由为已成事实，时间、地点和事件都是真实的。

◆ **感激性：** 感谢信中表述的主要就是对对方的感激之情。

9.4.2 感谢信的类型

按照感谢对象范围的不同，感谢信可分为普发性感谢性和专指性感谢性两种类型。

◆ **普发性感谢信：** 对众多的单位或大众表示感谢，一般是个人处于困境时，得到了集体的帮助，并在集体的关心和支持下克服困难，渡过难关，摆脱困境。

◆ **专指性感谢信：** 被感谢者为特定的单位或个人。这类感谢信可以是个人或单位为了感谢某个人或单位曾经给予的帮助或照顾而写的。

9.4.3 感谢信的模板与格式

感谢信一般由标题、称谓、正文、结语、落款等要素构成，其写作模板如图9-4所示。

感 谢 信

［对方单位名称或个人姓名，用尊称］：

　　［说明为什么写这篇感谢信］。

　　［充分表达感谢之情］。

　　此致

敬礼

［单位署名或个人姓名］

［成文日期］

图 9-4　感谢信的模板示例

1．标题

感谢信标题的写法有多种格式，具体如下。

◆直接由文种构成，即"感谢信"。

◆由"感谢对象+文种"构成，如"致×××的感谢信"。

◆由"发文者+感谢对象+文种"构成，如"×××致×××的感谢信"。

2．称谓

感谢信的称谓即感谢对象的单位名称或个人姓名，对个人而言，应加上后缀"先生（女士）"或职务（职称），且可以使用尊称，如"尊敬的××女士"等。

3．正文

感谢信正文主要写出两层意思，一是感谢对方的理由，二是直接表达感谢之意。其中，感谢理由要交代出人物、时间、地点、事迹、过程、结果等基本情况；表达谢意则可对对方的品德做出评价和颂扬，表示感谢及表示向对方学习的态度和决心。

4．结语

感谢信的结语一般用"此致敬礼"或"再次表示诚挚的感谢"之类的习惯用语，也可自然结束正文，不写结语。

5．落款

在正文结束后的右下方依次编排发文单位名称或个人姓名，以及成文日期。

9.4.4 感谢信的范文与点评

【范文1——普发性感谢信】

致全市人民的感谢信

尊敬的市民朋友们：

为应对××××年×月×日至×日的空气重污染，本市依据新修订的空气重污染应急预案，及时启动了红色预警。此次空气重污染持续时间长、影响范围广、污染程度重，给全市人民工作生活带来严重不便和影响。对此，全市人民克服许多困难，并以实际行动积极参与治污减排行动，展现了顾全大局、无私奉献的良好精神风貌。有关企业和施工单位自觉落实主体责任，严格执行停限产和停工措施，为遏制空气重污染进一步加剧做出了积极贡献（**说明市民和企业积极参与和配合政府工作**）。

据初步分析，应急措施有效降低了本地污染物排放强度，减缓了累积速度，削减了浓度峰值。与此同时，应急预案的实施，也进一步凝聚起全社会众志成城、同心协力参与治污的强大正能量。在此，市委、市政府对全市人民的奉献精神和全力支持表示衷心的感谢，并致以崇高的敬意（**表达对全体市民的感谢之情**）！

我们深深感到，治理大气污染离不开全市人民的支持和参与。我们将牢固树立绿色发展理念，把生态文明建设放在更加突出的位置，紧紧依靠全市人民，以更加有力的措施，持续改善空气质量，坚决打赢大气污染防治攻坚战（**对未来工作的要求和期望**）。

再一次感谢全市人民！

中共××市委

××市人民政府

××××年×月×日

点评：这是党委和人民政府共同向全市人民发布的感谢信，肯定了市民在此次治污减排中付出的努力，并表达了衷心的感谢。全文说明了该市进行治污减排的原因，取得的结果，对未来的希望，在多处穿插了对市民的肯定与感谢，并在结尾再一次进行了感谢，感情非常中肯，并无浮夸造作。

【范文2——专指性感谢信】

致合作商家的感谢信

尊敬的合作伙伴们：

衷心感谢您长期以来对××国际旅游度假区的关心、支持和帮助（**表示对长期支持和帮助的感谢，表达感谢和尊敬之意**）。

为更好地迎接十一国庆假期，塑造××的形象，××××年×月×日至××月×日××园建造期间，各合作伙伴们均组织员工参与到××园××的组装、安装等工作，全力协助了××管理有限公司，全体员工发扬任劳任怨、无私奉献的精神，坚守岗位、密切配合、协同作战，为××国际旅游度假区××园的开园做出了突出贡献。在此，××管理有限公司全体同人向您表示深深的谢意，感谢您的关心与帮助（**这一段才是撰写这篇感谢信的原因，说明了事情并表达感谢之情**）！

××国际旅游度假区自开园以来，正是因为您的参与、支持和帮助才使得各项工作得以顺利推进，才取得了今天的成绩。我们深知，一路走来，每一个铿锵步伐都离不开您的鼎力相助；每一次佳绩获取都离不开您的支持。展望未来，××国际旅游度假区将一如既往地秉承"合作共赢"的理念，与您一起构建一个健康、高效的合作环境，携手共赢，再创辉煌（**重点在于对未来的展望**）！

最后，感谢时间，为我们筑起信任的基石，愿未来的日子，我们继续并肩携手，收获共赢，共享成长（**再次表达感谢之情，感情充沛**）。

××管理有限公司

××××年×月×日

点评： 这篇感谢信开头首先对以往合作伙伴付出的支持和帮助表示感谢，体现了发文单位对合作伙伴的尊重和真切的感激之情。正文后面的内容是常规感谢信的写作方法，叙述事实、表示感谢、期待未来，再次感谢！全文一气呵成，感情充沛，处处体现了真情实意。

> 扫一扫
>
> 感谢信的模板及范文

9.5 » 公开信

公开信是单位就某项重要工作或者某个重大问题，向一定范围的有关人员公开发布的书信。公开信可以笔写，也可以印刷、张贴、刊登和广播，其内容一般涉及比较重大的问题，具有普遍的指导作用、教育作用和宣传作用。

9.5.1 公开信的特点

公开信具备公开性和教育性两大最为显著的特点。

◆ **公开性：** 公开信无论是写给广大群众或是写给某一单位或个人，其突出的特征就是它的公开性。从写信者的角度来看，都希望有更多人阅读、了解，甚至讨论信中的问题。绝大多数公开信可以刊登在报刊上，也可以在广播电视上播映。

◆ **教育性：** 公开信的内容一般都具有思想教育意义，它可以引导人们学习榜样，痛斥歪风邪气，树立正确的思想和培养对问题的正确看法。

9.5.2　公开信的类型

根据所使用的场合不同，公开信可以划分为以下几种类型。

◆ **在重大事件、活动或节日里所发的公开信：** 这种公开信一般发给同这些重大事件、活动或节日有关的单位、集体或个人，一般有问候、表扬、鼓励的作用，如《"五四"青年节写给全体青年的公开信》。

◆ **针对某一问题的公开信：** 这类公开信一般针对单位或社会上存在的某些严重问题，诸如歪风邪气、贪污腐败，或针对出现的一些新的现象而向有关对象公布。这种公开信的目的是为了抑恶扬善，弘扬正气，有的批评，有的表扬，有的建议。

◆ **私人信件在特殊情况下被作为公开信发表：** 这类信件一般不知道收信方的详细地址、情况，但又需要发给对方，所以要以公开信的方式发表在报刊、电台上，如路遇好人好事要表示感谢，偶遇不正之风要进行批评等。

9.5.3　公开信的模板与格式

公开信一般由标题、称谓、正文、结语、落款等要素构成，其写作模板如图9-5所示。

公　开　信

[对方单位名称或个人姓名，用尊称]：

　　[说明需要让公众知晓的具体事项]。

　　[提出要求、希望，或发起号召等]。

　　此致

　　敬礼

[单位署名或个人姓名]

[成文日期]

图 9-5　公开信的模板示例

1．标题

公开信标题一般是直接由文种构成，即"公开信"，有时也可以按"致×××的公开信"或"×××致×××的感谢信"的结构书写。

2．称谓

针对发信的对象多少和发信方式的不同，公开信的称谓有的写集体称呼，有的写个人姓名。在称呼之前，可以根据不同对象的身份特点写上"尊敬的""敬爱的"等尊称，后缀也可以使用"先生""女士""经理"等词语。

3．正文

公开信的正文可根据篇幅长短分成若干段落，内容一般应充满感情，重点写明需要让大家知道的内容，结束时一般可以提出要求、希望和号召。

4. 结语

公开信的结语可以写上表示祝愿的话，并可以用"此致敬礼""祝进步"等习惯用语收尾。

5. 落款

在正文结束后的右下方依次编排发文单位名称或个人姓名，以及成文日期。

9.5.4 公开信的范文与点评

【范文1——在重大事件、活动或节日里所发的公开信】

××××年春节致市民的一封公开信

市民朋友：

新年伊始，万象更新。我们又迎来了××××年新春佳节和一年一度的春运。今年春运从2月×日开始至3月×日结束。今年春节假期国家继续实行小型客车免费通行，务工流、学生流、探亲流、自驾返乡流、旅游流叠加，道路交通流量持续增长，交通安全形势较为复杂（这是发布公开信的背景）。春运安全事关千家万户的幸福与社会的和谐，目前我县公安交警部门正紧密围绕春运安全目标，积极采取措施，全面排查和整改道路交通安全隐患、从严查处各类交通违法行为，全力保障广大市民朋友的出行安全（这是公开信的发布目的）。

"春运连着你我他，交通安全靠大家"。××交警作为你忠实的朋友，在此给你提个醒：注意天气变化和路况信息。气候对道路交通安全的影响极大，请驾驶人和出行人出行前关注气候变化和路况信息，合理安排出行时间和行驶路线（以下就是需要公众知悉的内容）。

一、雨、雪天谨慎驾驶。雨、雪天时车辆轮胎与路面的附着力减小，轮胎容易打滑，制约了车辆的制动性能。行驶中须严格控制车速，并保持平稳，不可突然加速或减速，严禁空挡滑行。行驶中最好多采用预防性措施，少用制动，如遇情况，要采用不分离发动机的制动法或间断制动，不可使用紧急制动，以免发生侧滑。

二、文明走路、文明行车。春运期间，车辆激增，外出务工人员相继返乡，道路压力加大。行人过马路请走斑马线，不要与车辆抢行。驾车外出请按车道有序行驶，摩托车请在最右侧车道或者紧靠道路右侧二米内行驶，不要强行超车。遇有前方车辆排队等候或者缓慢行驶时，不要从前方车辆两侧穿插或者超越行驶。

三、勿酒后驾车。饮酒后驾车，因酒精麻醉作用，人的手、脚触觉较平时降低，往往无法正常控制油门、刹车及方向盘。饮酒后，人对光、声刺激的反应时间延长，从而无法正确判断距离和速度。外出用餐时，同行人员要提醒驾驶人不要饮酒，切实做到"喝酒不开车，开车不喝酒"。

四、不要疲劳开车。当驾车出现疲劳时，常常会有腰酸背痛、眼睛模糊、手指和身体不灵活、反应和判断速度缓慢等现象。节日期间亲友聚会娱乐较晚的，请不要开车。外出连续驾车超过4小时的，应停车休息20分钟以上，且全天开车时间要控制在8小时以内。客运车辆严禁凌晨2:00—5:00

行驶。

五、客车请勿超员。车辆超员后各部件性能降低，危险性增加。春运期间，公安交通管理部门将严查客车超员违法行为，发现客车超员的，一律实行卸客转运，并从严处罚。节日外出发现车辆超员，应拒绝乘坐超员车辆，以免途中造成麻烦。行途中发现驾驶人有交通违法行为的，应及时提醒纠正。发现客运车辆有超速、超员、疲劳驾驶等交通违法行为的可以及时举报。

六、行车莫忘守法。（略）

七、出行莫忘安全。（略）

广大市民朋友们，春节是我们一年中最温馨美好的时光。为了您和家庭幸福，为了××春运交通环境的和谐美好，让我们携手并肩，为共同创建一个和谐、平安、畅通的春运道路交通环境而共同努力（**总结全文，提起要求和希望**）！

最后，祝愿广大市民朋友节日快乐，阖家幸福！

××交警大队××支队

××××年×月×日

点评： 公开信是将不必保密的全部内容公布于众，让大家周知和讨论的信件。公开信的内容一般都具有普遍的思想意义和教育意义。一封好的公开信，在宣传中会产生较大的影响，能促进人们积极参与，树立良好的社会风气，指导工作广泛开展和推动活动顺利进行。上述公开信便非常典型，针对春运车流人流量大的情况，向市民告知应注意和避免的行为，内容极具亲和力，容易引起受众共鸣。开篇与结尾均利用礼貌性语句表达祝福，首尾呼应，进一步体现了这篇公开信的亲民性。

【范文2——私人信件在特殊情况下被作为公开信发表】

公 开 信

××派出所的干警们：

你们好！

我是××村的房客，我向成功维护了房客权益，讨回被敲诈勒索的××元的干警王××、朱××，以及××村警务室的基层村干部表示感谢（**首先表示感谢**）。

×月×日，我所在的住户的房客与朋友喝酒到深夜，其间有人借酒性直接在饮用水的水池上撒尿，××房客提出异议。喝酒的××竟然打电话叫来二三十人，来维护他在饮水池撒尿的行为，并要求××房客道歉，并索取××万元的道歉费。最后到天明的时候，××房客叫我上楼，××从我手里拿走了××元，给他的弟兄们买两条烟，并要求三天后请他的几十个弟兄一起吃饭。

晚上我报警后，派出所干警直接到达，在××村警务室的配合下，通过××房客找到××的电话和住址，迅速追回了被敲诈的钱款，主持了公道（**详细说明事件的起因和结果**）。

我上述对出警人员表示衷心的感谢和诚挚的慰问，你们辛苦了！你们是人民的警察！坚决维护了人民的利益！再次感谢（**再次衷心感谢**）！

××村房客

××××年×月×日

点评： 这类私人信件作为公开信，内容相对更为随意，但仍然有一定的写作结构。如上述公开信，首先表示感谢之情，然后简单叙述整个事件的过程，最后再次表达自己对对方的谢意，这种写法较常见，也是很典型的一种形式。

扫一扫

公开信的模板及范文

9.6 » 慰问信

慰问信是单位或个人（一般是同级或上级对下级单位、个人）表示安慰、问候、鼓励和致意的一种书信，它能体现关怀、温暖，社会的爱心与支持，朋友、亲人间的深厚情谊，能给人以奋进的勇气、信心和力量。

9.6.1 慰问信的类型

从内容上看，慰问信可以分为慰问先进、慰问受难者和节日慰问等类型。

◆ **慰问先进：** 针对承担艰巨任务、做出了巨大贡献甚至牺牲、取得了突出成绩的先进个人或集体进行慰问，并鼓励他们戒骄戒躁，继续前进。

◆ **慰问受难者：** 针对由于某种原因而暂时遇到困难或蒙受巨大损失的集体或个人，对他们表示同情和安慰，鼓励他们克服暂时的困难而努力工作，以期尽早地改变现状。

◆ **节日慰问：** 针对上级对下级，单位对群众进行的一种节日问候，一般表示对他们以前工作的肯定和赞扬，并祝福他们在今后的工作、学习、生活中心情舒畅，做出更大的成绩。

9.6.2 慰问信的模板与格式

慰问信包括标题、称谓、正文和落款等要素，其写作模板如图9-6所示。

慰 问 信

[慰问对象的名称，用尊称]：

　　[简单说明慰问原因、背景等内容]。

　　[具体写明表示慰问的内容，说明向其学习等]。

　　[表达决心、提出希望和要求等]。

[发文署名]

[成文日期]

图 9-6　慰问信的模板示例

1．标题

慰问信的标题写法与感谢信类似，一般由文种构成，即"慰问信"，有时也可以按"致×××的慰问信"或"×××致×××的慰问信"的结构书写。

2．称谓

慰问信的称谓应当包含表示尊敬的内容，如写给个人，可在姓名前面加上"敬爱的""尊敬的""亲爱的"等字样，同时还应在姓名之后加上"同志""先生""师傅"等词语。有的慰问信也可以没有称谓。

3．正文

慰问信的正文需简要讲述原因、背景，然后全面具体地叙述事实、表示慰问或学习，最后可以提出希望，表示共同的愿望和决心，以勉励的话结束全文。

4．落款

在正文结束后的右下方依次编排发文单位名称或个人姓名，以及成文日期。

9.6.3 慰问信的范文与点评

【范文1——慰问先进的慰问信】

致全市劳模的慰问信

全市广大劳模和先进工作者：

在××年"五一"国际劳动节即将来临之际，市总工会谨向全市各地、各行业的劳动模范、先进工作者、"五一"劳动奖章获得者，致以节日的问候和崇高的敬意（开篇进行慰问来总领全文）！

劳动模范是劳动群众的杰出代表。长期以来，我市广大劳动模范在市委、市政府的坚强领导下，始终站在时代前列，以高度的政治觉悟和顽强的奋斗精神，积极投身"三市"建设的伟大实践，充分发挥示范引领作用，为全市经济社会发展做出了突出贡献，以实际行动和丰硕成果镌刻了人民伟大、劳动神圣的无上光荣。你们不愧为时代的精英、人民的楷模。你们的崇高精神和光辉业绩，国家不会忘记、人民倍加崇敬。

劳模精神是宝贵的财富，彰显的是中华民族顽强拼搏、自强不息的精神风貌，是新时期激励全市人民团结奋斗、勇往直前的强大正能量。社会各界要加大力度宣传劳模事迹、弘扬劳模精神，用劳模的高尚情操感召人民群众，用劳模的优秀品质引领社会风尚，用劳模的精神力量助推××发展，在全社会进一步形成崇尚劳模、学习劳模、争当劳模、关爱劳模的良好氛围（对劳模的高度认可）。

当前，××正处在深化改革、加快发展、追赶跨越的关键时期。新的形势、新的机遇，为广大劳模提供了施展才华更加广阔的舞台。希望广大劳动模范继续发扬工人阶级的光荣传统，主动适应新常态，奋力展现新作为，坚定地站在时代潮头，做解放思想、与时俱进的模范，艰苦奋斗、无私奉献的模范，勇于实践、锐意创新的模范，勤奋学习、勇攀高峰的模范，学法用法、促进和谐的模范，更好地团结和带动广大职工群众，为××"三市"建设做出新的贡献!祝全市广大劳动模范身体健康，工作顺利，阖家幸福，节日快乐（提出新的要求和希望，并送上诚挚的祝福）！

××市总工会

××××年×月×日

扫一扫

慰问信的模板及范文

点评： 上述慰问信首先从全局出发，点明背景的同时指定了慰问对象，写法干净利落。接着从"劳动模范是杰出代表"和"劳动精神是宝贵财富"两大方面肯定了劳模所做的贡献，是慰问的核心内容。最后一段分析了当前形式，并对劳模提出了进一步的要求。全文结构合理，逻辑清楚，语言平实，是典型的慰问先进的写法。

【范文2——慰问受难者的慰问信】

慰 问 信

亲爱的灾区同胞们：

　　大家好，×月以来的强降雨,给××带来了严重洪涝灾害。我们××遭受了50年一遇的特大洪灾。×月×日至×日，肆虐的××水先后两次撕裂了××大堤，××、××等镇顿成一片汪洋，你们的家园被淹，良田被毁，遭受了巨大的损失。灾情发生后，党中央、国务院及我省各级领导高度关注此事，迅速指挥和调动各级政府机关人员、公安干警、特警、交警、民兵预备役等多种社会力量，投入到抢险救灾，安置灾民的工作之中（说明灾害情况）。

　　×月×日清晨，省委书记××同志紧急约见我校党委书记××、校长××等领导，亲自部署妥善安置灾民的工作。当日，我校立即部署，迅速行动。

　　学校立即成立了临时党委和安置灾民工作领导小组，各级领导率先垂范，亲临一线；千余名教职员工放下手头工作，全身心地投入到安置灾民的工作之中；万名学生冒雨离校返家，留下了自己的生活用品和情深意切的祝愿；很多毕业生更是来不及和同窗好友话别，来不及和师长互致临别赠言，甚至来不及在离别前深情告别自己的母校；我们的国防生、志愿者更是义无反顾地投身于救援服务工作（迅速反应处理工作，执行灾后救援措施）。

　　很快，我们为灾民安置准备了近万张床位，很快我们组建起了灾民后勤服务保障系统。很快，我们策划好了灾民安置期间的心理疏导、文化娱乐和技能培训等系列活动。随着你们入住校园，全新的受灾同胞安置工作模式迅速启动，我校各级领导和师生员工全员参与，力争让遭受巨大自然灾害的你们，在我们学校有如居家的感觉。我们欣喜地倾听到，在大灾大难的悲情中，响起了孩子们稚嫩的歌声，在亲人离散、家园破损的愁苦中，响起在露天电影场的会心笑声。整个校园洋溢着尊老爱幼、互相照顾、军民同心、师生同义的主旋律（肯定了灾后行动取得的结果）。

　　亲爱的灾区同胞们，目前××决堤溃口已被成功堵上，随着灾区消杀防疫等工作的顺利完成，乡亲们就要离开我校，重返你们日思夜想的家园。共同度过的时光虽然短暂，但这次的经历让我们共同体会到了"洪水无情，人间有爱"的真谛（为受灾群众加油）。

　　我们坚信，有党中央、国务院和各级党委、政府的深切关怀，有社会各界的广泛支持，有你们自己的勤劳勇敢、顽强拼搏，你们一定能够渡过难关，战胜灾难，重建美好家园（坚定信心）！

　　我们衷心祝愿灾区同胞们的明天更加美好，未来的生活更加甜蜜、幸福（衷心祝愿）！

××市××大学党委办公室
××××年×月×日

　　点评： 这类慰问信的内容主要对受难者表示同情和安慰，鼓励他们克服困难，勇往直前，夺取胜利。如上文一样，开头就表述了灾害情况，然后说明处理办法和处理结果，通过此结果为受灾群众带来克服困难、战胜灾难的希望。全文用语亲切平实、精练质朴，通过真挚的感情抚慰受灾群众。最后的结尾表达了祝福，更起到了精神鼓舞的作用。

9.7 » 表扬信

表扬信是赞扬被表扬者优秀品行的一种专用书信，主要用于在日常工作、生活中，发文者受益于被表扬者的高尚品行（或被其品行所感动），特向被表扬者所在单位或其上级领导致信，以期使其受到表彰、奖励，使其精神发扬光大。

9.7.1 表扬信的模板与格式

表扬信包括标题、称谓、正文和落款等要素，其写作模板如图9-7所示。

1．标题

表扬信的标题直接由文种构成，即"表扬信"。

2．称谓

表扬信的称谓应写明被表扬单位名称或个人姓名。写给个人的表扬信，需要在姓名后加上"同志""先生"等词语。直接在单位张贴的表扬信可以没有称谓。

表 扬 信

［对方单位名称或个人姓名］：

　　［说明事件发生的整个过程］。

　　［赞扬被表扬者，说明其行为的影响、意义等内容］。

　　［向被表扬者所在单位提出建议，对被表扬者给予表扬］。

　　此致

敬礼

［单位署名或个人姓名］

［成文日期］

图 9-7　表扬信的模板示例

3．正文

表扬信的正文首先要交代表扬的理由，说明事情发生的整个过程，称赞被表扬者所作所为的意义和影响。接着可以向对方单位建议对被表扬者给予表扬，向其学习。最后用"此致敬礼"等习惯用语收尾。

4．落款

在正文结束后的右下方依次编排发文单位名称或个人姓名，以及成文日期。

9.7.2 表扬信的范文与点评

表扬信

××公司领导：

　　你们好！

　　首先感谢贵公司对本单位工作的支持，在你们的大力支持与配合下，我单位各方面稳步发展。为了更好地开展单位的安全保卫工作，现将贵公司保安人员在我单位的安全保卫工作情况汇报如下，并提出表扬（总领全文并过渡到下文）。

　　贵公司向我单位派送的××名保安人员，他们严格按照单位的规章制度办事，即使严寒酷暑，刮风下雨，也从不迟到、不早退，认真负责，爱单位如家。他们多次发现单位内外的安全隐患，及时报告了单位领导并协同单位将安全隐患消除在萌芽之中，极大地避免了危险事故的发生（说明被表扬者值得表扬的地方）。单位领导及干部职工对他们认真负责的工作态度给予高度评价，特致信提出表扬。

　　希望贵公司将他们的精神予以发扬光大（对所在公司提出建议，表扬被表扬者）。

　　此致

敬礼

××单位办公室

××××年×月×日

　　点评： 表扬信内容简单，结构单一。依次写明事件发生的情况，提出表扬即可。上文在这方面做得比较典型，可以参考借鉴。

扫一扫

表扬信的模板及范文

9.8 » 批评信

　　批评信是对单位或个人的过失、错误进行书面批评的文书。书面批评可以使对方正视问题所在，能够更好地进行改变和完善。

9.8.1　批评信的模板与格式

　　批评信包括标题、称谓、正文和落款等要素，其写作模板如图9-8所示。

批　评　信

[被批评单位的名称或个人姓名]：

　　[说明批评的缘由]。

　　[给出正确的建议，也可以适当给予鼓励]。

[单位名称或个人姓名]

[成文日期]

图9-8　批评信的模板示例

1. 标题

　　批评信的标题可以直接由文种构成，即"批评信"，也可以由"批评事项+文种"构成，如"关于强行加班的批评信"等。

2．称谓

批评信的称谓应写明被批评单位名称或个人姓名。

3．正文

批评信的正文首先要说明批评的缘由，然后说明这种言行错误的地方，结尾可以提出正确的建议和希望。

4．落款

在正文结束后的右下方依次编排发文单位名称或个人姓名，以及成文日期。

9.8.2　批评信的范文与点评

批 评 信

××公司领导：

不久前，公司一位员工因家人患病，家庭经济拮据而向公司求助。公司为了体现"爱员工、助员工"的企业文化和社会理念，向全公司人员发出捐款的通知，要求每位员工必须捐款500元（**说明情况，为后面的批评提供事实依据**）。

收到这个通知后，公司许多员工都感到有些生气。捐款是每个人的善意行为，捐多少也是每个人心意的表达，但是像公司这样强行要求每人捐固定金额的做法是非常不人性化的，也是非常不公平的。因为此种行为已经丧失了善良的本意，而且还引起了员工的不满，非常不利于公司的发展（**提出批评**），希望公司以后能本着以人为本、捐款自愿的原则，拒绝强制捐款，自愿贡献爱心（**给出建议**）。

××集团：×××

××××年×月×日

点评： 上文很好地体现了批评信的结构和写法，针对公司强行捐款一事，详细说明了事情发生的经过，并说明了产生的不良影响，然后提出批评并给出建议，这是作为公司员工应当做的事情，指出公司不足，为公司更好的发展剔除了不良因素。

扫一扫

批评信的模板及范文

9.9 » 倡议书

倡议书是单位就人们所共同关心的事情，向社会或有关方面首先提出的带有号召性建议的一种专用书信。

9.9.1　倡议书的特点

倡议书具有群众性、不确定性、公开性等特点。

◆ **群众性：** 广泛的群众性是倡议书的根本特征。倡议书不是对某个人或某一个小集体而发出的，它的受众往往是广大群众，或是部门的所有人，或是一个地区的所有人，对象十分广泛。

◆ **不确定性：** 倡议书的对象范围往往是不确定的，即使在文中明确了倡议的具体对象，但实际上，有关人员可以表示响应，也可以不表示响应。由于倡议书本身不具有很强的约束力，因此响应者是不确定的。

◆ **公开性：** 倡议书是一种广而告之的书信，它让广大群众知道并了解，从而号召更多的人响应，以期在最大范围内引起共鸣并造成影响。

9.9.2 倡议书的模板与格式

倡议书包括标题、称谓、正文和落款等要素，其写作模板如图9-9所示。

倡 议 书

［倡议对象］：

    ［说明倡议的背景、原因、目的等内容］。

    ［详细说明倡议的具体内容、要求、做法等］。

    ［展示决心，提出希望，或给出建议等］。

［单位名称或个人姓名］

［成文日期］

图 9-9　倡议书的模板示例

1．标题

倡议书的标题一般由文种单独组成，即"倡议书"。除此以外，有的倡议书标题也可以由倡议内容和文种构成，如"关于废物利用的倡议书"等。

2．称谓

倡议书的称谓可依据倡议的对象而选用，如"广大的青少年朋友们""广大的妇女同胞们"等。有的倡议书也可不用称呼，而在正文中指出。

3．正文

倡议书的正文首先应写明发起倡议的原因和目的，只有交代清楚倡议活动的原因，以及当时的各种背景事实，并表明发布倡议的目的，人们才会理解和信服，才会自觉行动。其次应该写明倡议的具体内容和要求，这是正文的重点部分。倡议的内容一定要具体化，如开展怎样的活动、做哪些事情、具体有哪些要求、价值和意义何在等，都应该交代清楚。这些具体的内容往往都是以条款式的方式写作的，以保证内容清晰明确，一目了然。

正文结尾一般要表示倡议者的决心和希望，或者写出某种建议。需要注意的是，倡议书一般不在结尾书写表示敬意或祝愿的话。

4．落款

在正文结束后的右下方依次编排发文单位名称或个人姓名，以及成文日期。

9.9.3　倡议书的范文与点评

环保志愿者倡议书

尊敬的朋友们：

　　蓝色的地球是我们人类生生不息的载体。几千年的人类文明进程没有牺牲地球的蓝色，但是三百年的现代文明却使我们蓝的地球日渐披黄蒙黑，黯然失色。

　　当林立的高楼取代了荫荫的绿树，当城市的霓虹遮盖了星星的光芒，文明战胜了蛮荒，21世纪的人类站在了世界的巅峰。但是，北极熊却只能在越来越小的冰面上艰难地觅食，印度洋大海啸夺走了数万人的生命，SARS肆虐，洪水横流，请不要忘记，现代文明繁华的背后是地球资源的过度消耗和环境的极度破坏；请不要忽略，我们正在面临着为此必须承受的巨大压力！

　　由于人类对物质的追求过于贪婪，直接导致碳排放量不断攀升，空气中温室气体越来越多，抵御紫外线的臭氧层出现空洞，随之而来的是生态系统发生了变化，自然灾害频发，水资源供需不稳，海平面上升，农牧业生产受创，莫名的瘟疫席卷全球，人类正在一步步走向比电影《2012》表现得更加可怕的未来！我国是受气候变化影响最为明显的国家之一，××××年初南方的罕见冰雪灾害，去冬今春新疆和甘肃的暴雪，广西百年未遇的干旱以及各地的极端天气，都让我们深刻感受到了气候变化和人类之间密切的关系。这些灾害给百姓带来了不幸，给国家财产造成了巨大损失。

　　我国的荒漠化土地面积超过××万平方千米，××%的天然草原在退化，沙漠化土地以年均增长××平方千米的速度扩张。工业万元产值的用水量是发达国家的××倍，水的重复利用率不及发达国家的一半，国家环境部门统计，我国××%的河流受到不同程度的污染。在我国七大水系中，不适合作为饮用水源的河段已接近××%；城市水域中××%的河段不适合作为饮用水源；约××%的城市地下水受到污染。

　　我区森林覆盖率仅为××%，而木材加工业却迅猛发展。采煤采水，排土排渣，堆积废弃物，导致水土流失达总土地面积的××%，地表植被遭到破坏，我区特产的中草药甘草和麻黄，几乎绝迹。沙尘暴不仅迷了我们的眼，更迷住了我们的心，乱扔垃圾、乱贴乱画、破坏树木、践踏草坪等不文明行为时有发生。拯救未来的唯一法定是我们人类的良知和自觉，摒弃追求奢华的高消费方式，转而实行集约型为主的经济和生活模式。倡导低能耗、低污染、低排放的可持续发展的绿色经济，实现人与自然和谐的生态文明（**以上所有正文都在说明发起倡议的背景、原因**）。

　　在此，我们向全社会发出倡议：

　　政府制定积极发展集约型经济的方针、政策，并尽快组织实施，加强监督和管理，完成国家确定的节能减排目标。

　　企业牢固树立环保的理念，走集约型经济的发展之路，按照集约型经济的理念确定企业的发展方向、目标，建立集约型经济的发展机制，采用先进的技术、工艺、设备，促进国家节能减排目标的实现。

　　社会公众应该积极学习保护环境的有关知识，增强环保理念，让环保意识深入人心并转化成工作和日常生活中的自觉行为，努力做到少用一度电，少开一天车，少用一次性物品，并积极影响他人，让环保成为一种生活原则和时尚（**发起倡议，并详细提出方法和措施**）。

　　朋友们，合拱之木必从朽枝开始坏死，滔滔江河必从细流开始枯干，环境变化看似与我们毫无关系，但却会因为我们的忽略给子孙带来灭顶之灾。当生命赖以生存的最基本要素发生改变和危机时，正是人类自身遭遇危机的开始。面对这样的忧患和危机，我们责无旁贷，让你我都行动起来，全力推行节能减排，合理利用资源，控制气候变化，保护好环境，为我们的家园和子孙的福祉努力不止！我们今天所做的，将是一件能为我们自己提高生活品质和生存质量，为子孙后代留下更多的青山绿水和更好的新鲜空气，为社会尽一份责任的伟大事业（**用声情并茂的语言感染受众，让大家踊跃响应倡议内容**）！

　　社会，将会记住我们现在所做的；历史，也将会记住每一个贡献者！

　　我们期待着你的参与！

××××× 社团

××××年×月×日

扫一扫

倡议书的模板及范文

　　点评：倡议书的写作关键是要富有感染力，使之能起到倡议作用。本例的倡议书开篇便用大段内容和大量数据说明了环境恶劣的情况，让人看得心有余悸，这就为后面的倡议奠定了基调，能够引起大家的共鸣，使倡议的内容能够在倡议对象中引起强烈反响。如果没有开篇的这些内容，那么倡议书就显得苍白无力，起到的倡议效果也就可想而知。本文总体而言结构完善、内容翔实、真情流露，能够很好地起到倡议作用。

写作与提高

问： **自荐信的写法与推荐信一样吗？应该怎样写好自荐信？**

答： 从整体看，二者写法确实有些相似。但是与推荐信相比，自荐信由于是自我认识，内容上会表现得更加全面和具体。写自荐信时，首先可以说明个人的基本情况和用人消息的来源，能够使对方产生兴趣。然后可以说明自己的专业、技能、才能、潜能等各种"软硬件"条件，让对方相信自己能够胜任某项工作或完成某项事情。接着需要清楚说明自荐的目的，比如是希望获得某个工作岗位，还是完成某些临时任务等。需要注意的是，自荐信的内容虽然全面，具体，但篇幅不宜太长，否则容易降低对方的阅读兴趣。如果是应聘工作，适当赞美招聘单位，不仅可以体现对该单位的了解程度，也能赢得对方好感。总之，自荐信无须冗长烦琐，只需要将自身的优势和才华展示出来即可。

问： **感谢信、表扬信、慰问信好像有相同的地方也有不同的地方，应该怎样区分呢？**

答： 首先，感谢信与表扬信有所不同。感谢侧重于"帮助"，表扬侧重于"行为"。也就是说，感谢信是对关心、帮助、支持的单位或个人表示衷心感谢，表扬信则是表扬对方的言行。另外，感谢信的发文者和受文者就是当事人自身，而表扬信的发文者和受文者都可以不是当事人自己。慰问信则重在表示慰问， 侧重写对对方的勉励和激励。举个简单的例子，假如甲公司有位A员工家境贫寒，东拼西凑借来一笔钱给家人看病，却在公司弄丢了，B员工恰好拾到这笔钱并交还给了A员工。那么A员工就可以向B员工写一篇感谢信表达感谢之情，甲公司则可以写一篇表扬信表扬B员工拾金不昧的行为。甲公司了解A员工的情况后，又可以向A员工写一篇慰问信，表达对其家人的慰问。

第10章

条据类文书

企事业单位在正常运营或工作时，经常会为了办理涉及钱财和物品的各种手续而留下存根，或为了说明某种情况和理由而留下字据，这些存根和字据就是条据类文书，它具备便条和证据的特点，是办公中不可缺少的一类文书。

本章将介绍几种最常见的条据类文书的写作方法，主要包括留言条、请假条、借条、收条、欠条、发条、领条等内容。

10.1 » 留言条

留言条是与走访对象不巧错过，但又需要对方知晓某件事时而使用的条据类文书。比如应客户邀请拜访其公司时，客户临时有事不在，但需要客户决定明天是否一起共进晚餐，就可以给该客户写留言条告知此事。

10.1.1 留言条的模板与格式

留言条由标题、称谓、正文、落款等要素组成，其写作模板如图10-1所示。

留 言 条

[对方姓名，可用尊称]：

　　[直接说明需要对方知晓的事项]。

[个人姓名]

[成文日期]

图 10-1　留言条的模板示例

1. 标题

留言条的标题直接写明"留言条"即可，有时可以省略标题。

2. 称谓

留言条的称谓需写明收条者的姓名，一般不直呼其名，通常在姓后面加上尊称，如"李老师""王先生"等。

3. 正文

留言条的正文只需开门见山地说明需要对方知晓的事项即可，不宜具体详细叙述拜访的意图和事项。特别注意要将时间、地点等重要信息说清楚，语言不能生硬，语气要平和。

4. 落款

留言条需在正文右下方署上发文者姓名，并署上成文日期。

10.1.2 留言条的范文与点评

【 范文1——直接型留言条 】

留言条

林教授：

　　您好！我们是××种子科技有限公司的技术员，今天下午特来拜访您，想请教一些技术问题。可是不巧，您没在家。我们只好让您夫人帮我们转交这封留言给您。如蒙不弃，我们明天下午4点后再来拜访，万分打扰！

××公司技术员　×××

××××年×月×日

点评： 这篇留言条首先说明了身份和来意，让对方能够放下戒备。接着说明再来拜访的意图，语气委婉，态度谦卑。

【**范文2——转达型留言条**】

留言条

张经理：

有一位客人来公司拜访过您，他要我转告，请您打电话与他联系，号码是：××××××××。

×××

××××年×月×日

点评： 这篇留言条是拜访者请人转达给受访者的，而不是直接转达的方式。转达内容简单明了，并留下了具体的联系方式。

扫一扫

留言条的模板及范文

10.2 » 请假条

请假条是请求相关负责人准许不参加某项工作、学习或活动等事项的条据类文书。请假条可以保证因为请假原因而发生一些变故时，清楚划分请假人和请假人所在组织的责任情况。

10.2.1 请假条的模板与格式

请假条由标题、称谓、正文、落款等要素组成，其写作模板如图10-2所示。

请 假 条

[相关负责人姓名或单位、部门名称]：
　　[清楚说明请假原因、请假时间等内容]。
　　请予批准，谢谢！

[个人姓名]
[成文日期]

图 10-2　请假条的模板示例

1．标题

请假条的标题直接写明"请假条"即可。

2．称谓

请假条的称谓需写明受理请假的人或主管部门，如"××部长""××办公室"等。

3．正文

请假条首先应简单陈述请假的原因，然后说明请假的时间，包括请假起止日期、具体天数等内容，最后一般用"请予批准，谢谢！""此致敬礼"等习惯用语收尾。

4．落款

请假条要在正文右下方署上请假人姓名，并署上成文日期。

10.2.2 请假条的范文与点评

【范文1——事假请假条】

请假条

××培训中心：

　　因我行于×月×日晚举行员工大会，任何人不得缺席，所以本人×月×日晚不能回校参加培训。

　　特此请假，恳望批准！

×××

××××年×月×日

【范文2——产假请假条】

请假条

××部：

　　本人的预产期是××××年×月×日，经医生建议，定于××××年×月×日提前待产，特从××××年×月×日开始请假，期限为××天，请领导予以批准，谢谢！

×××

××××年×月×日

　　点评： 以上两篇请假条分别针对事假和产假。二者都是按先说明原因，再说明请假时间，最后希望批准的顺序编排的。但由于事假和产假的请假期限长短大不相同，因此在请假时间的表达上，可以明显看出产假的请假条更为细致和具体，这种写法可以供请长假时借鉴。

扫一扫

请假条的模板及范文

10.3 » 借条

　　借条是表明债权债务关系的书面凭证，由债务人书写并签章，表明债务人已经欠下债权人借条上注明金额的债务。待债务归还后，债务人收回借条，与债权人的债权债务关系便告终止。

10.3.1 借条的模板与格式

　　借条由标题、正文、落款等要素组成，其写作模板如图10-3所示。

1．标题

借条的标题直接写明"借条"。

2．正文

借条的内容虽短，但却涉及多方面的内容，比如借款原因、借款方式、借款人、出借人、借款金额、利率、还款期限等。如果有担保人，还需要写上担保内容。

3．落款

借条要在正文右下方署上借款人姓名、借款人身份证号码，并署上成文日期。

借　条

[详细写明借款原因、借款方式、借款人、出借人、借款金额、利率、还款期限等相关内容]。

借款人：[个人姓名]

身份证号：[正确的身份证号码]

[成文日期]

图 10-3　借条的模板示例

10.3.2　借条的范文与点评

【范文1——普通借条】

借条

为购买房产，今通过银行转账向陈××借到人民币伍万元整(￥50000.00元)，月利率1%，于××××年×月×日到期时还本付息。逾期未还，则按月利率2%计付逾期利息。

债务人：张××

身份证号：×××××××××××××××××

××××年×月×日

点评：这是最典型的借条写法，详细交代了与借款相关的所有事项，能够有效地给予债权人安全保障。如果能够将转账凭证的编号录入借条中，则效果更好。

【范文2——有担保人的借条】

借条

今王××借给李××人民币拾万元整，即￥100000.00元。借款期限自××××年×月×日起至××××年×月×日止，共24个月，利率为每月1%，全部本息于××××年×月×日一次性偿还。如不能按期足额归还借款，则按月利率2%计付逾期利息。

担保人确认：本人同意为债务人的上述债务向债权人承担连带责任保证，保证期限为借条出具之日起到借款偿还期限届满后两年时止，担保范围包括所有借款本息、违约金、赔偿金、债权人实现债权的费用（诉讼费、律师代理费、差旅费、公证费及其他实际支出的费用）。本确认条款的效力独立于借条，借条无效不影响本确认条款的法律效力。

债务人：李××　　身份证号：×××××××××××××××××

担保人：宋××　　身份证号：×××××××××××××××××

借条出具时间：××××年×月×日

点评： 这篇借条包含担保人确认条款，可以给债权人进一步的安全保障。条据中说明担保人确认条款独立于借条，也就是说无论借条是否有效，债权人都可以向担保人追偿。从写法结构上看，这篇借条省略了落款部分，而将其编排到正文区域。对于较为正式的借条而言，这种改动还是十分有效的。

扫一扫

借条的模板及范文

扩展阅读 **借条八大陷阱**

随着经济发展，民间借贷已越来越普遍，借贷的数额越来越高。但是，在诚信还没有成为人们自觉意识的今天，一些心怀不轨的人在借贷时就为对方设下了圈套，以便拖欠赖账。

扫一扫

借条八大陷阱

10.4 » 收条

收条也叫收据，是指收到别人或单位送到的钱物时写给对方的一种条据类文书。一般来说，个人向单位上缴一些有关费用或财物，或单位与单位之间的各种钱物往来，均应开具收条。如果是个人归还钱物，当事人在场时则不必写收条，只需将原来的欠条或借条退回或销毁即可。

10.4.1 收条的模板与格式

收条由标题、正文、落款等要素组成，其写作模板如图10-4所示。

收　条

　　［详细写明收到钱物的数量、型号、时间、物品是否完好，以及其他与收到钱物后需要说明的事项］。

收款人：［个人姓名］

［成文日期］

图 10-4　收条的模板示例

1．标题

收条的标题一般直接由文种构成，即"收条"或"收据"。有时可以把正文的前三个字作为标题，而正文从第二行顶格处起头，如用"今收到""现收到""已收到"作为标题。

2．正文

收条的正文一般要写明收到的钱物的数量，物品的种类、规格等明确数据。

3．落款

收条的落款一般要求写上接收方的个人姓名或单位名称，并署上收到钱物时的日期。

✍ **写作技巧**

如果财物是由某人经手的，则落款一般要在署名前加上"经手人："字样，如果是代收，则要在署名前加上"代收人："字样。

10.4.2 **收条的范文与点评**

【**范文1——个人收条**】

收条

本人于××××年×月×日收取××公司支付的××××年×月工资××××元，该工资以现金方式已经一次性收取。工资款收到后，本人与公司不存在任何劳动争议（**强调收款后与公司无劳动争议**）。

收款人：×××
××××年×月×日

点评：这张收条不仅说明了收款日期、收款对象、收款数额、收款方式等基本内容，同时还声明收款后与公司不存在任何劳动争议，这通常是在双方协调后才添加到收条中的内容，作为对收款行为的补充说明。

【**范文2——单位收条**】

收条

鉴于××市××人力资源管理有限公司与××市××广告传媒中心达成合作协议。截至××××年×月×日，我方收到××市××人力资源管理有限公司支付给××市××广告传媒中心××××年×月×日前输送××市信息产业所有就业劳务人员招聘服务费第一次预付款现金9300元，大写：玖仟叁佰元整。若实际结算金额少于预付款总额，收款方须在双方每批次最后一次结算之日退还多余部分。

收款单位：××有限责任公司
收款人：×××
收款时间：××××年×月×日

点评：这篇收条是以第三方的角度撰写的。条据内容说明了两家公司达成合作协议，且其中一家公司向另一家公司支付了预付款——现金9300元，目前由第三方公司作为收款单位，以示公证。

扫一扫

收条的模板及范文

10.5 » 欠条

欠条常被称作"白条"，指的是个人或单位在欠款、欠物时写给有关单位或个人的条据类文书。比如在购买物品或收购产品时，因不能支付或不能全部支付他人的款项，或借了他人或单位的钱物未能归还，存在拖欠时，都需要写欠条。

10.5.1 欠条的模板与格式

欠条由标题、正文、落款等要素组成，其写作模板如图10-5所示。

欠　条

　　［详细写明债务人、债权人、所欠财物、数量、金额、偿还日期等相关事项］。

债务人：［单位名称或个人姓名］

［成文日期］

图 10-5　欠条的模板示例

1．标题

欠条的标题一般由文种构成，即"欠条"两字。有时也将"暂欠"或"今欠"字样作为标题，再在下一行顶格编排正文。

2．正文

欠条的正文要写清欠什么人或什么单位什么东西、数量多少、偿还日期，以及其他相关事项。

3．落款

欠条的落款一般要求写上欠方单位名称或个人姓名，并署上欠款日期。

10.5.2 欠条的范文与点评

【范文1——欠款欠条】

欠条

　　本人×××（身份证号：×××××××××××××××××××）因资金临时周转不便，兹欠周××货款共计人民币伍万元整（￥50000.00元）。上述款项本人承诺最迟于××××年×月×日前无条件偿还，并支付到指定银行账户。如有违反，本人愿意承担一切法律责任！

　　特出此据以资证明！

债务人：×××

××××年×月×日

【范文2——有担保人的欠条】

欠条

　　债务人：杨××

　　债权人：郭××

　　身份证号：×××××××××××××××××

　　身份证号：×××××××××××××××××

电话：×××××××××× 　　　　　电话：××××××××××

家庭住址：××××××× 　　　　　家庭住址：××××××××

担保人：张××

身份证号：××××××××××××××××

电话号码：××××××××××

家庭住址：×××××××

债务人因资金周转问题欠债权人一笔货款（**说明欠款原因**），现经双方核算，债务人尚欠债权人35000元，大写：人民币叁万伍仟元整。

债务人承诺，上述款项于××××年×月×日之前向债权人付清，如逾期仍未付清，债务人同意按照月息2%向债权人支付利息。

如债务人未按上述期限履行还款义务，双方均同意债权人在人民法院起诉（**说明偿还期限与未偿还的解决方法**）。

××××年×月×日

【范文3——欠货欠条】

欠条

债务人宋××兹确认欠债权人陶××的××货物××样。货物价值人民币20000元（大写：人民币贰万元整）。

债务人承诺于××××年×月×日前还清，如果逾期无法还清全部货物，每拖后一天，自愿支付货物价值的1％给债权人，直至还清全部货物。

债务人：宋××

身份证号：××××××××××××××××

法定代表人：×××

联系方式：××××××××××

担保人：林××

身份证号：××××××××××××××××

法定代表人：×××

联系方式：××××××××××

××××年××月××日

点评：以上3篇欠条各有特点，第一篇为最简单的写作结构，说明了债务人、债权人、欠款金额、偿还日期等核心内容；第二篇无论在写法还是结构上都有所变动，加入了担保人，整篇内容按类似合同的编排方式罗列债务人、债权人和担保人的相关信息，然后再正式说明欠款情况；第三篇是拖欠货物的欠条，此时需要将货物价值等价换算为款项，才能有标准可依。这几篇欠条都是比较常用的写法，实际运用时可以酌

扫一扫

欠条的模板及范文

情参考。

10.6 » 发条

发条是个人或单位在出售产品、货物时，由于没有健全的财务手续，而给顾客开具的作为提货和报销凭据的一种条据类文书。发条一般只在财务制度落后的地方或单位存在，随着各种财会制度的逐步健全和完善，这种条据类文书也将逐渐消失。

10.6.1 发条的模板与格式

发条由标题、正文、落款等要素组成，其写作模板如图10-6所示。

发 条

[详细写明与售货相关的数据，如卖方名称、货物名称、数量、单价、
总价等内容]。

经手人：[个人姓名]

[成文日期]

图 10-6　发条的模板示例

1．标题

发条的标题一般由文种构成，即"发条"两字。有时也会以"今售给""今卖给"字样作为标题，再在下一行顶格编排正文。

2．正文

发条的正文通常要写明卖给什么单位、什么物品、数量与价格、总计金额等内容。末尾可以加上"此据"字样。

3．落款

发条的落款一般要求写上单位名称和经手人姓名，并附上售货的日期。

10.6.2 发条的范文与点评

发条

今卖给××县××镇××村白石灰500千克，每千克价1元，共计500元（大写：人民币伍佰元整）。

此据。

××石灰厂

经手人：×××

××××年×月×日

点评： 上文内容简短，但需要说明的事项都交代得非常清楚，如购货方、货物、数量、单价、总价等，全文没有一个多余的字，十分精练。

10.7 » 领条

领条是单位或个人在领到钱物后，向发放物品或钱物的单位或个人所写的一种条据类文书。虽然现在领取钱物后一般是在造好的表册上直接签字即可，但这种单独的领条文书也是较为常用的一种方式。

10.7.1 领条的模板与格式

领条由标题、正文、落款等要素组成，其写作模板如图10-7所示。

领 条

［详细写明与领取钱物相关的数据，如何处领取、领取对象、数量、
金额、领取时间等内容］。

经手人：［个人姓名］

［成文日期］

图 10-7 领条的模板示例

1．标题

领条的标题一般由文种构成，即"领条"两字。有时也会以"今领到"字样作为标题，再在下一行顶格编排正文。

2．正文

领条的正文要写清从何处领取、领取的什么、数目多少、领取的时间等事项。

3．落款

领条的落款一般要求写上经手人姓名，并署上领取日期。

10.7.2 领条的范文与点评

领条

今领到办公室新发办公用品钢笔50支、拖把10把、垃圾斗10个、蓝墨水20瓶、信封50个、稿纸20本。

经手人：×××

××××年×月×日

点评： 上文清楚说明了领取地点、物品和数量，达到了撰写领条的目的。

写作与提高

问： **条据类文书都具有法律效力吗？**

答： 不是。条据类文书中的凭证类条据作为证据和凭证，是具有法律效力的，如收条、领条、借条、欠条、代收条等。而说明类条据的作用主要是告知对方某个信息，向对方说明某件事情，这类条据只起到说明告知的作用，并不具有法律效力。如留言条、便条、请假条。

问： **怎么有的请假条标题下面不是称谓而是署名呢？**

答： 有些大中型企业为了便于管理，会提供企业自制的统一格式的请假条，因此就可能出现提问所说的情况。实际上不仅仅是请假条，所有条据类文书都有可能出现这种情况。但无论格式如何改变，应当写明的内容也是必须体现出来的，如下所示的请假条就是企业内部统一了格式的请假条模板。

请假条

请假人：×××

请假事由：×××××××

请假时间：××××年×月×日至××××年×月×日

领导意见：批准。

请假日期：××××年×月×日

问： **公司与公司之间的借条是不是内容更多，涉及更多的条款和规定？**

答： 实际上，公司与公司之间出现财产借贷的情况时，已经不属于借条的范畴了，而应当属于协议或合同，因此自然会涉及更多的条款和规定。如果按照合同的方式撰写，需要写明出借人和借款人的名称和住所，写明借款金额、借款用途、借款利息、借款期限、借款方式、保证条款、违约责任、争议的解决方式等内容。具体写法，可参考本书第6章中介绍的经济合同的写法。

问： **便条就是留言条吧？感觉它们没有什么差别。**

答： 便条和留言条是两种完全不同的条据类文书。留言条是有事情要通知对方，或有事托付对方，但对方不在，自己不方便等候对方时，给对方留言的文书；便条则是有事情要告诉另一方，或委托他人办什么事，在不面谈的情况下书写的一种条据，是一种简单的书信。便条内容简单，大多是临时性的询问、留言、通知、要求、请示等，往往只用一两句话。一般放置在特定的位置，有时甚至写在公共场所的留言板或留言簿上。通俗地理解二者的区别，留言条就是"想见却见不到"，便条则是"没有见到"。

第11章

礼仪类文书

礼仪类文书是为礼仪目的或在礼仪场合使用的文书，它应当准确、适当地表达出礼仪上的要求，能够根据不同的时机和对象，把文书写得恰如其分、恰到好处，从而不失礼仪。礼仪文书并非简单的"应景文章"，不能直接套用现成的格式进行写作。

本章将介绍多种礼仪类文书的写作方法，主要包括贺信（电）、邀请书、颁奖词、欢迎词、欢送词、祝酒词、答谢词、讣告、悼词等内容。

11.1 » 贺信（电）

贺信（电）是单位或个人向取得重大成绩、做出卓越贡献的有关单位或人员表示祝贺的礼仪文书，是日常应用写作的重要文体之一，已成为表彰、赞扬、庆贺对方在某个方面所做贡献的一种常用形式，同时还兼有慰问和赞扬的功能。

11.1.1 贺信（电）的特点

贺信（电）具有祝贺性和信电性的特点。

◆ **祝贺性：** 发出贺信（电）的目的是恭贺对方，为对方取得的成就进行祝贺，增进相互间的感情。

◆ **信电性：** 庆贺者发出贺信（电）皆是由于不能当场向受贺者表示祝贺，只能通过信电的方式，通过人工投递或电子邮件送抵受贺者手中。

11.1.2 贺信（电）的类型

按作者不同，贺信（电）有单位发出和个人发出之分。而根据行文方向，则可将贺信（电）分为上级给下级的贺信（电）、下级给上级的贺信（电）、平级单位之间的贺信（电）、国家之间的贺信（电）、个人之间的贺信（电）等。

◆ **上级给下级的贺信（电）：** 这类贺信（电）的内容可以是节日祝贺，也可以是对工作成绩表示祝贺等，一般在贺信（电）最后都要提出希望和要求。

◆ **下级给上级的贺信（电）：** 这类贺信（电）一般是对全局性的工作成绩表示祝贺，此外还要表明下级对完成有关任务的信心和决心。

◆ **平级单位之间的贺信（电）：** 这类贺信（电）一般是就对方单位所取得的工作成就表示祝贺，同时还可以表明向对方学习的谦虚态度，以及保持和发展双方关系的良好愿望。

◆ **国家之间的贺信（电）：** 这类贺信（电）一般在有外交关系的国家新首脑就职，或者友好国家有重大喜事时使用。这既是礼节上的需要，同时也是谋求双方共同发展、维护双方共同利益的方式。

◆ **个人之间的贺信（电）：** 这类贺信（电）一般用于亲朋好友在重要节日、重大喜事中互相祝贺、慰勉、鼓励，或者祝贺某人在工作、学习中取得了好成绩，以分享快乐。

11.1.3 贺信（电）的模板与格式

贺信（电）的内容由标题、称谓、正文、结尾、落款等要素组成，其写作模板如图11-1所示。

1. 标题

贺信（电）的标题通常直接由文种构成，即"贺信"或"贺电"。有时可在"贺信"或"贺电"前面加上发文者或者视贺事由等，如"集团主席周年庆贺信""工程竣工贺信"。另外，个人之间的贺信、贺电可以不写标题。

2. 称谓

贺信（电）的称谓应写明被视贺单位的名称或个人的姓名。若被祝贺的是个人，需在姓名后加上

"同志""先生"等敬称。

3．正文

贺信（电）的正文应当包含3个方面的内容，一是说明对方取得成绩的背景或者历史条件，二是说明对方取得了哪些成绩，并可进一步分析成功的原因等，三是表示祝贺并提出希望等。

4．结尾

贺信（电）的结尾要写上祝愿的话。如"此致敬礼""祝争取更大的胜利""祝您健康长寿"等。

5．落款

贺信（电）的落款需写明发文单位名称或个人姓名，并署上成文日期。

贺　信

[对方单位名称或个人姓名，用尊称]：

　　[概述取得成绩的背景、历史条件等内容]。

　　[说明取得的成绩，可分析成功的原因]。

　　[正式表示祝贺，可进一步提出要求和希望]。

　　此致

敬礼

[单位名称或个人姓名]

[成文日期]

图 11-1　贺信的模板示例

11.1.4　贺信（电）的范文与点评

【范文1——上级给下级的贺信】

贺信

国家体育总局网球运动管理中心：

　　欣闻（"欣闻"一词在贺信中使用频率很高）××在刚刚结束的××网球公开赛上一路过关斩将，勇夺桂冠。这是××继××年获得××网球公开赛女子单打冠军后，又一次在国际网坛大满贯赛事中夺冠，实现了中国网球运动的新突破，创造了中国网球运动的新历史，为祖国争得了荣誉，为全国广大体育爱好者送上了一份新春贺礼（说明取得的成绩和影响）。向××及其团队表示衷心的祝贺。

　　××在此次××赛场上表现出的不畏强手、顽强拼搏的精神，展现出的从容坚定、落落大方的风度，展现和代表了我国广大运动员的精神风貌，也为更多的青少年积极进取做出了示范、树立了榜样。同时，××的再次突破也将会进一步鼓舞和激励我国其他项目的运动员刻苦训练、奋勇拼搏，为实现自己为祖国争光、为民族争气、为人生添彩的诺言而不懈努力（进一步说明产生的积极影响）！

　　预祝××和中国网球运动员在今后的比赛中，再接再厉，再创佳绩（祝贺取得更好成绩）。

国家体育总局

中华全国体育总会

中国奥委会

××××年×月×日

点评： 这封贺信的写法开门见山，表明态度，首先表示热烈的祝贺和问候，随后讲出它的重要意义，继而提出要求和希望，并以此收尾。全文层次清晰，逻辑严密，堪称典范。

【范文2——平级单位之间的贺信】

贺信

××职业学校：

欣闻贵校成立××周年，××区职业高级中学谨向你们表示热烈的祝贺和最诚挚的问候！

春华秋实××载，与时俱进育英才。贵校从建校时的××多名学生发展到现在的××多名学生，贵校名师荟萃，人才济济，成了××省的重点高中。贵校的成功是与贵校一直以来的努力不可分割的，××年来，贵校在各级领导的指导下一直秉承"以德育人、以礼教人"的教育宗旨，实行理论与实践结合的教育方式，弘扬"行胜于言"的学风，为国家、为社会培养出一批又一批的高素质技能型人才，贵校为人才的培养、社会的发展、国家的兴旺做出了巨大贡献（**讲述学校的历史和发展**）。

贵校成绩显著，已经成为全省职业高中的学习榜样，因此，我校也将不断向贵校学习，学习贵校先进的教学方式和办学理念。希望我校能和贵校一起携手共进，共同为国家、社会培养高素质技能型人才（**表达愿意向贵校学习和携手共进的感情**）。

最后，祝贵校在教育方面更上一层楼，为国家、社会培育更多技能型人才。祝贵校老师身体健康，事业蒸蒸日上。祝贵校学生学业有成！

××区职业高级中学

××××年×月×日

点评： 这是一篇祝贺××学校周年庆的贺信，双方属于平级单位的关系，因此贺信中处处表现出真诚、热情、谦虚和尊重的感情。全文首先就用一句话向对方报以祝贺，接着详细说明了对方的成功经历。最后两段重点表达了希望大家携手并进和真情祝福的内容。全文感情真挚，用词得当，语气得体，是一篇极具代表性的平级贺信。

【范文3——个人之间的贺信】

给××老先生的祝寿贺信

尊敬的××老先生：

花甲又添四十岁月，古稀更添三十春光，在今天这个特别的日子里，庆贺您老一百岁生日（**用生动的语言表达祝福之情**）。

今日南极星辉，光照寰宇，彭祖含笑，喜满华堂。自古道寿登期颐，喜称人瑞，年到百岁，松青鹤唱。老人笑口常开，心情舒畅，吉星高照，四世同堂。真可蟠桃三千仙翁献果，百岁高龄，椿庭增光。在此，我谨代表我的家人，祝您老寿比南山青松不老，全家福禄祯祥（**代表家人送上祝福**）。

活百岁松钦鹤羡，数一生苦尽甘来。"百岁老人"是一本活着的历史，"百岁老人"是一部无言的巨著，"百岁老人"是一个可亲、可敬、可爱的称呼。经历了二十世纪的军阀割据，抗日战争的硝烟弥漫，解放战争的烽火连天，更增添了新中国当家做主的自豪感，更加感谢共产党的恩情，全身心投入到新中国社会主义建设的火热劳动中，您老曾被树为××兵团"十面红旗"之一和兵团二级劳模。风风雨雨跨越两个世纪，风风雨雨走过一百年，其中酸与甜、苦与辣、荣与辱，唯有您老体会最深。在家中，您老是一根不断的梁，撑起家中一片天。在单位，您老是一颗螺丝钉，无论在何岗位，都一丝不苟、兢兢业业。您老是一根笔直的标杆，是一展鲜明的旗帜，是一炬光辉的火把，是我们永远的楷模（**历数老人的精彩人生**）。

夕照桑榆晚景好，时逢盛世老人安，愿您老生命之火长燃，生命之树常青，生命之水长流。最后，再次恭祝××老先生身体健康，福寿延年！

晚辈　×××

××××年×月×日

点评： 个人之间的贺信可以使用更为热情的语句，如上文就充满了各种热情洋溢的词语和句子。但从内容结构上看，依然是先祝贺，讲述经历，最后再次表示祝贺。

扫一扫

贺信的模板及范文

11.2 » 邀请书

邀请书又叫请柬或请帖，是为了增进友谊、开展业务而邀请客人参加各种活动的信函。商务邀请书一般由主办方发出，邀请对方出席正式的商务庆典、商务联谊、商务事务等重要活动。邀请书的适用范围很广，如招投标邀请书、投资邀请书、会议邀请书（请柬）、仪式邀请书（请柬）、参展邀请书（请柬）、宴会邀请书（请柬）等。有些访问、比赛、交流、会面、协商等活动也会使用邀请书（请柬），发出正式的邀请。

11.2.1 邀请书的模板与格式

邀请书的内容由标题、称谓、正文、结尾、落款等要素组成，其写作模板如图11-2所示。

邀 请 书

[对方单位名称或个人姓名，用尊称]：

[直接写明事由和时间、地点等相关内容]。

[写明需要对方注意的事项]。

敬请光临！

[单位署名或个人姓名]

[成文日期]

图 11-2　邀请书的模板示例

1．标题

邀请书的标题一般都是直接由文种构成的，即"邀请书""邀请函"或"请柬"。有时也可以用"事项+文种"的结构来撰写标题，如"新品发布邀请书"等。

2．称谓

邀请书的称谓应写明被邀请单位名称或个人姓名。邀请个人需在姓名后加上"同志""先生"等敬称，前面可以添加"尊敬的"等敬语。

3．正文

邀请书的内容一般简洁明了，写清楚邀请的事由、时间、地点，以及有关要求或注意事项（如被邀对象、人数等）即可。

4．结尾

邀请书的结尾要表现希望接受邀请、欢迎前来的诚意，一般用"欢迎指导""敬请光临""恭请莅临""请届时光临指导"等表示恭敬和礼貌的习惯用语来收尾。

5．落款

邀请书的落款需写明发文单位名称或个人姓名，并署上成文日期。

11.2.2 邀请书的范文与点评

【范文1——校庆庆典邀请书】

邀请书

××大学校长：

今年是我校建校××周年。兹定于×月×日上午×时，在我校大礼堂举行校庆庆典。

敬请光临！

××学校××周年校庆筹备组

××××年×月×日

点评： 这是邀请书最简洁的写法，说明邀请原因，告知时间地点，然后邀请对方即可。上文仅仅是通过"敬请光临"来表示邀请之意。如果在其上另起一段，用"恭请您就××方面的问题发表高见"等表示郑重邀请的语句，会使对方感觉更受尊重。

【范文2——新春晚会邀请书】

新春晚会邀请函

××先生：

仰首是春、俯首成秋，××公司又迎来了她的第×个新年（**邀请原因**）。我们深知在发展的道路上离不开您的合作与支持，我们取得的成绩中有您的辛勤工作。作为一家成熟、专业的××公司，我们珍惜您的选择，我们愿意与您一起分享对新年的期盼（**表达感谢**）。故在此邀请您参加××公司举办的新年酒会，与您共话友情、展望将来。如蒙应允，不胜欣喜。

地点：×××××××××××

时间：××××年×月×日

备注：期间抽奖，请随赐名片（**特别提醒**）

××公司

××××年×月×日

点评： 这篇新春晚会邀请书相比范文1更为声情并茂，不仅说明了邀请原因，更表述了对受邀者的感谢之情。用"如蒙应允，不胜欣喜"表达了对对方应邀的期盼。邀请书最后特别提醒抽奖活动，希望对方赐予名片。这些写法都可以丰富邀请书的内容，值得借鉴。

扫一扫

邀请书的模板及范文

11.3 » 颁奖词

颁奖词是在某一主题的颁奖典礼上，对获奖对象的事迹进行陈述评价的礼仪文书。这种文书能让大众了解获奖对象的事迹以及所体现的超乎寻常的人格精神，从而取得一种教育效果。

11.3.1 颁奖词的特点

颁奖词具有情感性、深刻性、简洁性、针对性等诸多特点。

◆ **情感性：** 颁奖词应饱含情感，真挚赞美人物的事迹与精神，达到以情感人的艺术效果。

◆ **深刻性：** 颁奖词对人物事迹的评价必须体现一定的深度，触及人物的精神内核，将人物的壮举提高到一定的思想高度。

◆ **简洁性：** 颁奖词的内容要精练简洁，寥寥数句，即见人物的神韵与风采。

◆ **针对性：** 颁奖词应当针对不同的授奖对象表达出每个人的个性特点。

11.3.2 颁奖词的模板与格式

颁奖词主要是颁奖人在颁奖大会上宣读所用，因此没有严格的格式，可以归纳为由标题和正文组成，其写作模板如图11-3所示。

[获奖人]的颁奖词

[简要概括先进事迹]。

[高度评价产生的影响和价值]。

图 11-3 颁奖词的模板示例

1. 标题

颁奖词的标题可以直接用"颁奖词"，也可以用"获奖人+文种""奖项+文种""获奖人+获奖理由"的结构，如"感动中国××年度获奖人物获奖者××的颁奖词""优秀管理奖颁奖词""钱学森——中国航天事业奠基人"等。

2．正文

颁奖词的内容通常只有两部分，一是简要概括获奖人的先进事迹，二是评价其事迹带来的影响和具有的价值。

11.3.3　颁奖词的范文与点评

优秀管理奖颁奖词

在我们公司，有这么一个人：你总是能看到她脸上憨厚的笑容，总是能见到她忙碌的身影。她兢兢业业，一丝不苟，立足本职工作，用自己扎实的专业知识不断优化公司的财务系统；她谨守原则，严把关口，用仔细谨慎的态度处理每一桩财务事宜。她把财务工作当成自己的终生事业，她用实际行动告诉我们：一份辛苦一份"财"。她就是××××年度优秀管理奖的获得者——财务部经理：×××。

优秀项目经理奖颁奖词

在所有项目经理中，他并不是入职时间最长的，也不是年纪最大的，却是成长最快的；仅××××年一年，他带领的第二项目部就创造了××元的生产产值，不仅如此，他还注重现场优秀施工人员的培养和安全文明施工的管理，所承担的××区项目被××区承建项目甲方评选为"安全文明施工模范工地"。他在自我成长的同时，也不忘带动其他项目经理共同发展，他用自己的实际行动为公司的发展注入了新的力量。他就是第二项目部项目经理——×××。

优秀班组长颁奖词

他们带领着一批施工工人常年扎根项目，工地上随处可见他们的身影，虽说不曾在公司入职，可他们却始终不曾离弃，与公司的长期紧密合作铸就了彼此信任的基础。虽然只是一个班组，但一批人马在他们的带领下埋头苦干，任劳任怨，堆砌起一层层坚固的高楼，他们用自己的实际行动表现出与××合作的诚意，凸显出与××共成长的未来！获得××××年度优秀班组长奖的是——×××。

最佳新人奖

虽然进入公司仅仅半年的时间，可他们以蓬勃的青春朝气，精准尽责地演绎自己的角色，用实际行动证明自己的价值。新的岗位，新的环境，他们用实际表现彰显自我的工作能力。友善助人、团结合作、勤勉学习是他们共同的品德，耐心、认真是她日常工作的态度，专业、用心是他在前期空白的企划工作中表现出的精神。一个个加班的身影，一本本厚重的标书，一份份精美的内刊，一次次不倦的沟通，这是他们的成绩。××××年度最佳新人奖的获得者——×××。

点评： 这是企业年会上颁奖典礼的部分颁奖词，内容精简，感情充沛，很好地对获奖者的事迹和价值进行了叙述与评价。

扫一扫

颁奖词的模板及范文

11.4» 欢迎词

欢迎词是在迎接宾客的仪式上或在会议开始时对宾客的到来表示欢迎的礼仪文书。热情洋溢的欢迎词可给宾客带来愉悦与温暖，能在宾主之间制造一种和谐融洽的气氛，促成相互尊重、亲切友好的氛围，还可使宾主间在短时间内缩短距离、增进了解，便于日后的接触与合作。

11.4.1 欢迎词的特点

欢迎词具有欢愉性和口语性的特点。

◆**欢愉性：** 欢迎词的内容应当使人愉快，用语应富有激情，表现出致辞人的真诚，带给客人一种"宾至如归"的感觉，为下一步各种活动的圆满举行打好基础。

◆**口语性：** 欢迎词是用来现场当面向宾客口头表达的，因此口语化是欢迎词文字用语的必然要求，在遣词用字上要运用生活化的语言，既简洁又亲切，以拉近宾主关系。

11.4.2 欢迎词的模板与格式

欢迎词的内容由标题、称谓、正文、落款等要素组成，其写作模板如图11-4所示。

欢 迎 词

尊敬的[来宾姓名、职务等]：

　　[概述致欢迎词的背景、原因、目的等]。

　　[表达欢迎之情，写明来访的积极意义、作用等]。

　　[祝愿来访圆满成功等]。

[单位名称或个人姓名与职务]

[成文日期]

图 11-4　欢迎词的模板示例

1．标题

欢迎词的标题通常有以下几种形式。

◆直接由文种构成，即"欢迎词"。

◆由致辞场合和文种构成，如"在××会议开幕式上的欢迎词"。

◆由致辞人、致辞场合和文种构成，如"××在××会议开幕式上的欢迎词"。

2．称谓

欢迎词中，对欢迎对象的称谓要特别注重礼貌，称对方姓名要用全名，不得用简称、代称；名字前要加"尊敬的""亲爱的"等表示亲切的词语，名字后要加头衔、职务或"先生""女士""朋友"等称呼以示尊敬。

3．正文

欢迎词的正文主要包括开头、主体和结尾3部分。

◆**开头：** 概括说明宾客来访的背景，然后说明致辞人以什么身份、代表谁向谁表示欢迎意愿。

◆**主体：** 这是致辞的中心内容，应写明对方来访的意义、作用，表达主人对客人的殷殷期盼之情。也可回顾双方的交往与友谊，或表示对造访预期目的的期待与祝愿等。

◆**结尾：** 一般是祝愿宾客来访取得圆满成功，并祝愿访问期间过得愉快，也可再一次表示欢迎。

4．落款

在正文右下方署上致辞单位名称、致辞者的身份、姓名，并署上成文日期。

11.4.3 欢迎词的范文与点评

欢迎词

女士们、先生们：

值此××厂30周年厂庆之际（**致欢迎词的背景**），请允许我代表××厂，向远道而来的贵宾们表示热烈的欢迎（**表示欢迎**）。

朋友们不顾路途遥远专程前来贺喜并洽谈贸易合作事宜，为我厂30周年庆更添了一份热烈和祥和，我由衷地感到高兴，并对朋友们为增进双方友好关系做出努力的行动，表示诚挚的谢意！

今天在座的各位来宾中，有许多是我们的老朋友，我们之间有着良好的合作关系。我厂建厂30年能取得今天的成绩，离不开老朋友们的真诚合作和大力支持。对此，我们表示由衷的钦佩和感谢。同时，我们也为能有幸结识来自全国各地的新朋友感到十分高兴。在此，我再次向新朋友们表示热烈欢迎，并希望能与新朋友们密切协作，发展相互间的友好合作关系（**阐述意义**）。

有朋自远方来，不亦乐乎。在此新朋老友相会之际，我提议：

为今后我们之间的进一步合作，为我们之间日益增进的友谊，为朋友们的健康幸福，干杯（**表示祝福**）！

致辞人：×××

××××年×月×日

点评：这篇欢迎词包括3个部分，一是写明欢迎原因并对来宾表示热烈欢迎；二是对合作客户的感谢；三是预祝合作成功，友谊长存。全文言简意赅，言辞情真意切，友善礼貌，营造出了一种友好和谐的气氛。

扫一扫

欢迎词的模板及范文

11.5 » 欢送词

欢送词是指客人应邀参加了活动，主人为表达对客人的欢送之意，在一些会议或重大庆典活动、参观访问等结束时使用的礼仪文书。

11.5.1 欢送词的模板与格式

欢送词的内容由标题、称谓、正文、落款等要素组成，其写作模板如图11-5所示。

1．标题

欢送词的标题通常有以下几种形式。

◆直接由文种构成，即"欢送词"。

◆由致辞场合和文种构成，如"在××会上的欢送词"。

◆由致辞人、致辞场合和文种构成，如"××在××会上的欢送词"。

欢 送 词

尊敬的[来宾姓名等]:

[表示欢送的感情]。

[对成功的访问、会谈等表示祝贺和感谢,可进一步说明影响、意义,感慨双方合作的成功等]。

[对被欢送者表示祝愿]。

[单位名称或个人姓名与职务]

[成文日期]

图 11-5　欢送词的模板示例

2．称谓

外交活动中的欢送词,对主宾的称呼用全称,即姓名后加职务、职称,以示尊重;社交场合中的欢送词,对主宾的称呼一般不提职位、职务,以示亲密友好。有时可以在被欢送者的姓名前加上"尊敬的""亲爱的"等修饰语。

3．正文

欢送词的正文主要包括开头、主体和结尾3部分。

◆**开头:** 直接表达欢送情意,有时也可以对被欢送者表示祝福。

◆**主体:** 对来宾访问成功和会谈成功表示祝贺与感谢,评价来宾访问与会谈的意义与影响。也可回顾友好交往、合作,评价被欢送者的工作、成绩和个人品格,表达惜别之情。

◆**结尾:** 向被欢送者表示祝愿。

4．落款

在正文右下方署上致辞单位名称、致辞者的身份、姓名,并署上成文日期。

11.5.2　欢送词的范文与点评

××总经理在××研讨会上的欢送词

各位专家、各位领导、各位来宾、同志们:

由《××电力》杂志社和××电力公司联合举办的××电力高级研讨会,经过两天紧张的研讨和交流,现在就要结束了。请允许我向各位专家道一声辛苦(**感谢对方的付出**)!

这次研讨会的气氛十分热烈,各位专家围绕主题各抒己见,相互切磋,达到了交流学术、增进友谊、为主管部门提供决策依据的目的。同时对我公司如何在市场经济的环境下谋求企业的发展提出了精辟的意见和建议,为我公司的发展战略提供了强有力的理论支持,也使我们结识了一批仰慕已久的专家。这次研讨会确实是一次高水平、高规格、高层次的理论研讨盛会。这次研讨会的成功举办,得益于省××厅××厅长的关心和支持,得益于《××电力》杂志社的穿针引线,得益于各位专家的辛苦付出,在此,请允许我代表××电力公司,对各位领导、专家的支持参与表示由衷的感谢(**说明研讨会取**

得的成果，并再次感谢相关部门与人士）！

我们足不出户就能结识各位专家学者，聆听你们的教诲，亲身领略你们的学者风范，目睹你们严谨、求实的科学态度，真乃人生一大幸事。我们将十分珍惜这次学习机会，进一步领悟、消化、吸收研讨会的研究成果，进一步完善和规范我们的各项工作，把工作做得更好。

我们是发展中的公司，各方面条件还有待完善，接待服务水平也不高，给大家的工作和生活带来诸多不便，还请诸位原谅（**表述"招待不周"的歉意，希望对方海涵不足**）。

会议结束后，各位专家将要踏上归程。最后，我代表公司诚恳地邀请各位方便时再来公司指导，也请各位继续关心、关注我公司的发展，我们期待着与您再次相见（**表达谢意与期待**）。

祝各位一路顺风！谢谢（**最后表达祝福之情**）！

致辞人：×××

××××年×月×日

点评： 这篇欢送词内容比较丰富，不仅表示了感谢与祝福，也总结了取得的成果和自身的收获，同时还正视自身不足，希望对方包容理解。全文感情丰富，逻辑合理，充分体现了欢送的惜别之情。

扫一扫

欢送词的模板及范文

11.6 » 祝酒词

祝酒词是指在酒席宴会的开始，主人表示热烈欢迎、亲切问候、诚挚感谢，客人进行答谢并表示衷心祝愿的应酬之词，是招待宾客的一种常见的礼仪文书。

11.6.1 祝酒词的模板与格式

祝酒词的内容由标题、称谓、正文、落款等要素组成，其写作模板如图11-6所示。

祝 酒 词

尊敬的[泛称，如朋友们、来宾们等]：

[对与会者表示欢迎或欢送等]。

[说明大家在一起聚会的原因、初衷、目的等]。

[送上美好的祝愿]。

[单位名称或个人姓名与职务]

[成文日期]

图 11-6　祝酒词的模板示例

1. 标题

祝酒词的标题通常有以下几种形式。

◆直接由文种构成，即"祝酒词"。

◆由致辞场合和文种构成，如"在××宴会上的祝酒词"。

◆ 由致辞人、致辞场合和文种构成，如"××在××宴会上的祝酒词"。

2．称谓

祝酒词的称谓一般用泛称，如"各位女士、各位先生"等，为表示热情、亲切、友好的态度，可在前面添加"亲爱的""尊敬的"等修饰语。

3．正文

祝酒词首先可以表明自己的身份，代表谁讲话，然后对与会者问候并表示欢迎、欢送和祝贺，如"值此……之际，我谨代表……向……表示热烈祝贺"等，然后说明聚会的原因，最后可以表达对过去的评价或对未来的祝愿等。

4．落款

在正文右下方署上致辞单位名称、致辞者的身份、姓名，并署上成文日期。

11.6.2　祝酒词的范文与点评

××××年公司年会祝酒词

尊敬的各位来宾：

大家晚上好！

今晚，高朋满座，我们欢聚一堂，共同祝贺××公司××××年供应商年会圆满结束。值此良辰美景，请允许我代表××公司对大家的光临表示热烈的欢迎（**表示欢迎**）！

本次会议既是一次分享胜利果实和成功喜悦的庆功会，也是一次优化合作、提速发展的研讨会，更是一次凝聚共识、提振信心、谋划未来、再创辉煌的动员会。它总结了××××年我们在合作中所取得的成败得失，揭开了××××年××公司发展的新目标、新任务、新要求。大会上领导们的讲话更使我们感受到××公司未来的希望所在、动力所在、信心所在（**会议取得的成果**）。

回顾××××年，××公司通过市场结构调整、产品结构调整，取得了四大战略市场的丰硕成果，能取得这令人欣慰成绩，一是离不开政府的政策，"汽车下乡"犹如一缕阳光给我们经营的大发展创造了良好的外部环境；二是离不开在座供应商合作伙伴的鼎力支持，高峰有保障，低谷有支撑；三是离不开××公司全体员工的奋力拼搏。在此我代表董事长和××公司全体员工向大家的合作支持表示最诚挚的感谢和崇高的敬意（**回顾取得的成绩**）！

展望××××年，我们又踏上了新的征程，××公司第三次转型，即品质品牌战略转型目标已经明确，××公司明年××万台的销售目标靠的是什么？靠的是产品过硬的品质和品牌，实践证明品质品牌是产品在激烈市场竞争中的制胜法宝。因此，深化精品工程、共筑品质大堤就成为我们明年生产经营工作的主线，同创品牌、合作双赢就是我们共同的目标、共同的责任（**展望光明的未来**）。

辞兔迎龙运更昌，××中兴有曙光。在此我希望大家与××公司更加紧密合作、携手共进，迎接挑战，让用户更加满意，为构筑大市场，为创造更加辉煌灿烂的明天而努力奋斗（**憧憬明天**）！

朋友们，金杯银杯斟满酒，现在我提议，为我们至诚的友谊，为我们今日的欢聚和美好的明天，干杯（**邀请大家举杯共饮**）！

××公司总经理　×××

××××年×月×日

点评： 祝酒词可以看作宴会上的一个高潮，它不仅表达了对来宾的感谢之情，也适时地总结了取得的成果，并对未来进行了适当展望。最后邀大家举杯共饮可以将这个环节推向高潮。也正因为如此，祝酒词的内容不能过多，但内容要铿锵有力，言简意赅，能够调节宴会气氛，正如上文便是一篇比较典型的祝酒词。

扫一扫

祝酒词的模板及范文

11.7 » 答谢词

答谢词是指在特定的公共礼仪场合，客人所发表的对主人的热情接待和关照表示谢意的讲话。答谢词也指客人在举行必要的答谢活动中所发表的感谢主人盛情款待的讲话，一般运用于较为隆重宏大的社交场合，要求庄重严谨、真挚诚恳、言简意明。

11.7.1 答谢词的特点

答谢词具有口语性和真诚性的特点。

◆ **口语性：** 由于答谢词是宾客或其代表在会议上对主人热情的欢迎、款待或帮助表示感谢的答谢之词，所以具有礼貌尊敬、遣词造句口语化的特点。

◆ **真诚性：** 答谢词是感谢对方热情欢迎、周到服务、礼貌待客的话语，情感应当真诚，行为应当充满真情、热情洋溢。

11.7.2 答谢词的类型

根据不同的致谢缘由和致谢内容，答谢词可分为谢遇型答谢词和谢恩型答谢词。

◆ **谢遇型答谢词：** 用来答谢别人招待的致辞，常用于宾主之间，既可用于欢迎仪式、会见仪式上（与"欢迎词"相应），也可用于欢送仪式、告别仪式（与"欢送词"相应）。

◆ **谢恩型答谢词：** 即用来答谢别人帮助的致辞，常用于捐赠仪式或某种送别仪式上。

11.7.3 答谢词的模板与格式

答谢词的内容由标题、称谓、正文、落款等要素组成，其写作模板如图11-7所示。

答 谢 词

尊敬的[泛称，如朋友们、来宾们等]：

[表达对主办方盛情款待的感谢之情]。

[表达双方合作取得的成功，或憧憬即将合作会带来的成功等]。

[送上美好的祝愿]。

[单位名称或个人姓名与职务]

[成文日期]

图 11-7　答谢词的模板示例

1．标题

答谢词的标题通常有以下几种形式。

◆直接由文种构成，即"答谢词"。

◆由"致辞场合+文种"构成，如"××会答谢词"。

◆由"致辞人+致辞场合+文种"构成，如"××在××会议上的答谢词"。

2．称谓

答谢词通常应写上出席答谢会的团体和个人的称呼，后加冒号。称呼一般用泛称，可以根据到会者的身份来定，既可以是广泛对象，也可以是具体对象。如"尊敬的×××主席、尊敬的×××朋友们"等。

3．正文

答谢词正文的侧重点应放在"谢"字上。一般由开头、主体和结尾3部分组成。

◆**开头：** 对主人的盛情款待或帮助表示感谢，对主人的行为成就予以肯定，并表达能有机会出席这一盛会的荣幸与激动，这是答谢词的写作重点。

◆**主体：** 可以对对方的周到服务做较详细的介绍，以示尊重。充分肯定双方共同取得的成果离不开主人的努力。提出希望与之进一步发展关系的强烈愿望。展望未来，表达进一步发展关系、扩大合作成果的意愿。

◆**结尾：** 再次用简短的语言强调对主人盛情接待、多方关照的感谢。

4．落款

在正文右下方署上致辞单位名称、致辞者的身份、姓名，并署上成文日期。

11.7.4 答谢词的范文与点评

【范文1——谢遇型答谢词】

校庆宴会答谢词

尊敬的领导、来宾、亲爱的校友：

大家好！

在各级领导、各位校友、社会各界和兄弟学校的关心和支持下，××小学百年校庆庆典活动圆满落下帷幕。回顾校庆筹备以来的各项工作，回想庆典活动期间的热烈场景，我们倍感欣慰，心怀感激。在此，谨向长期关心和支持学校建设与发展的各级领导、各界人士、广大校友，致以最诚挚的谢意！感谢你们，百忙之中不辞辛劳地惠顾；感谢你们，心系教育倾心倾力地参与；感谢你们，为××小学百年华诞平添无限喜庆；感谢你们，为全校师生带来无上荣光……（**感谢给予学校帮助和支持的人士**）

桃李不言，下自成蹊，百年××小学，载誉至今。校庆期间，在校园的每个角落里，在举办的每场活动中，无不回荡着朋友们亲切的话语，无不流动着大家真诚的情谊。或是慷慨解囊，捐资助学；或是挥毫泼墨，寄语祝福；或是高歌起舞，增添喜庆；或是演讲对话，鼓舞后学……您用属于自己的方式表达着对学校的祝福和感恩，爱重如山，情深似海。这一切，都让全体师生谨记在心，铭感于怀！（**说明学校真诚待人，严于律己的作风**）

千淘万漉虽辛苦，吹尽狂沙始到金。一百周年校庆，是××小学承前启后、继往开来的里程碑，是学校踏歌前行、再创辉煌的新起点。肩负着××人民的重托，承载着各位校友的期望，我们将以此为契机，牢记使命，志存高远，用热情、信念和毅力，奏响××教育的崭新乐章（**表达对自身更高的要求和对未来的憧憬**）！

弦歌声稀，宾主情长。活动期间，群贤毕至，宾朋云集，学校的组织、服务工作难免有疏漏和不周之处，尚祈谅解。我们衷心希望得到各级领导、社会各界、广大校友一如既往的关心与支持，并愿和您一道，同发展，共辉煌，走向更加美好的明天！

祝：各位领导、来宾、校友身体健康，家庭幸福，万事如意！

××小学校长　×××

××××年×月×日

【范文2——谢恩型答谢词】

答 谢 词

尊敬的××，省财政厅的各位领导，同志们：

在××人民团结一致，众志成城，奋力抗击50年不遇特大旱灾的关键时刻，省财政厅各位领导和同志及时伸出援助之手，慷慨解囊，雪中送炭，为我们捐赠了××万元的抗旱资金和物资。在此，我谨代表××市四套班子和全市××万人民，向省财政厅全体干部职工对××抗旱救灾工作的支持和帮助表示衷心的感谢！向省财政厅全体干部职工所表现出的高尚情操致以崇高的敬意（**表达对抗旱救灾人士的感谢之情**）！

×月×日，省财政厅积极响应省委"百厅包百县"的工作部署，派出以×××副厅长为组长的工作组前来指导我们开展抗旱工作。近一周来，工作组各位领导不讲条件、不讲代价、不辞辛苦，深入实地调查和听取汇报，全面了解和掌握我市抗旱浇麦和城乡人畜饮水的情况，并分三组调研和督导我市城区供水、抗旱浇麦及人畜饮水工作，付出了艰辛的劳动和汗水，为我们提出了许多建设性的意见和建议，为我们战胜困难增强了信心、增添了动力。特别是今天，财政厅全体干部职工充分发扬扶危济困的人道主义精神，为我们送来了抗旱资金和物资，是对我们做好抗旱工作的极大支持和鞭策（**阐述如何帮助受灾群众**）。我们将把这些紧急抗旱救灾物资和资金以最快的速度分配到抗旱一线，真诚地希望财政厅的各位领导和同志继续关心和支持我市的抗旱救灾工作，为我们提出更多、更好的意见和建议。我们也将以这次捐助为动力，继续举全市之力，正视困难，勇战旱灾，绝不辜负财政厅各位领导和同志的支持和厚爱（**表达战胜灾害的决心**）！

最后，再次向市财政厅各位领导和同志表示衷心的感谢！并衷心祝愿大家工作顺利、身体健康、万事如意！

谢谢大家。

××市抗洪抢险小组　×××

××××年×月×日

扫一扫

答谢词的模板及范例

点评：两篇答谢词在结构上比较相似，首先表示感谢之情，然后叙述了表示感谢的具体原因和事件，最后再一次表达感谢。但二者在感情和用语上有明显的不同，前

一篇情感真挚，用语活泼富有感染力，后一篇则更为严肃谨慎，均符合对应情形下的感情表达。

11.8 》讣告

讣告是把某人不幸去世的消息通知其亲戚好友和有关方面的一种文书，一般由死者所属单位组织的治丧委员会或者家属向其亲友、同事、社会公众发出通知。讣告可以张贴于死者的工作单位或住宅门口，较有影响力的人物去世可登报或通过电台向社会发出，以将讣告的内容迅速而广泛地告知社会。

11.8.1　讣告的模板与格式

讣告的内容由标题、正文、结语、落款等要素组成，其写作模板如图11-8所示。

1．标题

讣告的标题通常直接写上"讣告"二字。

2．正文

讣告的正文应先写死者的职务、姓名、逝世时间、地点、死因和终年岁数，然后可介绍死者生平事迹，最后可写明举行吊唁或召开追悼会的时间、地点和有关事项。

3．结语

讣告的结语可以使用"特此讣告""谨此讣闻"等习惯用语收尾。

4．落款

讣告的落款是在正文右下方署上发讣的单位名称或个人姓名，并署上成文日期。

讣　告

[写明死者的职务、姓名、逝世时间、地点、死因和终年岁数]。
[概括介绍死者生平事迹]。
[写明举行吊唁或召开追悼会的时间、地点和相关事宜]。

[单位名称或个人姓名与职务]
[成文日期]

图 11-8　讣告的模板示例

11.8.2　讣告的范文与点评

讣告

　　××市原政协委员×××同志因病医治无效不幸于××××年×月×日×时×分在××市逝世，终年××岁。今定于××××年×月×日×时在××火葬场火化，并遵×××先生遗愿，一切从简。

　　特此讣告。

××市政协
××××年×月×日

点评：这篇讣告的语言准确、简练，同时充满了沉痛与严肃之情，整体结构先说明逝者的简单情况，再说明火化等后续事情，属于较为典型的讣告结构。

11.9 》悼词

悼词是对死者表示哀悼的话或文章，也是在追悼大会上对死者表示敬意与哀思的宣读式哀悼文书。

扩展阅读 **悼词的发展过程**

现在的悼词是从古代的诔辞、哀辞、吊文、祭文一步步演化而来的。诔辞作为中国哀悼文体的最古形式，最早是一种专门表彰死者功德的宣读性的哀悼文体。

11.9.1　悼词的特点

悼词的篇幅较长，通常具有以下几个特点。

◆ **肯定死者：** 悼词往往就是总结死者的生平业绩，并肯定其一生的贡献，是一种具有高度思想性和现实性的文书，不仅可以寄托哀思，而且能通过死者的业绩激励后来者。

◆ **内容积极：** 悼词的内容都是积极向上的，情感基调是昂扬健康的，它不像古代的哀悼文，一味地宣泄情绪，充满悲伤的情调，而是排除一切感伤主义、悲观主义、虚无主义等消极内容的文体。它面对和影响的不是过去，而是现在和将来。

◆ **表现多样：** 悼词的表现形式和表现手法都具有多样性。它既可以写成记叙文或议论文，又可以写成散文；既能以叙事为主，也能以议论为主，还能以抒情为主；既有供宣读的形式，又有书面形式。总而言之都是以质朴无华的语言和多种多样的形式体现化悲痛为力量的积极内容。

11.9.2　悼词的类型

按照悼词用途的不同，悼词可以分为专用于追悼大会的宣读体悼词和发表在报纸杂志上的散文类悼词等类型。

◆ **宣读体悼词：** 这类悼词一般是在追悼大会上由一定身份的人进行宣读。它是对在场参加追悼的同志讲话，而不是对死者讲话。悼词表达出全体在场的人对死者的敬意与哀思，同时勉励群众化悲痛为力量。

◆ **散文类悼词：** 这类悼词一般是向死者表示哀悼、缅怀与敬意的文章，基本发表在报纸杂志上。通过对死者过去事情的回忆，展现死者的品质和精神，虽志在怀念，但目的也是通过死者的精神对人们给以鼓舞和激励。

按表现手法的不同，悼词又可以分为记叙类悼词、议论类悼词、抒情类悼词。

◆ **记叙类悼词：** 这是最常见的悼词类型，表现手法以记叙死者的生平业绩为主，适当结合抒情或议论。通过朴实的记叙文体来表达对死者的哀悼和怀念之情。

◆ **议论类悼词：** 这种类型的表现手法以议论为主，以抒情、叙事为辅，重在评价死者对社会的贡献，能够和现实生活紧密结合，是社会意义较强的一种悼词类型。

◆ **抒情类悼词：** 这类悼词的表现手法以抒发对死者的悼念之情为主，适当结合叙事或议论。它经常以抒情散文的形式出现，通过崇高而真挚、质朴而自然的感情缅怀死者。

11.9.3　悼词的模板与格式

悼词的内容由标题、称谓、正文、落款等要素组成，其写作模板如图11-9所示。

1．标题

悼词标题的组成方式一般有两种，一是直接由文种名称组成，即"悼词"，一种由死者姓名和文种共同组成，如"在×××同志追悼会上的悼词"。

2．称谓

悼词的称谓一般用泛称，如"各位亲朋好友、父老乡亲""各位领导、各位来宾、各位亲友"等。

3．正文

悼词的正文通常由开头、中段、结尾3部分组成。

◆**开头：** 一般以沉痛的心情说明召开或参加此次追悼会的目的，全面而准确地说明死者的职务、职称和称呼。然后简要地概述死者的逝世时间和死因，以及所享年龄等。

◆**中段：** 这是悼词的主体部分，首先介绍死者的生平事迹，即对死者的籍贯、学历以及生平业绩进行集中介绍，应突出死者对人民、对社会的贡献。然后对死者的思想、精神、作风、品质、修养等做出综合的评价，介绍其对他人和社会产生的积极影响，以起到鼓舞和激励的作用。

◆**结尾：** 主要写明生者对死者的悼念及如何向死者学习，继承其未竟的事业，化悲痛为力量，为国家、为社会做出更大的贡献等内容。最后要写上"永垂不朽""精神长存"等习惯性用语。

4．落款

悼词一般在开头便介绍参加追悼会的人员情况，所以悼词的落款一般只署上成文日期即可。

悼　词

[泛称，如各位亲朋好友、各位来宾等]。

[说明召开追悼会的目的，交代死者生前的基本情况以及死亡情况]。

[介绍死者的生平事迹，并由此带来的积极影响]。

[号召向死者学习，发扬其优秀品质等]。

[死者姓名]一路走好！

[死者姓名]精神长存！

[成文日期]

图 11-9　悼词的模板示例

11.9.4　悼词的范文与点评

悼　词

各位领导、各位来宾、各位亲友：

今天，我们怀着十分沉痛的心情聚集在此，深切悼念爱国华侨离休老干部××同志。××同志因病医治无效，于××××年××月××日××时××分与世长辞，享年××岁（**概述死者死亡情况**）。

在××同志因病逝世后，×××××、×××××等处来人来函来电吊唁，表达对××同志的哀悼和对家属的慰问。

今天前来参加追悼会的来宾分别来自省政府、省外办、市政协、文化厅、国土局、在沈各相关企事业单位，以及××同志的亲友（**列举了表达哀悼、慰问和参加追悼会的各界人士**）。

××同志，××人士，××××年××月××日出生，汉族。××同志少年即立志兴邦报国，年轻时投身于解放战争以及新中国建设。××××年，××同志参加抗美援朝置身于保家卫国的战场，与一众热血战士，舍生忘死，御强敌在国门之外。截至离休前，××同志先后任职于××、××、××等省政府、水利厅、建工局以及设计院等单位（**历数死者生平**）。

××同志的一生，是勤劳奉献的一生。在成长历程中，他勤奋好学，严格要求自己，处处以全心全意为人民服务为己任，勤勤恳恳做事，清清白白做人。为了自己所钟爱的伟大事业，××同志倾其心血，无怨无悔。他为人倔强耿直、操守廉洁、公道正派、襟怀坦荡、乐于助人，急人所难，不求回报，

声誉甚好。（略）（**高度赞扬死者的精神**）

　　××同志的不幸逝世，使我们失去了一位老干部、好同志。他虽离我们而去，但他那种勤勤恳恳、忘我工作的奉献精神，那种艰苦朴素、勤俭节约的优良作风，那种为人正派、忠厚老实的高尚品德，仍值得我们学习。我们要化悲痛为力量，努力学习和工作，再创佳绩，以慰××同志在天之灵（**号召向死者学习**）。

　　××同志精神长存！

　　××同志一路走好！

××××年×月×日

　　点评：这是一篇典型的悼词。开篇分别叙述了××同志的逝世情况，到场来宾，然后利用简练的语句介绍了该同志的生平和做出的卓越贡献，每词每字铿锵有力，掷地有声。最后再次缅怀该同志，并以他为榜样，激励在世之人。这种写法结构是悼词的典型写法，可以学习并借鉴。

扫一扫

悼词的模板及范文

写作与提高

问：收到邀请方的邀请函后，是否需要回复呢？

答：接到邀请后无论接受与否，出于礼貌都应当及时答复。通常应当在接到邀约之后3日之内回复，而且越早越好，便于对方准备相关事宜。回复时以答复函的形式发出，答复函的基本内容包括：（1）感谢对方的邀请；（2）愉快地接受对方的邀请或婉言谢绝对方的邀请；（3）表达期待赴邀的心情或解释不能应邀的理由。如下文所示。

答复函

××先生夫妇：

　　非常感谢你们的邀请，我将于××日准时前往。我盼望和你们见面。

　　此致

敬礼

×××

××××年×月×日

问：如果无法亲往吊唁，而又要向死者亲属表示哀悼、慰问，应该用什么文书呢？

答：可以使用唁函或唁电。唁函、唁电一般发给死者的亲属，如果对死者亲属情况不清楚，可在唁函、唁电中写明"请代表我们向×××的亲属表达深切的慰问"之类的安慰用语。唁函、唁电的标题一般直接写为"唁函"或"唁电"，也可以用"致×××的唁函（电）"或"×××致×××的唁函（电）"这类结构作为标题。唁函（电）的正文一般包含3个部分，一是对死者的不幸去世表示深切哀悼，可将听到噩耗后的悲伤之情略加叙述，如"惊悉×××不幸去世，深感震惊""顷接×××不幸逝世的噩耗，×××全体同志深感悲痛"等。二是追述、回忆死者生前的业绩、恩情，一般用高度概括的语言追述即可。三是对死者亲属表示慰问，希望其亲属忍痛节哀、化悲痛为力量。结尾一般写"此致敬礼""特此电达""肃此电达"等。落款署上姓名和成文日期。